わかる！書ける！

3・4・5歳児の
指導計画
書き方サポート

CD-ROM つき

神長美津子　大竹節子　篠原孝子
佐藤暁子　川原佐公／監修・編著

ひかりのくに

はじめに

　指導計画作成で大切なことは、子どもの主体性と指導の計画性をバランスよく絡ませていくことです。子どもの自発的な活動としての遊びを大事にするからといって、ざっくりとした指導計画で偶然に任せるような保育では、子どもひとりひとりについて発達に必要な経験を得る機会を保障していくことはできません。しかし、反対に、経験させたい内容を指導計画の中にたくさん書き込んだとしても、必ずしも子どもの主体的な活動を確保することができるわけでもありません。むしろ、保育者自身が指導計画に縛られてしまうこともあるかもしれません。

　常に「子どもの視点」に戻りながら、具体的なねらいや内容、環境の構成、援助を考え、指導計画の中に子どもひとりひとりの思いや実現したいと願っていることをたくさんちりばめていくことが必要であり、今、こうした指導計画の作成力が、保育者の専門性として求められています。

　しかし、多くの保育者は、いざ月案や週案を書こうとすると、子どもの姿はイメージしているもののなかなか適切な言葉が浮かばないことや、一応書いてみたもののこれでよいのだろうかと悩んでしまうことなど、限られた時間で月案や週案などを作成することの難しさを感じているのではないでしょうか。特に、経験の浅い保育者の場合は、指導計画で使うフレーズに慣れていないため、なかなか適切な表現ができないことが多いでしょう。

また、ベテランの保育者であっても、子どもひとりひとりの姿が浮かび、どこに焦点を当てていくか悩みます。いずれにしても、よりよい保育を目ざすからこそ、指導計画作成はそう簡単ではないのです。

　こうした指導計画の課題を踏まえ、本書は、「子どもの視点」に沿って具体的なねらいや内容、環境の構成、援助が考えられるようにするため、指導計画作成のプロセスが少しでも見えるように構成を工夫しています。

　本書が、多くの保育者に活用されて、よりよい保育を創り出すための資料となることを願っています。

神長美津子

もくじ

はじめに ……………………………………………… 2

本書の特長と見方 …………………………………… 8

指導計画の基本講座 …………………………… 10

指導計画の文例講座 …………………………… 11
NG→OK言い換え＆よくある表現→その心は？

- 基本ルール ……………………………………… 11
- 前月末（今月初め）の幼児の姿 ……………… 12
- ねらい …………………………………………… 14
- 幼児の経験する内容（指導内容）……………… 16
- 環境の構成 ……………………………………… 18
- 保育者の援助 …………………………………… 19
- 反省・評価のポイント ………………………… 20
- 家庭・地域との連携（保護者への支援も含む）… 21
- 預かり・延長保育への配慮 …………………… 21
- 健康・食育・安全への配慮 …………………… 21

3・4・5歳児の指導計画 ㉒

3歳児

3歳児の発達は… …………………………… 23
3歳児の年の計画 …………………………… 24

書き方解説つき！

月案

4月	28
5月	30
6月	32
7月	34
8月	36
9月	38
10月	40
11月	42
12月	44
1月	46
2月	48
3月	50

週案

4月	52
6月	56
9月	60
11月	64
1月	68

日案

4月	72
6月	73
9月	74
11月	75
1月	76

もくじ

4歳児

4歳児の発達は… …… 77
4歳児の年の計画 …… 78

書き方解説つき！

月案

4月	82
5月	84
6月	86
7月	88
8月	90
9月	92
10月	94
11月	96
12月	98
1月	100
2月	102
3月	104

週案

4月	106
6月	110
9月	114
11月	118
1月	122

日案

4月	126
6月	127
9月	128
11月	129
1月	130

5歳児

就学前の1年間として大切にしたいこと ……… 131
5歳児の発達は… ……… 131

5歳児の年の計画 ……… 132

書き方解説つき！

月案
- 4月 ……… 136
- 5月 ……… 138
- 6月 ……… 140
- 7月 ……… 142
- 8月 ……… 144
- 9月 ……… 146
- 10月 ……… 148
- 11月 ……… 150
- 12月 ……… 152
- 1月 ……… 154
- 2月 ……… 156
- 3月 ……… 158

週案
- 4月 ……… 160
- 6月 ……… 164
- 9月 ……… 168
- 11月 ……… 172
- 1月 ……… 176

日案
- 4月 ……… 180
- 6月 ……… 181
- 9月 ……… 182
- 11月 ……… 183
- 1月 ……… 184

CD-ROMの使い方　185

CD-ROMをお使いになる前に ……… 186
- データを開く・保存・印刷する ……… 187
- 文字を打ち換える ……… 188
- 枠を調整する ……… 190

本書の特長と見方

本書には、指導計画を理解し、よりよく書けるようになるための4つのサポートポイントがあります！

サポート1
月案・週案・日案

年の計画→月案→週案→日案を見渡していくのが、指導計画の原点です!!

朱書きの書き方解説で重要なところを理解できるから、「書く」ことにつながります！

月案

年の計画をよりどころとし、その月における子どもの生活の流れを見通して作成します。ねらい、内容、環境構成と援助のつながりに留意しましょう。

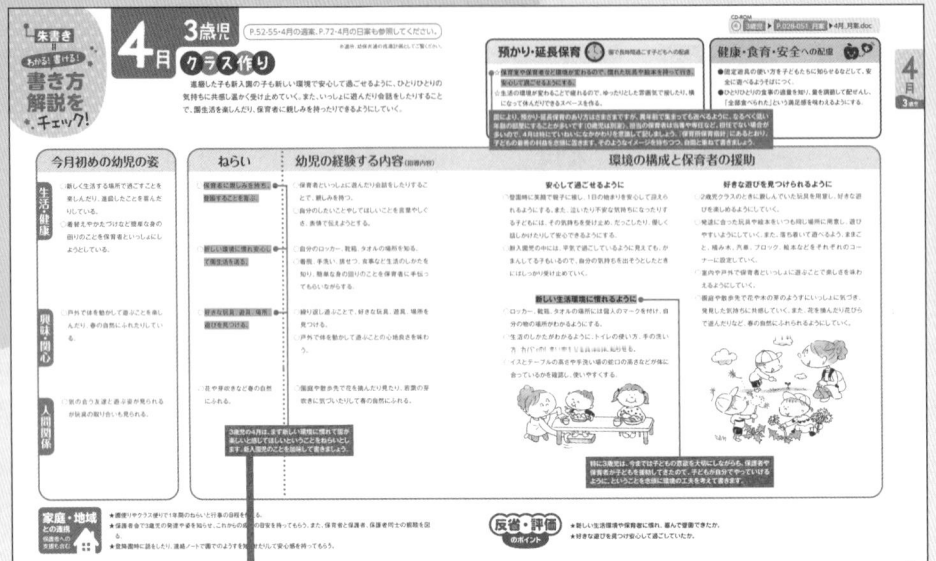

☆ただの文例からだけでは、子どもの育ちを考える保育本来の指導計画を書く力はつきません！

朱書き
朱書き解説
指導計画の重要なポイントをマーカーの印と朱書きで解説しています。

約120名の編集委員の保育をよくしよう！という意志が詰まっています！

この朱書きは「月刊 保育とカリキュラム」の毎月の指導計画編集会議で話し合われた中から、ポイントとなるところを抜き出したものです。先輩や同僚と話し合う中で、保育がよくなるのと同じです！

週案

月案を意識しながら書きます。前週の保育記録を読み返し、そこからねらい、内容などを検討します。

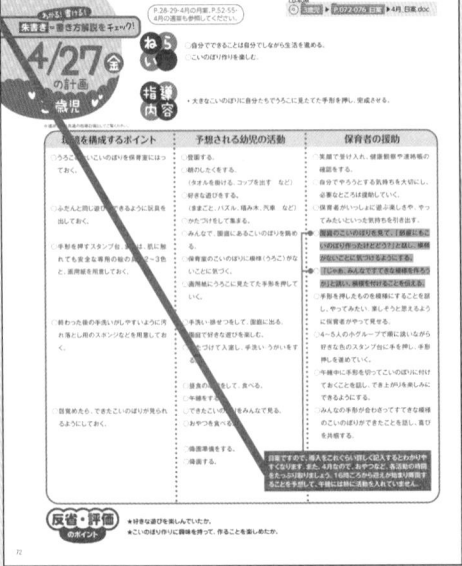

日案

週案からさらに掘り下げて、「昨日から今日へ」「今日から明日への」生活の流れを見通して具体的に記入しましょう。

※週案・日案は基本的に年の計画の各期の最初の月（4月・6月・9月・11月・1月の5か月分）の掲載となっています。

サポート2 指導計画の基本講座 → 指導計画の文例講座
NG⇔OK言い換え＆よくある表現→その心は？

3・4・5歳児の指導計画で特徴的なところ、また各項目を記入するうえで覚えておきたい基本的な考え方を掲載しています。

NG→OKな文章例、よくある表現に込められた保育者の心がひと目でわかります！

ねらいや内容など、それぞれの項目を記入するうえで、押さえておくとスラスラ書けるようになるポイントを文例・イラスト付きでわかりやすく紹介しています。

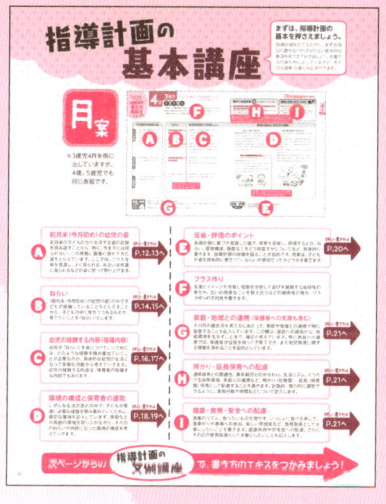

見出し まずはどういったことに気をつければよいのか、確認しましょう。

NG→OK文例＆解説
「NG」な書き方を「OK」な書き方に変えます。どこがNGで、どこがOKなのか考え方を理解し、さまざまな場面で応用しましょう。

よくある表現→その心は？＆解説
指導計画によくある表現から、そこに込められた保育者の心を読み取りましょう。さらに詳しい解説付きで、しっかり理解できます。

サポート3 年の計画

月案作成の基礎となるため、常に見返しましょう。

保育所保育指針、幼稚園教育要領を踏まえたうえで、1年間の発達を見通し、それぞれの発達の時期にどのような保育内容を考えていくか、仮説を示しています。月案作成のよりどころとなる重要なものです。

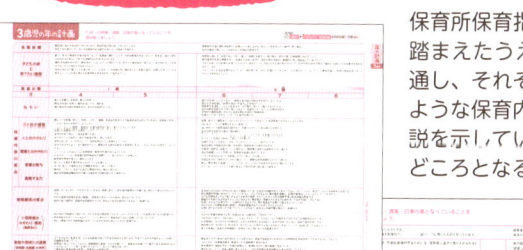

サポート4 CD-ROM

Wordデータで収録しているから使いやすい！

本書に掲載している、年の計画と月案をMicrosoft Wordのデータで収録しています。書き方解説が入っていない元データです。

（4歳児の月案の例です）

指導計画の基本講座

まずは、指導計画の基本を押さえましょう。
指導計画をたてるために、まず各項目に書かなければならない基本的な事項を押さえておきましょう。本書では月案を例に出していますが、考え方は週案・日案にも応用できます。

※3歳児4月を例に出していますが、4歳、5歳児でも同じ表組です。

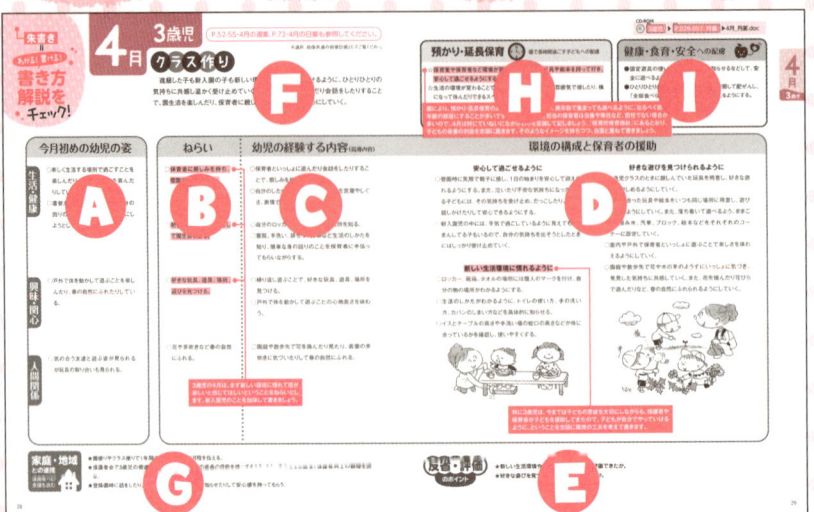

A 前月末（今月初め）の幼児の姿
前月末の子どもたちの生活する姿の記録を読み返すことから、特に、今までには見られない、この時期に顕著に現れてきた姿をとらえています。ここでは、クラス全体を見渡し、よく見られる、あるいは共通に見られるなどの姿に絞って取り上げます。
詳しい書き方は P.12.13へ

B ねらい
「前月末（今月初め）の幼児の姿」の中で子どもが経験していることをとらえることから、子どもの中に育ちつつあるものや、育てたいことを「ねらい」とします。
詳しい書き方は P.14.15へ

C 幼児の経験する内容（指導内容）
幼児が「ねらい」を身につけていくためには、どのような経験を積み重ねていくことが必要なのか、具体的な幼児の生活に沿って多様な活動から考えていきます。幼児の経験する内容は、保育者の指導する内容でもあります。
詳しい書き方は P.16.17へ

D 環境の構成と保育者の援助
しぜんな生活の流れの中で、子どもが発達に必要な経験を積み重ねていくために、適切な環境を記入しています。季節など子どもの周囲の環境を取り入れながら、その月のねらいや内容に沿った環境の構成を考えていきます。
詳しい書き方は P.18.19へ

E 反省・評価のポイント
指導計画に基づき実践した後で、保育を反省し、評価するとき、ねらい、環境構成、援助などをどう見直すかについてなど、具体的に書きます。指導計画の改善を図ることが目的です。月案は、子どもの姿を具体的に書きつつ、ねらいが適切だったかどうかを書きます。
詳しい書き方は P.20へ

F クラス作り
友達とイメージを共有し役割を分担して遊びを展開する協同性の育ちや、互いの得意なことを教え合うなどの関係性の育ち、クラス作りの方向性を書きます。

G 家庭・地域との連携（保護者への支援も含む）
その月の園生活を考えるにあたって、家庭や地域との連携で特に留意することを記入しています。この欄は、家庭への連絡から、地域環境を生かすことまで、幅広く考えています。特に家庭との連携では、保護者が自信を持って子育てでき、また幼児教育に関する理解を深めることを目的としています。
詳しい書き方は P.21へ

H 預かり・延長保育への配慮
通常保育との関連性、異年齢児とのかかわり、生活リズム、くつろげる保育環境、家庭との連携など、預かり（幼稚園）・延長（保育園）保育として配慮することを書きます。その月ならではの体験を取り入れ、家庭や地域での生活を支援することにも配慮します。
詳しい書き方は P.21へ

I 健康・食育・安全への配慮
食事のリズム、食べたいものを増やす、いっしょに食べる楽しさ、食事作りや準備への参加、楽しい雰囲気など、食育指導として大事にしたいことを書きます。健康保持や安全面への配慮、さらにその日の食育指導として大事にしたいことも記入します。
詳しい書き方は P.21へ

次ページからの **指導計画の文例講座** で、書き方のエキスをつかみましょう！

指導計画の文例講座

NG→OK言い換え & よくある表現→その心は？

このコーナーで書き方のエキスを学びましょう！
指導計画は決まり文句を覚えればよいわけではありません。その文章に至る深い部分を、目の前の子どもたちの理解から自分の言葉にできるよう、学びましょう。

監修・執筆／川原佐公
事例は主に保育園でのものです。

基本ルール

指導計画の、基本的な書き方のルールをまとめました。

保育者が主体の誘導型ではなく子ども主体の言葉を使う

例：ねらい

NG 友達とごっこ遊びを楽しませる
↓
OK 保育者や友達といっしょにいろいろなごっこ遊びを楽しむ

楽しませるの言葉は、保育者を主体とした表記です。保育者が誘導して従わせる姿勢が見えてきます。誘導の意図が強いと、子どもが受け身の保育ととられてしまいます。

指導計画は現在形で書く

例：ねらい

NG 友達と簡単なルールのある遊びを楽しむだろう
↓
OK 友達と簡単なルールのある遊びを楽しむ

指導計画は、反省・評価を踏まえて、次の未来を想定しつつ書くものですが、未来形では書かず、現在形で書きます。

「〜できない」と否定語を使うのではなく、肯定的に書く

例：幼児の姿

NG 簡単な身の回りのことは保育者に手伝ってもらいながらしかできない
↓
OK 簡単な身の回りのことを保育者に手伝ってもらいながら自分でしようとしている

生活習慣や運動などの技能を要する活動は、発達の個人差が大きいものです。子どもを、できる、できないという目で見ず、肯定的に書きましょう。

子どもの発達の姿が想像できるように書く

例：幼児の姿

NG 友達と同じ遊びをいっしょに楽しむ
↓
OK 友達とかかわりを深め、共通の目的を持って遊びを進めたり、協力したりして楽しんでいる

子どもの前月の姿を書くにあたっても、内容を書くにしても、子どもの発達する姿が想像できるように書くことが大切です。

11

指導計画の文例講座　NG⇒OK言い換え & よくある表現⇒その心は?

前月末（今月初め）の幼児の姿

子どもたちの生活の姿を振り返り、この時期、顕著に現れた姿などを記します。特に、クラス全体でよく見られる姿を記しましょう。

P.10参照

子どもの姿をできるだけ詳細にとらえて

 新しい環境で、保育者に手伝ってもらいながら身の回りのことをしようとしている

⬇

その心は? 新入園児は新しい環境への不安を感じ、保護者から離れようとしない子どもがいる。進級児には、新しい保育室や担任に興味を持ち遊ぶ子どもがいるが、中には新入園児の不安なようすにとまどいを見せている子どももいる

発達特徴や、その月の成長段階を踏まえて、そこから何を育てたいのかを見通す必要があります。そのために、子どもの姿をできるだけ詳細にとらえます。

発達の連続性を表現する

 運動やゲームに興味を持ち始め、遊んでいる

⬇

その心は? プール遊びで、水に顔をつけたり、伏し浮きなどに取り組んだりして、達成できた自信を基に、運動や集団ゲーム遊びに喜んで取り組んでいる

いろいろな体験を積み重ねた達成感などから、新たなことに挑戦する意欲が生まれます。ひとつひとつの経験が次の意欲へとつながる、その連続性を逃さず記入しましょう。

生活習慣の自立の過程には、個人差があることを押さえる

 身の回りの始末を、自分からしようとしている

⬇

 食事、排せつ、衣服の脱ぎ着や、身の回りの始末を自分でする子ども、保育者といっしょならする子どもなど、さまざまな姿が見られる

生活習慣の自立は、身体的な発達や、家庭でのようすも含め、さまざまに差が見られます。主体的な姿だけでなく、依存している姿があることもとらえましょう。

子ども同士のようすをしっかり見て書く

 気の合う友達といっしょに遊ぶ姿がよく見られる

⬇

 気の合う友達ができ、いっしょに遊ぶことを楽しんでいるが、それぞれの自己主張が強くなり、ぶつかり合いが起こるようになる

表面的な姿だけでなく、自我が芽生えた子どもたち同士で、互いの自己主張からぶつかり合いが起こる、というようなようすをしっかり見て書きます。

生活習慣のようすを、見逃さず子どもが経験できるように

よくある表現　生活習慣がほとんど身につき自分でしようとする

↓

その心は?　冬の生活に必要な生活習慣がほとんど身につき、見通しを持ってのびのびと生活や遊びをしているが、寒さのために身の回りのことがおろそかになっている子どもも見られる

子どもの生活習慣は、身についたと思っても、環境が原因で雑になる姿も見られ、一進一退しながら身についていきます。そういったことを、見逃さないで指導していきましょう。

その年齢らしさを見落とさないように

よくある表現　友達や異年齢児と水遊びや泥んこ遊びを楽しんでいる

↓

その心は?　泥んこ遊びや水遊びを、友達と工夫して遊んでいる。また、異年齢児に親しみを持って、遊び方を教えたり手を貸したりしながら、かかわりを持っている

年長児になると、自分で遊び込むだけではありません。例えば、年下の子どもに遊び方を教えたり、思いやりのかかわりが見えてきたりする、というようなその年齢らしさに観点を置きましょう。

ちょこっと よくある文例

新しい環境に不安・緊張を持つ子どももいる

よくある表現　新しい保育室に慣れ、安心して過ごしている

↓

その心は?　新しい環境や友達との出会いを喜び、期待を持って登園して来るが、中には不安や緊張感を持つ子どもがいる

発達を押さえて

よくある表現　仲よしの友達ができ、仲間でよく遊んでいる

↓

その心は?　自分の思いや考えを表したり、友達の思いを受け入れたり、がまんしたりする気持ちが育ち、友達との結び付きが強くなっている

子どもの主体的な姿を尊重する

よくある表現　生活のしかたがほぼわかり、自分からしようとする

↓

その心は?　生活の流れや身の回りの始末のしかたがわかり、自分たちで生活を進めようとしている

指導計画の文例講座　NG⇒OK言い換え & よくある表現⇒その心は?

ねらい

子どもの姿から、まさに育ちつつあるもの、育てたいものを書きましょう。

P.10参照

「楽しむ」だけでなく、何を育てたいのかを具体的に書く

よくある表現　簡単なルールのある遊びを楽しむ

↓

その心は?　簡単なルールを守りながら保育者や友達とかかわって遊ぶことを楽しむ

簡単なルールのある遊びを楽しむようになると、勝ち負けにこだわる姿も見られ始めます。楽しく遊ぶためには、ルールを守ることも必要です。ねらいに組み込みましょう。

つかまえた!

生活習慣は具体的に組み込んで

よくある表現　身の回りのことを、自分でしようとする

↓

その心は?　生活に見通しを持って、身の回りのことを自分でしようとする

園での生活には決まった流れがあります。生活習慣、身の回りの始末を身につけていくのは、家庭と違い、集団生活の基礎となります。必ず具体的に組み込みましょう。

てあらいば

個人差に配慮して書く

よくある表現　保育者や友達と体を動かして楽しむ

↓

その心は?　保育者や友達といっしょに体を動かす中で思い思いの遊びを楽しむ

例えば、3歳児の運動機能は、急激に発達します。その中でも個人差がありますので、発達差も配慮してねらいをたてましょう。

参考　養護の側面は、子どもの生命の保持と、情緒の安定の両面を考えておく

よくある表現　健康・安全・清潔に留意し、快適に過ごせるようにする

↓

その心は?　健康で安全な環境の下で、ひとりひとりの気持ちを温かく受け止めてもらい、安心して生活する

養護の側面は、保育者側からの視点で書きますが、その際に、子どもの生命保持の観点だけではなく、情緒の安定もねらいの中に組み込むようにしましょう。

※3歳児以上では養護の面は一体化されているものとして、特に表記しませんが、このことを常に念頭に置いておきましょう。

子どもの姿をよく見て書く

よくある表現 友達とかかわり、いろいろな遊びを楽しむ

↓

その心は? いろいろな活動に意欲的に取り組み、友達とのつながりを深める

例えば5歳児では、友達と劇遊びや造形遊びなど大きな活動をする機会が増えます。そのような活動では、協力関係がなければ目的は達成されません。そのような姿を踏まえ友達とのつながりを深めるねらいを持ちましょう。

その年齢の発達を踏まえて

よくある表現 友達と仲よく、いろいろな遊びを楽しむ

↓

その心は? 自分の思いを伝えたり、友達の考えを聞いたりしながら、自分たちで遊びを進める

年長児になると、友達と話し合って、自分たちで遊びや生活を進めることができるようになります。受け身ではなく、自分たちで遊びや生活を進めることもねらいにしましょう。

ちょこっと よくある文例

各時期の生活に必要な習慣を身につける

よくある表現 生活に必要な基本的な生活習慣を身につける

↓

その心は? 冬の生活に必要な習慣を身につけ、健康で快適に過ごす

養護の側面では、生活力の自信や自覚を期待する

よくある表現 健康に過ごせる習慣を身につける

↓

その心は? 健康な園生活に見通しを持ち、自信や自覚を持って過ごす

子どもがその子なりの目的を持って主体的に運動に取り組むことをねらう

よくある表現 運動に関心を持ち、進んで運動を楽しむ

↓

その心は? いろいろな遊具にかかわって遊ぶ中で、体の動きを獲得するとともに、安全な使い方に関心を持つ

指導計画の文例講座 NG⇨OK言い換え & よくある表現⇨その心は？

幼児の経験する内容（指導内容）

「ねらい」を達成するために、どのような経験を積み重ねることが必要かを考え、記します。

P.10参照

どのような経験をしてねらいを達成していくのか、内容を書く

よくある表現 自然物に触れて遊ぶことを楽しむ

⬇

その心は？ 戸外で集めた木の実や落ち葉を並べたり、分けたりするなど、色、形、大きさ、などの違いに興味を持ち、同じ物を集めたり、周りに知らせたりする

内容は、ねらいに照らして具体的に経験してほしいことを書きます。何に出会い、何を触発され、何を経験してほしいのか、期待を込めて発達する姿を予想しながら書きましょう。

子どもが（自分で）経験することを書く

よくある表現 指示されてするのではなく、自分からいろいろなことをする

⬇

その心は？ 生活の流れや過ごし方がわかり、意欲的に身の回りの始末をする

自分から進んで身の回りの始末ができる年齢の考え方です。この段階における意欲を認め、生きる自信を持てるような経験をすることが、内容として大切になります。

言葉による伝達の力を身につけられるように書く場合は…

よくある表現 日常生活に必要な簡単な言葉を使う

⬇

その心は？ 自分のしたいことや保育者にしてほしいことを、動作や言葉で伝える

言葉の獲得が著しく発達するときには、言葉で表す意欲が高まる経験が重要です。言葉による伝達の力が身につけられるよう内容に記しましょう。

子どもが経験することを具体的に書く

よくある表現 思ったことを描いたり、作ったりして楽しむ

⬇

その心は？ 感じたこと、考えたことなどを、イメージを膨らませながら、描いたり作ったりする

イメージも豊かになり、描画や製作に必要な技術的なことも身についてほしい段階では、さらに意識的に具体的な内容を書きましょう。

年齢に応じた経験する内容を

よくある表現 昆虫やザリガニを取ってきたり観察したりする

↓

その心は？ 身近な生き物を飼育する中で発見したことを書いたり、友達に知らせたり、調べたりする

例えば5歳児では、生き物を採取、飼育・観察するだけにとどまらず、発見したことを記録したり、気になることを調べたりする姿勢を重視して、内容に組み込みましょう。

友達と協力することで楽しく遊べるという内容を

よくある表現 友達とルールを守って仲よく遊ぶ

↓

その心は？ 友達と協力しながら、遊びに必要なルールをつくって守り、十分に楽しむ

自分たちで遊びのルールをつくり、守って遊ぶと楽しいということを経験させたいです。そうすることで、協力して完成させる喜びを味わうというねらいが達成されることでしょう。

ちょこっと よくある文例

ひとつの目的に向かって協力しつつ、完成の喜びを感じねらいを達成するための内容に

よくある表現 友達といっしょに劇遊びを楽しむ

↓

その心は？ 友達といっしょにイメージを膨らませながら、せりふのやりとりをしたり、リズムのある動きを楽しんだりし、劇遊びをつくっていく

身近な自然の変化に気づくころ、何を経験してほしいのか、内容に書く

よくある表現 戸外遊びで春を見つける

↓

その心は？ 戸外で、草木の芽吹きや、花のつぼみを発見したり、チョウを見つけたりする

さまざまな表現活動を楽しむ内容に

よくある表現 友達と歌ったり踊ったりして楽しむ

↓

その心は？ 友達と声を合わせて歌ったり、リズムに乗って踊ったり、いろいろな楽器を鳴らしたりする

指導計画の文例講座 NG⇨OK言い換え&よくある表現⇨その心は？

環境の構成

子どもが自分からかかわることができ、発達を助長するような環境を具体的に記しましょう。

 P.10参照

計画的、具体的に書く

 よくある表現 戸外遊びやごっこ遊びが楽しめるような環境を整える

⬇

その心は？ 体を使っていろいろな遊びを楽しめるように、広々としたスペースを確保し、ひとりひとりの運動能力に合わせた運動用具、遊具を用意しておく。（巧技台、マット、体育棒、カラーリング、カラーチューブ　など）

子どもが主体的に遊びたくなるよう、保育者の願いを込めます。環境構成の目標だけでなく、何を準備するのか、計画的、具体的に書きます。

造形は、環境として設定する

 よくある表現 いろいろな材料で作ったり描いたりできるものを用意しておく

⬇

その心は？ 子どもがいつでも自由に使えるように、またかたづけやすいように、いろいろな素材、自然物、用具を分類して用意しておき、じっくり取り組むことのできる場所を設けておく

3歳児のころから、イメージしたものを描いたり製作したりできるようになります。造形などの表現は、イメージが浮かんだときにすぐ取り組めるように、環境として設定します。

空間の動線や時間も環境に含ませて

 よくある表現 身の回りの整理ができるように、環境を整備する

⬇

 その心は？ 身の回りのことがスムーズに行なえるように、生活の動線を考えて、ロッカーやかたづけの場所などの配置に工夫する

子どもの生活のスペースや動きやすい動線を考え、むだな動きがなく、しぜんにスムーズに動けるようにします。空間の動線や時間も環境に含めるようにしましょう。

ちょこっと よくある文例

時間の配慮も環境構成

 よくある表現 好きな遊びが十分に楽しめるように、遊具や用具を自由に使えるようにする

⬇

その心は？ 遊具や用具は子どもたちで出し入れできるように配置しておき、遊びを心行くまで楽しめるように、十分な時間配分を配慮する

知的な好奇心や関心が広げられるような、環境構成を心がける

 よくある表現 草花や虫などの名前を知るために絵本を用意しておく

⬇

その心は？ 疑問に思ったことを調べられるように、図鑑や図録などを、取り出しやすい場所に置いておく

保育者の援助

子どもが発達に必要な経験を積み重ねるために、適切な保育者による援助を具体的に記します。

P.10参照

自主的に進めている姿を認めたうえで適切な援助を

よくある表現 子どもの発想を大切にしながら、表現する楽しさを感じるようなヒントを与える

その心は？ 子どものイメージや発想を大切に受け止め、作品に共感したり、作った物で遊ぶのを見守ったりして、表現する楽しさ、心地良さを共有していく

園の生活リズムに適応するだけではなく、自分たちで自主的に進めていく姿を認め、必要に応じて助言するなどして支え、達成感が持てるように適切な援助をします。

どのようにするかわかるように具体的に書く

よくある表現 友達とトラブルになったときは、保育者も遊びに加わり遊びを共有する

その心は？ 子どもたちで遊びがスムーズに進まないときやトラブルになりそうなときは、保育者も遊びに加わり、それぞれの気持ちを受け止め、ヒントを与えたり、環境を再構成したりする

4歳児は、仲間関係が深まる時期ですが、それだけに自己主張が激しくなってトラブルが起こります。保育者が仲立ちになることも援助・配慮です。

だれが見ても何をするかわかるように

よくある表現 仲間に入りにくい子どもには、そばについて見守る

その心は？ 友達の姿や、している遊びに興味を持っているようすが見られたときは、保育者が誘ったり、「入れて」と声をかけたりして、遊びに入るきっかけをつくり、ようすを見守る

友達の存在に興味を持ちながらも、入ることを躊躇している子どもには、そばについて傍観するだけではなく、いっしょに遊ぶきっかけをつくることも援助です。

ちょこっと よくある文例

生活や遊びにはルールがあることを理解できるよう援助する

よくある表現 自分本位な遊びにならないように注意する

その心は？ 生活や遊びを保育者が共にする中で、場面に応じて、決まりやルールの大切さを具体的に知らせていく

日常の食事と自分の健康との関係を理解できるように

よくある表現 好き嫌いをしないで食事するように注意していく

その心は？ 健康な体は食事に関係があることに気づけるようにし、いろいろなものをバランスよく食べるなどの食事のマナーを守りながら食べている姿を認めていく

指導計画の文例講座　NG⇒OK言い換え & よくある表現⇒その心は？

反省・評価のポイント

保育の質の向上のために、改善点を明確にして、保育実践を振り返りましょう。

P.10参照

子どもがどのような生活をしたか具体的に書き記す

よくある表現 意欲的に生活や活動に取り組むことができたか

⇓

その心は？ 毎日が期待と喜びを持って、意欲的に生活や活動に取り組めたか

子どもがどのように生活や遊びに取り組めたかを具体的に書きます。環境構成、援助について、保育者側からの振り返り（評価）の視点も忘れないようにしましょう。

どのように援助したのかの評価、反省の視点が重要

よくある表現 簡単なルールを知らせ、戸外で遊べたか

⇓

その心は？ 簡単なルールを守りながら、戸外で十分に体を動かして遊べるような環境を整え、適切な援助ができたか

この場合、ルールを知らせる、という援助だけではなく、ルールを守って楽しく遊ぶために、どのように援助したのか、を書き表すことが重要となります。

生活習慣の自立に向けて、主体性の尊重を評価する

よくある表現 身の回りの始末を自分で進んでできるようになったか

⇓

その心は？ 身の回りのことや生活習慣の大切さに気づき、自分から進んで行なえるように援助できたか

例えば、5歳になると、生活習慣は自立していますが、マンネリになりがちです。ひとつひとつの行為を自己有用感として感じさせ、主体性を尊重できたかを評価します。

ちょこっと よくある文例

個別の援助ができたかの評価を

よくある表現 夏を楽しめるような環境づくりができたか

⇓

その心は？ 水や砂・泥などの感触を楽しんで遊べるような環境づくりや、こまやかな援助ができたか

養護の視点である情緒の安定を図れたかどうか、評価する

よくある表現 健康で快適に過ごせるように配慮したか

⇓

その心は？ ひとりひとりの喜びや不安などの気持ちを十分に受け止め、安心して生活ができるように配慮したか

※本来の「反省・評価」とするためのポイントを、本書内では「反省・評価のポイント」の欄に書いています。

家庭・地域との連携（保護者支援を含む）

家庭や、地域と連携する中で特に留意することを書きます。

P.10参照

家庭や地域での生活を、丸ごと受け止め園と共有する

よくある表現　毎日、家庭での生活のようすをよく聞いておく

その心は?　連絡ノートの活用や、口頭で家庭や園でのようすを伝え合い、信頼関係を築きながら、協力して子育てができるようにする

園での子どものようすをていねいに伝えることで、不安に思う保護者に安心感を与え、家庭でのようすも聞き取るようにします。家庭と園での共育ての姿勢が基本です。

よくある表現　いろいろな行事のときの子どもの状態を知らせ、協力してもらう

その心は?　運動会や作品展などいろいろな経験をする過程で、子どもの姿を詳しく知らせ、家庭での共通の話題にしてもらったり、成長を共に喜び合ったりできるように連携し合う

預かり・延長保育への配慮

通常保育との関連性や、生活リズム、また保育環境などについての配慮事項を書きましょう。

P.10参照

動と静のバランスや心身の安定への配慮を

よくある表現　ひとりひとりのリズムで過ごせる遊び場を用意する

その心は?　ひとりひとりの体調や緊張感などを配慮し、気持ちを切り替えたり、それぞれのリズムで過ごせる場を確保したりするなど、リラックスできる環境を工夫する

昼間の子どもたちの過ごし方から、疲れや緊張のようすを読み取り、室温、湿度などの状況も考慮して、環境を工夫しましょう。また、ホッとくつろげる雰囲気にすることも大切です。

よくある表現　寂しがらないように、たくさん玩具を用意する

その心は?　日が落ちるのが早くなり、室内で過ごす時間が長くなるので、玩具や絵本など、この時間だけに使える物を用意し、遊びが充実するような環境をつくる

健康・食育・安全への配慮

子どもに重要な健康・安全面への配慮、食で大切にしたいことなどを書きます。

P.10参照

気候の変化を先取りして、子どもたちの体調管理に配慮を

よくある表現　ひとりひとりの健康状態を把握し、快適に過ごせるようにする

その心は?　朝夕と日中の寒暖の差が大きく、体調に変化が起きやすい季節なので、ひとりひとりの健康状態の観察をていねいに行ない、感染症の予防や早期発見を心がける

日々の健康管理は重要ですが、季節の変わり目には、子どもの体調の変化が多いものです。特に気をつけて、感染症の予防に努めるようにしましょう。

よくある表現　自分の健康に関心を持ち、手洗いやうがいができるようにする

その心は?　感染症の流行状況を把握するとともに、手洗い、うがいなどで予防する大切さを知らせ、子どもが自主的に行動できるようにする

21

3・4・5歳児の指導計画

ここからは、3・4・5歳児の年の計画、月案、週案、日案を掲載しています。朱書きの
「わかる！ 書ける！ 書き方解説」
をチェックして、指導計画の書き方を読み取りましょう。

月刊保育とカリキュラム2012年度の1年分を基にしています！

3・4・5歳児の指導計画中の「朱書き=わかる！ 書ける！ 書き方解説」は、保育とカリキュラム指導計画編集会議で話し合ったときに出た意見や、チーフ監修者の言葉を基にしています。編集会議に参加している気持ちで読み取っていただくとよいかもしれません。

3歳児

- 年の計画 …………………… P.24〜

- 月案（4月〜3月）………… P.28〜
  〈書き方解説つき!〉

- 週案（4・6・9・11・1月）…P.52〜
  〈書き方解説つき!〉 基本的に各期（年の計画参照）
  の最初の月を例示しています。

- 日案（4・6・9・11・1月）…P.72〜
  〈書き方解説つき!〉 基本的に各期（年の計画参照）
  の最初の月を例示しています。

3歳児の発達は…

生活習慣がしだいに自立するようになる。気の合う友達といっしょの遊びが盛んになり、お店屋さんごっこやヒーローごっこなどのごっこ遊びを楽しむようになる。また言葉への関心が強くなり、新しい言葉や直接体験を通した知識を積極的に遊びや生活に取り入れていくようになる。

3歳児の年の計画

P.28～の月案・週案・日案の基となっていることを読み取りましょう。

年間目標	○ 園生活の流れや生活のしかたがわかり、自分の身の回りのことをしようとする。 ○ 体を十分に動かしていろいろな動きのある遊びを楽しみ、心地良さを味わう。
子どもの姿と育てたい側面	○ 新しい生活で緊張や不安を抱き、泣く子、保護者と離れにくい子、不安な表情の子などがいる。保育者に温かく受け入れられると安心して徐々に活動を広げられるようになる。 ○ 園生活の流れがわかり、園生活のリズムにしだいに慣れていき、自分から動き始めて遊んだり、身の回りのことを自分で少しずつできたりするようにしたい。 ○ 初めはひとりで遊ぶことが多いが、しだいにそばにいる友達と同じ動きをしたり友達の遊びにも関心を持ったりする。他児といっしょに遊ぶ楽しさを保育者が仲立ちとなって知らせていく。
発達の節	I 期
月	4 / 5
ねらい	○ 喜んで登園し、保育者に親しみを持つ。 ○ 園生活の流れを知り、園の生活リズムに慣れる。 ○ 園の遊具や玩具に興味を持ち、自分から遊ぼうとする。
指導内容の視点（心と体の健康／人とのかかわり／環境とのかかわり／言葉の育ち／表現する力）	○ 園における食事、排せつ、手洗い、うがい、着脱、所持品の始末などの基本的な生活のしかたを知り、保育者に手伝ってもらいながらも自分でしようとする。 ○ 初めての弁当（幼稚園）、給食を、友達や保育者と楽しく食べられるようになる。 ○ 安定した雰囲気の中で休息を十分に取り、午睡ができるようになる。（保育園） ○ 室内や戸外で安心して遊具を使って遊ぶ。 ○ 自分のクラスがわかり、担任や友達を覚え、親しみを持つ。 ○ 気持ち良くあいさつを交わしたり、名前を呼ばれたら返事をしたりする。 ○ 自分のものをしまっておく場所がわかり、簡単な身の回りの始末を保育者に手伝ってもらいながらも自分でしようとする。 ○ したいこと、してほしいことを保育者に動作や言葉で伝えようとする。 ○ みんなでいっしょに保育者の話や絵本などを聞いたり、見たりすることを楽しむ。 ○ 飼育物や草花を見たり、触れたりする。 ○ 知っている歌や手遊びをみんなといっしょに楽しむ。 ○ 土、砂、粘土、小麦粘土などの感触を味わい、楽しんで遊ぶ。 ○ 積み木、ブロック、ままごとなどに興味を持ち、触れて楽しむ。 ○ 誕生会や避難訓練などの行事に3歳児なりの取り組み方で参加する。
環境構成の要点	○ 靴箱、ロッカーなどにその子のマークを付け、食事、排せつ、持ち物の整理などは繰り返し安心して覚えられるようにする。 ○ 戸外の遊具や砂場を安全に整備し、保育者が見守りながら自由に使えるようにする。 ○ 室内の遊び場所は、家庭的な雰囲気をつくり、安心して好きな遊びができるように配慮する。
☆保育者のかかわり・援助（養護含む）	☆ ひとりひとりを温かく受け入れ、どの子も安心感を持てるように心がけて小さなサインも見逃さないように配慮する。 ☆ 好きな遊びを見つけられるようにいっしょに遊んだり、興味を持てるような誘いかけをしたりする。 ☆ 新しい環境の中で活動範囲が広がってくるので安全に過ごせるように配慮する。
家庭や地域との連携（保育園・幼稚園・小学校との連携も含む）	○ 子どもを初めて集団生活に入れる保護者の思いや不安な気持ちを受け止め、子育ての大切さや喜びなどに共感し、信頼関係を築いていく。 ○ 保護者に安心してもらえるよう、登降園時に家庭のようすを聞いたり、保護者会を開いて、園での姿を具体的に伝えたりする。またクラス便りを発行するなどして、話し合う機会を多く持つ。 ○ 入園当初の健康状態を把握し、保護者との連絡を密にしていく。 ○ 保護者会で緊急時の避難マニュアルを説明し、連絡先の確認や、連絡が取れない場合の引き取り方法などを、具体的に確認しておく。

年の計画 3歳児

- 保育者や友達に親しみを持ち、友達とふれあいながら、安心して自分のしたい遊びに取り組む。
- 自分の要求や感じたことを自分なりの方法で表現する。

- 保育者に親しみ、安定するにつれて、新しい活動にも自分から取り組み、遊びの場（行動範囲）を広げていく。
- 園の遊具や玩具に興味を示し、友達とふれあいながら、自分の好きな遊びに意欲的に取り組めるようになっていく。
- さまざまなことに好奇心を持つようになり、自分でいろいろ試してみる姿が見られるので、生活や遊びの中で見たり触れたり試したりする喜びを味わえるようになる。
- ひとりひとりが自己主張するようになり、物の取り合いなど、友達とぶつかり合うことが多くなってくる。そうした機会を通して友達の存在に気づき、かかわり方を知らせていく。

Ⅱ 期

6	7	8

- 園での生活のしかたがわかり、簡単な身の回りの始末を自分でしようとする。
- 遊びや生活を通して約束や決まりがあることを知っていく。
- 保育者や友達といっしょに生活することに慣れ、安心して動けるようになる。
- 自分の好きな遊びを十分に楽しみながら、友達のしていることにも興味を示す。
- 水や砂の感触を楽しみながら全身を動かす遊びに興味を持つ。
- 友達とふれあいながら、いろいろな遊びを楽しむ。

- 食事、排せつ、着脱など、ひとりでしようとしたり、できないことを保育者に伝えたりしようとする。
- みんなといっしょに食事をすることを楽しむ。
- 追いかけっこや固定遊具の遊びなど、友達とかかわって遊ぶ楽しさを味わう。
- 自分の好きな遊びに喜んで取り組む。
- 物の取り合いなどの友達とのトラブルの中で、自分の思いを表現しようとする。
- 気に入った友達とふれあって遊ぶことを楽しむ。
- 友達のすることを見たり、まねたりしながら、いっしょに遊ぼうとする。
- 身近な教材や用具などの使い方を知り、興味を持って使おうとする。
- 水遊び、泥遊び、砂遊び、プール遊びなど、開放感が味わえる遊びを十分に楽しむ。
- 自分の経験したことや思いを、保育者や友達に話そうとする。
- いろいろなものになったり表現したりして遊ぶことを楽しむ。
- 音楽に合わせて体をリズミカルに動かしたり、簡単な身体表現をしたりして楽しむ。
- 新しい歌を覚えて友達といっしょにうたったり、いろいろな音のするものに触れたりする。
- フィンガーペインティングや絵の具などでのびのびと描く楽しさを味わう。

- 生活のしかたはひとりひとりに応じて援助していき、年長児の活動を見たり手伝ってもらったりしながら、自分でしようとする気持ちを育てる。
- 物の種類や特徴に合わせて、かたづけがスムーズにできるように箱や棚を用意し、分類や整理がしやすいようにマークを付ける。
- 子どもの興味をとらえて楽しめるような材料や用具、やりたいときにできる時間や場、遊具の数を用意する。
- 着替えや手洗いなどは自分からしたくなるように場を整え、手順がわかるように絵やカードなどを使い、示しておく。
- 気温に合わせて水遊びやプール遊びができるように、場や遊具などを整えて使えるようにしておく。
- ひとりひとりの健康状態に留意し、快適な環境のもとで生活できるようにする。
- 友達と同じものを持ったり身に付けたりできるよう、遊具などの数や置き場などに配慮する。

☆ 子どもの言葉や表情から思いを受け止め、共感を持ってかかわっていく。
☆ ひとりひとりのペースを大切にし、「おもしろそう」「やってみたい」という気持ちが持てるような雰囲気を心がける。
☆ 生活習慣は、ひとりひとりの自分でしようとする気持ちを大切にし、自分で行なったときは、認めて自信を持たせる。
☆ 物の取り合いなどのトラブルが出てくるので、互いの気持ちを受け止めたり、代弁したりして、状況に応じて対応していく。
☆ 暑さを考慮し、適度な水分補給と、休息を十分に取れるような配慮をする。

- 園生活の中で、自分の力で努力している姿を伝え、家庭でも自分でしたがることは時間的な余裕を持って行なうようにしてもらう。
- ひとりひとりの健康状態を、健康カードや連絡帳で知らせ合う。
- 体の清潔や、着脱しやすい衣服の準備などに配慮しながら、夏の健康に気をつける。
- 夏の生活について、食事・睡眠・疲れすぎない…などの問題や直接体験の大切さを話し、伝えていく。

→次頁に続きます。

3歳児の年の計画

P.28～の月案・週案・日案の基となっていることを読み取りましょう。

年間目標	○ 園生活の流れや生活のしかたがわかり、自分の身の回りのことをしようとする。 ○ 体を十分に動かしていろいろな動きのある遊びを楽しみ、心地良さを味わう。　　　　（前ページに準じたものとなっています。）
子どもの姿と育てたい側面	○ 園生活を楽しみにし、自分のしたい遊びに没頭する子もいる。ひとりひとりが十分に楽しめるようにしていく。 ○ 身の回りの始末などの基本的生活習慣を自分でしようとするが、まだ個人差が大きい。自分から取り組み自分でできる喜びを味わえるようにする。 ○ 保育者の言葉による指示を聞いて行動したり、友達といっしょに動いたりする楽しさを味わえるようになる。 ○ 友達といっしょに同じ遊びをする楽しさを感じ、友達のかかわりがよりいっそう深まってくる。そのため、自分の思いや考えを通そうとして、トラブルが起こることもある。その中で相手の気持ちにも徐々に気づくようになっていく。 ○ 自分のイメージを、言葉、動き、造形遊びなどで自由に表現することを楽しむようになるので、思いのままにのびのびと表現する喜びを感じられるようにする。

発達の節	Ⅲ 期			
月	9	10	11	12

ねらい	○ 保育者や友達といっしょに生活することを楽しみ、話したり聞いたり、会話を楽しんだりする。 ○ 経験したこと、感じたこと、想像したことなどを、さまざまな方法でその子なりに表現する。 ○ 友達といっしょに同じ遊びをする楽しさを味わう。 ○ 日常生活の中で自分でできることは進んでしようとする。

指導内容の視点	心と体の健康／人とのかかわり／環境とのかかわり／言葉の育ち／表現する力	○ 手洗い、うがい、着脱、排せつなどの手順や意味を理解し、自分からしようとする。 ○ 友達と同じ活動に参加し、みんなといっしょにすることを喜ぶ（簡単なルールのある鬼ごっこ　など）。 ○ 自分のしたい遊びが見つかり、それに必要な遊び道具や材料などを自分で選べるようになる。 ○ 好きな遊びを繰り返し楽しむことで、身のこなしがしだいに巧みになる。 ○ 行事を通して年中児や年長児とふれあい、楽しさを共に感じたり、年長児に対するあこがれを感じたりする。 ○ 木の葉、木の実、小石などを集め、それらを使って、いろいろな遊びをする。 ○ 虫や小動物に興味を持ち、年長児や保育者が世話をするのを見たり、虫や小動物といっしょに遊んだりする。 ○ 身近なものの色・形・多い・少ないなどの違いに気づく。 ○ 遊びの中で遊具の安全な使い方や置き方に気づく。 ○ 散歩など園外に出たときは、友達や保育者といっしょに安全に気をつけて行動しようとする。 ○ 自分の気持ちや困っていること、してほしいことなどを、保育者に自分なりの言葉や方法で伝えようとする。 ○ 遊びの中で、やりとりを楽しみながら、生活に必要な言葉を知っていく。 ○ リズムに合わせて体を動かしたり、身近な動物や乗り物の動きを体で表現したりして楽しむ。 ○ 身近な素材で好きな物を作り、それを使って遊ぶことを楽しむ。 ○ 絵本や紙芝居などを何度も読んでもらったり見たりして、お気に入りのものができる。 ○ 積み木などで遊びの場（乗り物、家　など）を、友達や保育者といっしょに作って遊ぶ。 ○ 自分なりのイメージを持って描くこと、作ることを楽しむ。 ○ 友達や保育者と走ったり、思い切り体を動かしたりする心地良さを体験する。

環境構成の要点	○ いろいろな行事などに、無理なく参加できるようになる。 ○ ひとりひとりの興味や関心に合わせて遊びに使うものが自由に使えるように、用具を幅広く用意する。 ○ 自然の中で自分たちで見つけたもの（石、枝、木の実　など）や身近な素材を自由に利用して製作遊びが楽しめるようにしておく。 ○ 運動会がきっかけとなって、異年齢児のまねをしたり、ゲームを繰り返し楽しんだりできるように必要な物を身近に置いておく。 ○ 全身を使った遊びが繰り返し楽しめるような環境の工夫を心がける。 ☆ 言葉だけでなく、表情や身ぶりなど、全身で表現している子どもの気持ちを感じ取り、必要に応じた援助をする。 ☆ 保育者は自分からやってみようという気持ちを認めて励ましたり、難しいときには手を貸しながらも、その子のやる気を引き出し、満足感が味わえるようにかかわる。 ☆ 子どもの思いや見たてを受け止めたり、いろいろな遊び方を知らせたりして、遊びを楽しめるようにする。 ☆ 園の内外で自然にふれられる場や機会を設け楽しめるようにする。 ☆ 友達との遊具の取り合いなどのトラブルではひとりひとりの気持ちを受け止め、相手の気持ちにも気づけるようにする。 ☆ 行動範囲が広がっていくので必要に応じて遊びの中で安全指導を行っていく。 ☆ 活動や運動量に応じた食事の開始時間や量など、時期に応じて調理員と連携を取り進めていく。

家庭や地域との連携	○ 親子で行事に参加して楽しみながら子どもの成長に気づいたり、親子のふれあいの大切さを感じ取ったりしてもらう。 ○ 運動会や園外保育などでは、いっしょに参加しながら、自分の子どもだけではなく友達やほかの年齢の子どもたちのようすもよく見て、3歳児の成長を理解してもらう（保育参観→保育参加へ）。 ○ 寒さに向かっての健康管理（衣服の調節、うがい、生活リズムを崩さない　など）の方法と必要性を伝える。

- ○ 保育者や友達に親しみを持ち、友達とふれあいながら、安心して自分のしたい遊びに取り組む。
- ○ 自分の要求や感じたことを自分なりの方法で表現する。

（前ページに準じたものとなっています。）

- ○ 身の回りのことや生活に必要なことなど、自分でしようとする気持ちを大切にし、できた喜びを味わえるようにする。
- ○ 安定した気持ちで園生活を送るようになり、仲のよい友達と遊んだり、友達や保育者の手伝いをしたがる子もいるので、この1年間で成長したことを共に喜び、進級の楽しみにつなげていく。
- ○ 体験したことや想像したことを自分なりに話し、言葉での表現が豊かになってくる。
- ○ 簡単な形を描く、切る、歌う、曲に合わせて動くなど、さまざまな表現活動を楽しむようになるので、その子なりの表現を認めながら、表現する楽しさを味わえるようにする。

Ⅳ 期

1	2	3

- ○ 基本的生活習慣が身につき、自信を持ってのびのびと行動する。
- ○ 友達と遊んだり話したり歌ったりすることを喜び、いっしょに活動しようとする。
- ○ さまざまな造形遊びで自分なりに表現することを喜び、意欲的に取り組む。
- ○ 大きくなる喜びと進級に対する期待を持って生活する。

- ○ 全身を使った遊びを十分にして、寒くても活動的に元気よく過ごそうとする。
- ○ 年長児や年中児の遊びに参加したり、年下の子どもたちとふれあったりして楽しむ。（保育園）
- ○ 集団としていっしょに行動することを楽しむ。
- ○ 友達が困ったり泣いたりすると、なぐさめたり保育者に伝えたりするなど、相手の身になって手助けをしようとする気持ちが出てくる。
- ○ 順番や交代することがわかり、並んで待ったり交代で遊具を使ったりする。
- ○ 伝統的な正月遊びや行事にふれて遊ぶ。
- ○ 霜柱、雪、氷など、冬の自然を見たり触れたり体で感じたりする。
- ○ 公共物や共有するものを大切に扱おうとする気持ちが持てるようになる。
- ○ 物や場所の安全な使い方がわかり、自分から気をつけて遊ぼうとする。
- ○ 遊んだ後、かたづけをするときれいになる心地良さが感じられるようになる。
- ○ 悲しいこと、うれしいこと、考えたことを言葉に出して表現する。
- ○ 絵本や紙芝居などをみんなで楽しみ、好きな登場人物になり切って遊ぶ。
- ○ 描いたものや作った物を、保育者といっしょに飾ったり使って遊んだりする。
- ○ ごっこや好きなお話を、表現遊びにして楽しむ。
- ○ 音楽に合わせてさまざまな楽器を友達同士で自由に鳴らして楽しむ。
- ○ 季節や発達に応じた行事に参加し、いろいろなことを表現する喜びを味わったり、友達の表現を見て楽しんだりする。
- ○ ごっこ遊びを通して、生活で使う言葉のやりとりを楽しむ。

- ○ 年長児と遊ぶ場を設定して、年長児の優しさや頼もしさにふれるようにする。
- ○ 暖房・換気・寒さへの対応をするなど、安全・健康な環境に留意する。
- ○ 好きな友達といっしょにいられる場や、見たてやつもりになって遊べるようなものを用意する。
- ○ 年中児の保育室へ行くなどして、進級に期待を持つようになる。
- ○ 年下の子どもたちを迎え、遊び方を伝えようとする気持ちを大切にする。（保育園）
- ○ さまざまな遊びが発展し、継続していくように遊具や材料の準備や置き方に配慮し、積極的に取り組みたくなるような空間づくりを心がける。

- ☆ ひとりひとりの子どもと楽しく言葉を交わし、成長を認め、自信が持てるようにする。
- ☆ ひとりひとりの子どもが、自分なりにのびのびと充実した園生活が送れているか把握する。
- ☆ 基本的生活習慣が身についたか把握し、ひとりひとりの自立へ向けて援助していく。
- ☆ 子ども同士でいっしょに遊べるような環境を用意したり、必要に応じ言葉をかけるようにしたりする。

- ○ 個人面談で子どもの成長を話し合い、親子の1年間の歩みを保護者と共に振り返る。
- ○ 家庭内の生活でも、3歳児なりに役割を持って手伝うことの大切さを伝える。
- ○ 自己主張や自立心が強くなるが、まだ甘えたい気持ちもあることを理解して、温かく受け止めるよう互いに努力する。
- ○ 発表会などで発表する内容やそのプロセス、目的などを、事前に園便りなどで伝え、保護者から子どもにその成長を認める言葉をかけてもらうようにする。

朱書き＝わかる！書ける！書き方解説をチェック！

4月 3歳児 クラス作り

P.52-55・4月の週案、P.72・4月の日案も参照してください。

※幼稚園、幼保共通の指導計画としてご覧ください。

進級した子も新入園の子も新しい環境で安心して過ごせるように、ひとりひとりの気持ちに共感し温かく受け止めていく。また、いっしょに遊んだり会話をしたりすることで、園生活を楽しんだり、保育者に親しみを持ったりできるようにしていく。

今月初めの幼児の姿

生活・健康
- ○新しく生活する場所で過ごすことを楽しんだり、進級したことを喜んだりしている。
- ○着替えやかたづけなど簡単な身の回りのことを保育者といっしょにしようとしている。

興味・関心
- ○戸外で体を動かして遊ぶことを楽しんだり、春の自然にふれたりしている。

人間関係
- ○気の合う友達と遊ぶ姿が見られるが玩具の取り合いも見られる。

ねらい

- ○**保育者に親しみを持ち、登園することを喜ぶ。**
- ○**新しい環境に慣れ安心して園生活を送る。**
- ○**好きな玩具、遊具、場所、遊びを見つける。**
- ○花や芽吹きなど春の自然にふれる。

> 3歳児の4月は、まず新しい環境に慣れて園が楽しいと感じてほしいということをねらいとします。新入園児のことを加味して書きましょう。

幼児の経験する内容（指導内容）

- ○保育者といっしょに遊んだり会話をしたりすることで、親しみを持つ。
- ○自分のしたいことやしてほしいことを言葉やしぐさ、表情で伝えようとする。
- ○自分のロッカー、靴箱、タオルの場所を知る。
- ○着脱、手洗い、排せつ、食事など生活のしかたを知り、簡単な身の回りのことを保育者に手伝ってもらいながらする。
- ○繰り返し遊ぶことで、好きな玩具、遊具、場所を見つける。
- ○戸外で体を動かして遊ぶことの心地良さを味わう。
- ○園庭や散歩先で花を摘んだり見たり、若葉の芽吹きに気づいたりして春の自然にふれる。

家庭・地域との連携（保護者への支援も含む）

- ★園便りやクラス便りで1年間のねらいと行事の日程を伝える。
- ★保護者会で3歳児の発達や姿を知らせ、これからの成長の目安を持ってもらう。また、保育者と保護者、保護者同士の親睦を図る。
- ★登降園時に話をしたり、連絡ノートで園でのようすを知らせたりして安心感を持ってもらう。

CD-ROM 3歳児 ▶ P.028-051_月案 ▶ 4月_月案.doc

預かり・延長保育 園で長時間過ごす子どもへの配慮

- ☆保育室や保育者など環境が変わるので、慣れた玩具や絵本を持って行き、安心して過ごせるようにする。
- ☆生活の環境が変わることで疲れるので、ゆったりとした雰囲気で接したり、横になって休んだりできるスペースを作る。

> 園により、預かり・延長保育のあり方はさまざまですが、異年齢で集まっても遊べるように、なるべく低い年齢の部屋にすることが多いです（0歳児は別室）。担当の保育者は当番や専任など、担任でない場合が多いので、4月は特にていねいなかかわりを意識して記しましょう。『保育所保育指針』にあるとおり、子どもの最善の利益を念頭に置きます。そのようなイメージを持ちつつ、自園と重ねて書きましょう。

健康・食育・安全への配慮

- ●固定遊具の使い方を子どもたちに知らせるなどして、安全に遊べるようそばにつく。
- ●ひとりひとりの食事の適量を知り、量を調節して配ぜんし、「全部食べられた」という満足感を味わえるようにする。

4月　3歳児

環境の構成と保育者の援助

安心して過ごせるように

- ○登園時に笑顔で親子に接し、1日の始まりを安心して迎えられるようにする。また、泣いたり不安な気持ちになったりする子どもには、その気持ちを受け止め、だっこしたり、優しく話しかけたりして安心できるようにする。
- ○新入園児の中には、平気で過ごしているように見えても、がまんしてる子もいるので、自分の気持ちを出そうとしたときにはしっかり受け止めていく。

新しい生活環境に慣れるように

- ○ロッカー、靴箱、タオルの場所には個人のマークを付け、自分の物の場所がわかるようにする。
- ○生活のしかたがわかるように、トイレの使い方、手の洗い方、カバンのしまい方などを具体的に知らせる。
- ○イスとテーブルの高さや手洗い場の蛇口の高さなどが体に合っているかを確認し、使いやすくする。

好きな遊びを見つけられるように

- ○2歳児クラスのときに親しんでいた玩具を用意し、好きな遊びを楽しめるようにしていく。
- ○発達に合った玩具や絵本をいつも同じ場所に用意し、遊びやすいようにしていく。また、落ち着いて遊べるよう、ままごと、積み木、汽車、ブロック、絵本などをそれぞれのコーナーに設定していく。
- ○室内や戸外で保育者といっしょに遊ぶことで楽しさを味わえるようにしていく。
- ○園庭や散歩先で花や木の芽のようすにいっしょに気づき、発見した気持ちに共感していく。また、花を摘んだり花びらで遊んだりなど、春の自然にふれられるようにしていく。

> 特に3歳児は、今までは子どもの意欲を大切にしながらも、保護者や保育者が子どもを援助してきたので、子どもが自分でやっていけるように、ということを念頭に環境の工夫を考えて書きます。

 反省・評価のポイント

★新しい生活環境や保育者に慣れ、喜んで登園できたか。
★好きな遊びを見つけ安心して過ごしていたか。

5月 3歳児 クラス作り

※適所、幼保共通の指導計画としてご覧ください。

ひとりひとりが自分のしたい遊びを見つけられるように環境を整え、安心して園生活が過ごせるようにする。連休明けに保護者から離れることを不安がる姿も見られるので、子どもの心をしっかり受け止めて安定できるようにしていきたい。また玩具の取り合いなどで手が出てしまいトラブルになることもあるので、ひとりひとりの状態を見ながら、こまやかにかかわっていきたい。

	前月末の幼児の姿	ねらい	幼児の経験する内容（指導内容）
生活・健康	○園生活の流れが少しずつわかり、身の回りのことを保育者の手を借りながら、自分でしようとしている。 ○好きな遊びや場が見つけられる子もいるが、保育者のそばから離れられない子もいる。	○園生活のしかたを知り、安心して生活する。	○身の回りのことを保育者に手伝ってもらいながらも自分でしようとする。 ○保育者や友達といっしょに弁当を食べる。 ○保育者がそばにいることで安心して生活をする。
興味・関心	○紙芝居や手遊びに興味を持ち、保育者や友達といっしょに楽しんでいる。 ○同じ遊びをしているうちに、自分の思いどおりにいかなくなり、玩具を取ったり、たたいたりしてトラブルになることがある。	○自分の好きな遊びを見つけて楽しむ。 ○保育者や友達に親しみを感じ、いっしょに遊ぶことを喜ぶ。	○自分の好きな遊具や場を見つけて遊ぶ。 ○保育者や友達がしている遊びに興味を持って見たり、いっしょに遊んだりしようとする。 ○自分がしたいことやしてほしいことを動作や表情・言葉で伝えようとする。 ○身近な素材を使って、描いたり、作ったりすることを楽しむ。 ○いろいろな遊びやトラブルを通して、友達の存在に気づく。
人間関係	○友達の遊んでいるようすを傍観している子どももいるが、同じ場で遊ぶ友達を覚え、親しみを感じ始めている子もいる。	○身近な自然にふれながら、戸外で遊ぶ楽しさを味わう。	○身近な動植物を見たり、触れたりして親しむ。 ○砂・土・泥・水などに触れ、感触を味わいながら遊ぶ。 ○園庭や広い場所で体を動かして遊ぶことを楽しむ。

> 3歳児の昼食（給食ではなく家庭から弁当を持参を想定）のスタートのときです。喜びや楽しさを最優先することが大切です。こういう書き方をすることで、保護者・家庭との連携につながります。意図性のある、行き当たりばったりの保育ではないことを示しましょう。

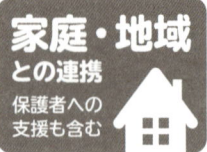

家庭・地域との連携
保護者への支援も含む

★連休明けに登園を渋ったり、保護者と離れるときに泣いたりする姿が見られるので、保護者が不安にならないように成長につながる姿であることを伝えていく。保育者自身も焦らずに、ひとりひとりのようすを見ながら家庭との連絡を密に取って、子どもの安定を共に図っていく。
★友達への興味が増すと同時に、たたいたり、かんだりするトラブルも多くなるので、保護者にはその経緯や対応についてていねいに説明し、双方の保護者との信頼関係を大切にする。
★昼食は、量や食べやすい大きさ・内容などに配慮し、自分で食べられる喜びを味わえるようにすることを伝える。

預かり・延長保育 園で長時間過ごす子どもへの配慮

☆連休明けは生活のリズムが崩れたり、弁当が始まり保育時間が長くなったりするので午後に疲れが出ていないか、体調を見ながらゆったりと過ごせるようにする。

☆疲れが出て夕方に眠くなってしまう子もいるので、体を休める場を用意しておくなど、ひとりひとりに対応できるようにする。

健康・食育・安全への配慮

● 気温の上昇に応じて、衣服の調整や水分補給を促していく。

● 固定遊具の安全な遊び方を知らせ、けがのないように細心の注意を払っていく。

5月 3歳児

環境の構成と保育者の援助

園生活に慣れ、安心して過ごせるように

○身の回りのことや排せつなど、自分でやろうとする気持ちを大切にし、自分のペースでできるように時間に余裕を持たせていく。またひとりでできないときにさりげなく手伝ったり、やり方を知らせたりして、安心して覚えられるようにする。

○連休明けで不安になる子どももいるので、「先生はいつもそばにいてくれる存在」であることが伝わるように、ひとりひとりをしっかりと受け止めて安心感を持てるようにする。

○食事はそれぞれのペースを把握しながらゆったりと食べられる雰囲気づくりをし、家族とは違う、園で友達と食べる楽しさを感じられるようにする。

保育者や友達とのかかわりを楽しめるように

○安心して自分のしたい遊びが楽しめるよう、取り出しやすいところに玩具や用具の数を多めに用意しておく。

○自分の思いが伝えられず手が出たり、物の取り合いになったりしてトラブルが生じたときには、保育者が代弁して互いの気持ちが伝わるようにする。

○トラブルの場面を通して、徐々に自分のしたいことや、してほしいことを動作や表情・言葉で伝えていけるように声をかけていく。

○好きな遊びが見つけられない子には、安心できるような言葉をかけたり、保育者が楽しそうに遊んでいる姿を見せたりしながら、徐々に興味が持てるようにしていく。

身近な自然にふれて遊べるように

○さわやかな季節なので散歩や親子遠足を計画し、保育者や友達と体を動かして遊ぶ心地良さを感じられるようにしていく。

○園庭の草花や飼育物を見たり、触れたりして、親しんでいるところを見逃さず、子どもの発見や驚きに共感していく。また保育者自身が感じたことを言葉や表情で伝えていくようにする。

○砂・土・泥・水などに触れ、それぞれの感触を味わいながら遊べるようにする。

「急いで遊びに誘い込むのではなく」というニュアンスがあったとしても、マイナスの表現は不要であり、"どうしたいか"を書けばOKです。また、具体例を週案に書くとよいでしょう。このようなところから、月案と週案の関係も確認していきましょう。

反省・評価のポイント

★ひとりひとりが、園生活に慣れ、安心して生活することができていたか。
★保育者や友達といっしょに遊ぶことを楽しむことができていたか。
★身近な自然にふれたり、体を動かして遊んだりすることを喜んでいたか。

朱書き = わかる！書ける！書き方解説をチェック！

6月 3歳児 クラス作り

P.56-59・6月の週案、P.73・6月の日案も参照してください。

※適所、幼保共通の指導計画としてご覧ください。

　自分の思いを少しずつ表していけるよう、気持ちを引き出したり言い方を伝えたりしながら保育者や友達とのかかわりを楽しめるようにしていきたい。身の回りの始末を自分でしようとする気持ちを十分に認めながら、周りの子も自分でしようとする気持ちを持ち、自分でできるという自信につなげていきたい。

前月末の幼児の姿

生活・健康
- ○園生活の流れがわかり、簡単な身の回りの始末を自分でしようとする子どもが増える。

興味・関心
- ○戸外での遊びが活発になり、砂場を中心にしながら行動範囲を広げている。
- ○興味を持った遊びを繰り返すことが多くなっている。

人間関係
- ○クラスの友達と歌をうたったり、絵本を見たりすることを喜んでいる。
- ○**好きな友達**ができ、いっしょにいる姿が見られる。一方では、思いを言葉で伝えられず手が出るなどのトラブルも見られる。

> 5月末ごろのことを記入しています。「気の合う」まではいかず、「好きな」友達が適当でしょう。子どもの姿をしっかりとらえて記しましょう。

ねらい

- ○簡単な身の回りの始末を自分でしようとする。

- ○好きな遊びを十分に楽しむ。

- ○同じ物や場を通して、保育者や友達とのかかわりを楽しむ。

- ○いろいろな素材に触れ、感触を楽しむ。

- ○**梅雨期の自然に興味を持ち、**見たり触れたりして親しむ。

> 単に見たり触れたりすることをねらいにせず、子どもに何が育ってほしいかまで考えて記入します。

幼児の経験する内容（指導内容）

- ○砂・泥・水遊びなどをした後の着替えや始末を手伝ってもらいながら、できることは自分でする。
- ○雨の日の身じたく、レインコートの着脱を手伝ってもらいながら自分でしようとする。

- ○保育者や友達とかかわって遊ぶ。
- ○遊びの中で同じ玩具や遊具を使いたい、自分も同じ遊びがしたいなどという思いを表す。

- ○友達とふれあったり、まねたりして遊ぶ。
- ○クラスのみんなで遊ぶ楽しさを感じる。

- ○砂、泥、水の感触を楽しみ遊ぶ。
- ○身近な素材（画用紙、色紙、スズランテープ、紙テープ）、廃材（カップ、ペーパー芯　など）、用具に触れ楽しんで作る。

- ○梅雨期の自然、雨上がりの園庭を散歩し、水たまりやしずくなどを見たり触れたりする。
- ○アジサイ、カタツムリなどを見たり触れたりする。

家庭・地域との連携（保護者への支援も含む）

★砂、泥、水を使って遊ぶことで汚れて着替えることが多くなるので、子どもが自分で着脱しやすい衣服を用意してもらうように懇談会や園便りで伝える。

★子どものけんかの意味をエピソードを交えながら伝えていき、対応についての理解を求める。

★プールが始まるので、感染する病気などの予防を呼びかけたり、感染した際には園に知らせてもらうようにする。

CD-ROM 3歳児 ▶ P.028-051_月案 ▶ 6月_月案.doc

預かり・延長保育   園で長時間過ごす子どもへの配慮

☆温度や湿度などの変化によって、疲れが出やすい時期なので、ひとりひとりの保育中のようすを担当者に伝える。
☆午睡をしたり、休息したりできる雰囲気やスペースを用意する。
☆室内遊びが多くなるため、けがのないように十分な遊びのスペースを確保したり動きやすい配置をしたりするよう心がける。

健康・食育・安全への配慮

● 「歯の衛生週間」の実施から、食後の「ぶくぶくうがい」の必要性を知らせていく。
● 急に暑くなった日や、湿度が高い日などは、水分をこまめにとったり、衣服の調整をしたりする。

6月 3歳児

環境の構成と保育者の援助

身の回りのことを自分でしてみようと思えるように
○着替えやレインコートの着脱は手伝いながらもできるところは任せ、認めの言葉をかける。
○<mark>プールの準備やかたづけなどの手順がわかりやすいように、絵などを使って伝える。</mark>

友達とのかかわりを楽しめるように
○友達に興味が持てるように、他児の遊びを伝えたり誘ったり、いっしょに仲間に入ったりする。また、リズムに乗って体を動かす遊びや追いかけっこなどみんなでする遊びに誘い、繰り返しの中でみんなでいっしょに動いたり遊んだりする楽しさを感じられるようにする。
○友達同士がかかわりを持ちやすくするために、お面やスカートなど同じものを持って使えるようにしたり、保育者も遊びに加わったりする。
○子どもの思いを受け止めたり、子どもの気持ちを代弁したりする。

> P.58・6月3週の「プール開き」の「具体的な環境と保育者の援助」に具体例を挙げています。月案ではこの文ぐらいでOKです。月案に書いてあることが状況に応じて4週間に下りているようにしましょう。

いろいろな素材に触れて遊ぶことを楽しめるように
○砂や泥、水遊びを経験しながら楽しめるようにする。
○セロハンテープや、ハサミ、廃材(カップ、ペーパー芯 など)の置き場所をわかりやすく表示し、作ることを楽しめるようにする。
○のりやハサミを使ってものが作れるよう、画用紙や色紙などを用意する。繰り返しの中で使い方が身につくようにする。

水遊びを楽しめるように
○タライ、ビニールプールなどを用意し、カップ、ジョウロ、洗剤などの空き容器、ペットボトルなどの身近な物を使って<mark>水遊びの楽しさやおもしろさを感じられるようにする。</mark>

> この一文は、環境の構成であり、保育者の援助でもあります。今月の大半は、水遊びをする計画です。具体例は週案にちりばめて書きましょう。(P.56-59・6月の週案参照)

★自分でできる身の回りのことを自分でしようとしていたか。
★保育者や友達とかかわることを楽しんでいたか。

朱書き＝わかる！書ける！書き方解説をチェック！

7月 3歳児 クラス作り

※適所、幼保共通の指導計画としてご覧ください。

夏ならではの遊びをおおいに<mark>楽しめるようにしていきたい。</mark>また、遊びの範囲が広がり、気の合う友達とのかかわりも増えてくる中で、自分の思いを主張するあまり、玩具の取り合いや順番を巡ってのトラブルも見られる。保育者は互いの気持ちを仲立ちしながら、いっしょに遊ぶ楽しさを<mark>味わえるようにしていきたい。</mark>

> 「楽しませたい」「味わわせたい」というような保育者が「させる」表現でなく、子どもの側からの表現にするようにしましょう。

	前月末の幼児の姿	ねらい	幼児の経験する内容(指導内容)
生活・健康	○簡単な身の回りのことを保育者に見守られながらしている。	○夏の生活のしかたを知り、自分でできる身の回りのことをしようとする。	○水遊びやプール遊びの準備や後始末のしかたを知り、できない部分を保育者に手伝ってもらいながら自分でしようとする。 ○汗をかいたら衣服を着替えたり、保育者に促されて水分補給や休息を取ったりする。
興味・関心	○梅雨期の植物や自然にふれたり、はだしになって砂、泥などの感触を楽しんだりしている。	○夏ならではの遊びを保育者や友達と楽しむ。 ○夏の自然や栽培物にふれ興味や関心を持つ。	○砂、泥、水などの感触を味わいながら喜んで遊ぶ。 ○プールでの約束事や決まりを知る。 ○保育者や友達と楽しく遊ぶ。 ○ダンゴムシ、セミ、カブトムシなどを見つけたり、夏野菜(トマト、キュウリ、ナス、オクラ　など)の生長を見たり触れたりする。
人間関係	○友達と簡単なルールのある遊びをしたり、好きな遊びをじっくり楽しんだりしている。 ○友達といっしょに遊ぶことも<mark>増えてくる</mark>が、自己主張も強くなりぶつかり合うこともある。	○好きな遊びを通して、気の合う友達といっしょに遊ぶ。	○友達といっしょに遊ぶ中で自分の気持ちを言葉やしぐさで表現しながら、相手に伝えようとしたりする。 ○友達とおふろごっこ、魚釣りごっこなどのごっこ遊びを楽しむ。

> 指導計画では「できる」「できない」が重要ではなく、その中身を具体的に書くことが重要なので「増えてくる」にします。こうすることで、徐々に友達といっしょに遊ぶようになっていく姿が目に浮かびます。

家庭・地域との連携 保護者への支援も含む

★夏に流行しやすい感染症や皮膚疾患について知らせ、感染予防や健康管理に協力してもらう。
★水遊びやプール遊びを始めるにあたって持ち物には必ず名前を記入してもらう。
★水遊びをする機会が多くなってくるので、プールカード(健康チェック表)を用意し、健康状態を詳しく知らせてもらうようにする。
★着替える機会が増えるので、衣服の補充を多めにしてもらい、フィンガーペインティングや色水遊び用の服などの準備のお願いをする。

預かり・延長保育　園で長時間過ごす子どもへの配慮

☆疲れやすい季節なので、活動と休息のバランスに配慮し、ゆったり過ごせるスペースを作るなどの工夫をしていく。
☆室内の温度調節をこまめに行なったり、必要に応じて水分補給をしたり、ひとりひとりの健康状態に留意する。

健康・食育・安全への配慮

● 水遊び、プール遊びでは子どもの体調を把握し、休息の時間もきちんと取るようにする。
● 夏野菜（トマト、キュウリ、ナス、オクラ　など）の生長に興味を持ちながら収穫を楽しむ。

7月　3歳児

環境の構成と保育者の援助

夏を快適に過ごすために
○汗をたくさんかくので、水分補給をしたり、必要に応じて衣服を着替えたりして、気持ち良く過ごせるようにする。
○室内外の温度差、湿度、風通しに留意し、子どもが快適に過ごせるようにする。

夏の遊びを楽しめるように
○いろいろな水遊びや砂遊びが楽しめるように、タライや空き容器などを十分に用意する。
○プールで必要な約束事は具体的な場面をとらえてそのつど伝える。また、絵カードやポスターなどで子ども自身が守れるように環境を工夫する。
○プールの水温、水位、水質などに留意する。また危険などがないかを点検・整備をしておく。
○水遊び、泥遊び、プール遊びなどでは保育者が子どもといっしょに遊び、楽しさを共感していく。
○顔に水がかかるのをいやがったり、水を怖がったりする子もいるので、場を分けながらゆっくり水に慣れていけるように配慮する。

夏の自然を楽しみながら
○ダンゴムシやセミの抜け殻を見つけたり、図鑑を見たりして興味を広げていくようにする。
○夏野菜（トマト、ナス、キュウリ、オクラ　など）や植物（アサガオ、ヒマワリ　など）のようすに関心を持てるようにする。

友達といっしょに楽しく遊べるように
○友達の遊びに興味を持ちつつも、うまく入れずとまどっている子にはいっしょに遊べるように誘ったり声をかけたりしていく。
○**友達との間で自己主張のぶつかり合いが起きたときは保育者が間に入り、互いの思いを代弁したり言葉を補ったりしていく。**
○保育者との七夕や夏祭りなどを通して、友達といっしょに遊ぶ楽しさを味わう。

> 3歳のこの時期は、他者と自分の感情に気づき、ぶつかり合いが特によく起きやすいです。発達を踏まえて記入しましょう。

★夏の生活のしかたを知り、身の回りのことを自分でしようとしていたか。
★夏のいろいろな遊びを保育者や友達といっしょに楽しめたか。
★夏の自然や野菜の生長に興味を持てたか。

8月 3歳児 クラス作り

朱書き＝わかる！書ける！書き方解説をチェック！

※適所、幼保共通の指導計画としてご覧ください。

プールや虫取りなど、夏の遊びを思い切り楽しめるようにしていきたい。保育者もいっしょに遊ぶ中で、水の気持ち良さや、ダイナミックに遊ぶ楽しさを伝えていく。また、暑い日が続き、体調を崩すこともあるので、遊んだ後の休息にも十分に配慮し、健康に過ごせるようにしていく。

	前月末の幼児の姿	ねらい	幼児の経験する内容（指導内容）
生活・健康	○プールの準備や後始末の手順を知り、できるところは自分でやろうとしている。	○夏の生活のしかたがわかり、健康に過ごす。	○タオルの準備や水着の着脱など、保育者に見守られながら、自分で行なう。 ○シャワーを浴びた後は、手伝ってもらいながら、自分で体をふこうとする。 ○こまめに水分補給を行なったり、体を使って遊んだ後は、十分に休息を取ったりして、健康に過ごす。
興味・関心	○水に親しみを持ちながら、プール遊びや水遊びを、友達や保育者といっしょに楽しんでいる。 ○夏祭りに、楽しみながら参加している。	○友達や保育者といっしょに、プール遊びや水遊びを十分に楽しむ。 ○夏に体験した出来事を話したり、再現して遊んだりすることを楽しむ。	○水の気持ち良さを全身で感じながら、友達や保育者といっしょに楽しんで遊ぶ。 ○夏に体験したことなど、この時期ならではの経験を話したり、まねをして遊んだりして、友達や保育者と楽しさを共感し合う。
人間関係	○好きな遊びを、気の合う友達とかかわって遊んでいる。 ○遊びの中で、自分の思いを保育者や友達に伝えようとしている。	○**異年齢児といっしょに遊んで親しみを持つ。** ○夏の自然に興味・関心を持つ。	○異年齢児とかかわって遊ぶ中で、親しみを持ったりいっしょに遊ぶ楽しさを味わったりする。 ○収穫した夏野菜を味わったり、それらを使った遊びを楽しんだりすることで、夏の自然に親しみを持つ。 ○セミやヒマワリなど、夏の動植物に興味・関心を持って、見たり触れたりする。

【朱書き解説】保育園では保護者の仕事の休暇に合わせて休みを取る子が増えることと、幼稚園では希望者だけ登園する預かり保育が行なわれることで、異年齢児保育になることを考慮して計画をたてています。そこで、ねらいをこのように書き表しています。

家庭・地域との連携（保護者への支援も含む）

★プール遊び・水遊びでのエピソードや成長した姿などを伝え、保護者といっしょに喜び合う。
★暑さによって疲れやすく体調が崩れやすいので家庭での生活リズムを整えてもらうとともに、**感染性の病気（プール熱や、とびひ、水いぼ（伝染性軟属腫）など）が流行しやすい時期であることを伝え**、健康に過ごせるように家庭との連絡を密に取り合う。
★プールカード（健康チェック表）を毎日提出してもらい、体調を確認する。

【朱書き解説】特に夏に流行しやすい感染症の病気への注意を喚起します。その時期に合った連携を記します。

預かり・延長保育
園で長時間過ごす子どもへの配慮

☆夏の暑さや日中の遊びで、体が疲れていることがあるので、ゆったりと過ごせるような玩具を用意する。（絵本やパズル、ブロック　など）
☆水分補給もこまめに行ない、熱中症には十分に気をつけていく。

健康・食育・安全への配慮

●水遊びやプールに入る際には、ひとりひとりの体調をしっかりと把握する。室内温度や空調、水分補給などに配慮し、健康に過ごせるようにする。
●収穫した夏野菜をみんなで味わったり、野菜スタンプなどで遊んだりして楽しむ。

8月　3歳児

環境の構成と保育者の援助

プール遊びや水遊びが思い切り楽しめるように
○全身で水の気持ち良さを感じられるように、保育者が見本を見せたり、流れるプールやフープのトンネルなどで遊んだりして、いっしょに楽しんでいく。
○子どもたちの"見てて！"という気持ちを受け止め、できたことをいっしょに喜んだり共感したりして、自信につながるようにしていく。
○個人差に合わせた遊び方を工夫し、水が苦手な子には、保育者が体を支えたり、手を差し伸べたりして、安心して遊べるようにしていく。また、プールに入れない子どもに対しても楽しく遊べるような玩具などを用意しておく。

夏の自然に親しめるように
○収穫した夏野菜を実際に見たり触れたりにおいをかいだり味わったりして、五感を使って十分に味わえるような環境をつくる。
○身近な虫を見つけたり、鳴き声の違いに気づいたり、栽培物に関心を持ったりできるよう直接体験の援助をする。

簡単な身の回りのことが自分でできるように
○水遊びやプールの準備など、自分でやろうとする気持ちを認め、できたときはたくさん褒めて、次への意欲につながるようにしていく。
○シャワーを浴びた後は、タオルで体をふけるように促していく中で、**自分でできたという満足感を持てるようにしていく。**

夏を健康に過ごせるように
○プール遊びや水遊びをした後は、ブロックや絵本を用意しておくなどして、体が休まるような遊びの工夫をしていく。
○子どもたちが快適に過ごせるように、水分補給をこまめにしたり、室内の温度にも十分に配慮を行なったりしていく。
○長時間、日光に当たらないよう、遊ぶ時間に配慮をしたり、日陰を選んで遊ぶようにしたりする。

友達や異年齢児とかかわる楽しさを味わえるように
○異年齢児に親しみが持てるよう、保育者が仲立ちとなり、かかわって遊ぶ楽しさを伝えていく。
○友達と遊ぶ中で、自分の思いがうまく伝えられていないときには、ようすを見ながら言葉を添えていく。

> 「自分でふけるように促していく」のではなく、子どもがどう育ってほしいかを書くようにしたいので、この表現にしました。子どもが主体になる書き方にしましょう。

反省・評価のポイント
★プール遊びや水遊びを十分に楽しめていたか。
★夏の自然に親しみを持てたか。
★夏の生活のしかたがわかり、自分でできることを自分でしようとし、健康に過ごすことができたか。

朱書き＝わかる！書ける！書き方解説をチェック！

9月 3歳児 クラス作り

P.60-63・9月の週案、P.74・9月の日案も参照してください。

※適所、幼保共通の指導計画としてご覧ください。

　久しぶりの登園に泣いたり、不安を抱いたりする子どももいるため、園生活のしかたを思い出し、安心して過ごせるように、ひとりひとりの実態を把握し、ひとりひとりのペースを大切にしながら生活を進めていきたい。また、保育者や友達といっしょに初秋の自然にふれたり、体を動かしたりする楽しさを感じられるようにしていきたい。

	今月初めの幼児の姿	ねらい	幼児の経験する内容（指導内容）
生活・健康	○久しぶりの登園を喜び、保育者や友達とかかわったり、遊び始めたりする。中には、保護者との離れ際に不安になり、泣いたり保育室に入れなかったりする子どももいる。	○喜んで登園し、園生活のしかたを思い出し、安心して過ごす。	○園生活のしかたを思い出し、所持品の始末や昼食（弁当）の準備などの身の回りのことを自分でしようとする。 ○好きな遊びをしたり、保育者や友達とふれあったりしながら、園生活の楽しさを思い出し、安心して過ごす。
興味・関心	○1学期にしていた遊びを思い出し、遊ぶことを楽しんでいる。 ○夏休みの出来事を思い出し、保育者にうれしそうに話をすることでふれあいを喜んでいる。	○好きな遊びを見つけて、楽しむ。 ○保育者や友達といっしょに体を動かして遊ぶことを楽しむ。	○自分からいろいろな遊具や場所にかかわり、好きな遊びを見つけて遊ぶ。 ○水に親しみを持ち、いろいろな水遊びを楽しむ。 ○保育者や友達と走ったり、全身を使って動いたりする心地良さを感じる。 ○みんなといっしょに踊ったり、音楽に合わせて動いたりする。
人間関係	○ほとんどの子どもが、久しぶりにクラスの友達と歌をうたったり、手遊びや踊りをしたりすることを喜び、楽しんで参加している。	○身近な初秋の自然にふれ、親しむ。	○草花の種を取ったり、虫を探したりしながら、身近な初秋の自然に興味を持つ。 ○月を見たり、月に関する絵本、月見の絵本を見たりして、季節の行事に親しむ。

［ねらい 朱書き解説］「園生活のリズム」と書かず、具体的にわかりやすいよう、「園生活のしかた」とします。長期休み（夏休み）の後は、園生活のしかたや、することを再確認する時期と考えます。このようにいつも同じことを同じように書くのではなく、クラスの状況により、書き方を考えていきましょう。

［幼児の経験する内容 朱書き解説］この年では、9月30日が中秋の名月の日に当たります。このような行事も忘れずに計画に組み込みましょう。（P.63・9月4週の計画参照）

家庭・地域との連携 保護者への支援も含む

★夏休み中の健康状態や経験したことなどを保護者に知らせてもらい、ひとりひとりの実態を把握し、保育に生かしていく。
★規則正しい生活のリズムが取り戻せるように、生活習慣の見直しや体調管理に努めてもらうよう保護者に協力を求める。
★防災訓練では、事前に手紙などで目的や方法を保護者に知らせ、防災への意欲が高まるようにするとともに、命の大切さを親子で話し合う機会を持てるように呼びかける。

預かり・延長保育
園で長時間過ごす子どもへの配慮

☆集団生活に戻ることや気温の高さから、疲れが出たり、不安定になったりする子どももいるため、ひとりひとりが安心してゆったりと過ごせるような遊具や環境を保障し、担当者に子どものようすを具体的に伝える。また、保護者には、子どもが元気に過ごせるように、体調や状況に応じて保育時間の長さに配慮してもらうなどの協力をお願いする。

『幼稚園教育要領』第3章第2.教育課程に係る教育時間の終了後等に行う教育活動等への留意事項の1に、預かり保育のことが書かれています。まず配慮することは子どもの健康と安全。そしてこれらが確保される環境づくりが必要、とあります。そのことをいつも念頭に置いて、幼・保ともに配慮することを書きましょう。

健康・食育・安全への配慮

- 日ざしが強く暑い日が続くため、日陰の確保や衣服の調節、水分補給を行なう。
- 秋の全国交通安全運動を通して、道路の安全な歩き方を具体的に指導する。また、保護者とも連携して、安全への意識が持てるようにする。

9月 3歳児

環境の構成と保育者の援助

園生活のしかたを思い出し、好きな遊びを楽しめるように

○夏休みの話をしたり、いっしょに遊んだりしながら、保育者とのつながりを取り戻せるようにする。

○所持品の始末や昼食（弁当）の準備など、身の回りのことをする時間を十分に取り、ひとりひとりのペースを大切にしながら、自分でしようとする気持ちにつながるようにする。

○1学期の生活を思い出し、「またやってみよう」「これならできる」と、自分からしたい遊びを見つけてかかわれるように、慣れ親しんだ遊具や玩具を用意しておく。

○天候に応じて、色水やシャボン玉、プール遊びなどのいろいろな水遊びが楽しめるように、環境を用意する。プール遊びでは、夏休み中にできるようになったことを認め、より水に親しみを感じられるようにする。

保育者や友達といっしょに体を動かして遊ぶことを楽しめるように

○保育者もいっしょに、かけっこや追いかけっこ、踊りなどをして、体を動かし、楽しさを共感していく。

○十分に体を動かせるように、ほかのクラスの保育者と連携を図り、広い場所を保障する。

○リズミカルな曲や繰り返しのある曲、簡単な振り付けの踊りを取り入れ、みんなといっしょに踊ったり動いたりする楽しさを感じられるようにする。

身近な秋の自然に親しめるように

○子どもたちといっしょに園庭の草花を見たり、花を摘んだりしながら、種が付いていることや虫がいることを知らせていく。

○自然にふれながら、子どもたちが感じたことや発見したことに共感する。

反省・評価のポイント

★園生活のしかたを思い出し、好きな遊びを楽しめていたか。
★保育者や友達といっしょに体を動かして遊ぶことを楽しめたか。
★秋の自然にふれ、親しみを感じていたか。

10月 3歳児 クラス作り

※幼稚園・保育園両方で参考にしていただけるよう、検討・立案しています。

みんなといっしょに体を動かして遊ぶ楽しさを感じながら、運動会を楽しみにできるようにしたい。友達とかかわって遊ぶことができるような環境の工夫をしながら、つながりを広げていき、友達といっしょに遊ぶ楽しさを感じられるようにしたい。また、==戸外遊びや散歩を楽しみ、秋の自然を感じて、親しめるようにしたい。==

朱書き＝わかる！書ける！書き方解説をチェック！

前月末の幼児の姿

生活・健康
○生活の流れがわかってきて、身の回りの始末を自分でやろうとする子が増える。

興味・関心
○年中・年長児がやっている遊びに興味を持ち、見たりまねようとしたりする。
○保育者や友達と走ったり踊ったりして、体を動かして遊ぶことを楽しんでいる。

人間関係
○気の合う友達を見つけ、いっしょにいることが楽しいと感じている。

> この内容のように「10月下旬」と限定するほうがよければ、限定して書きます。どの時期のことなのかを考え、書きましょう。

ねらい

○身の回りの始末を自分からしようとする。

○保育者や友達といっしょに、戸外で体を十分に動かして遊ぶことを楽しむ。

○友達といっしょに簡単なルールを守って遊ぶ楽しさを知る。

○==身近な秋の自然にふれ、親しむ。==

幼児の経験する内容（指導内容）

○汗をかいたり、手足が汚れたりしたときの着替えや手洗いを自分からしようとする。

○保育者や友達といっしょに、走ったり、追いかけっこをしたり、音楽に合わせて踊ったりしながら体をのびのびと動かして遊ぶ。

○保育者や友達と、鬼ごっこなどの簡単なルールのある遊びをする。
○気の合う友達と繰り返し好きな遊びをする。
○自分の思いを、保育者や友達に言葉や態度で伝えようとする。

○==木の葉や木の実を集めたり、サツマイモの収穫をしたりして、自然物に触れる。==

> 残暑が終わり、ようやく秋の自然を満喫できるようになったころです。季節を感じられるようなことも積極的に計画に取り入れましょう。

家庭・地域との連携（保護者への支援も含む）

★運動会に向けての活動の紹介や日ごろの遊びや友達とのかかわりについて、園便り、クラス便りで知らせるなど、当日の参加への期待と共に、子どもたちの成長の姿に目を向けてもらえるようにする。また、運動会後の保護者の感想などを参考にし、今後の保育に反映させていくようにする。

★10月下旬になると、朝と日中の気温の差が大きいため調節しやすい衣服で登園できるようにする。また、園に置いている着替えを気温に応じた衣服に取り替えてもらい、準備しておく。

預かり・延長保育
園で長時間過ごす子どもへの配慮

☆運動会に向けての活動により、体を動かすことが多くなると考えられるため、ひとりひとりの体調に合わせて、ゆったりと過ごせるよう時間配分や環境づくりをしていく。

健康・食育・安全への配慮

- 体を動かす活動が増えるため、水分補給に配慮したり、衣服の調節をしたりすることができるようにする。
- 収穫したサツマイモをふかしたり焼いたりして、みんなで楽しく味わえるようにする。

10月 3歳児

環境の構成と保育者の援助

自分からしようとする気持ちを大切にして
○子どもたちの「自分でする」「～したい」という気持ちを受け止め、ひとりでできた喜びを味わえるように見守っていく。
○身の回りの始末や汚れた衣服の着替えなど、自分でやろうとする意欲を認め、温かく見守っていく。また、ひとりひとりのようすに応じて手伝ったり励ましたりする。

体を動かして遊ぶ楽しさを感じられるように
○思わず体を動かしたくなるような音楽をかけたり、フープやスクーターなどの遊具を用意したりして、いろいろな動きを楽しめるようにする。
○保育者が遊びの仲間に入って走ったり踊ったりするなど、みんなでいっしょに体を動かして遊ぶ楽しさを感じられるようにして、その経験が運動会につながるようにしていく。
○運動会後も、その余韻を楽しめるように、踊りの音楽や競技で使った用具などを使いやすいところに置いておくようにする。

友達といっしょに遊ぶ楽しさを感じられるように
○みんなで同じ遊びを楽しめるようになってくるため、簡単なルールのある遊びや以前楽しんだゲーム(鬼ごっこ、『オオカミさん今何時』など)を取り入れ、みんなでいっしょに遊ぶ楽しさを感じられるようにする。
○気の合う友達と繰り返し遊んだり、同じ場で友達と遊んだりすることが増えてくるため、保育者もいっしょに遊びながら友達とのつながりを持てるようにする。
○トラブルが起きたときには、互いの子どもの気持ちを代弁しながら、相手の気持ちを知ることができるようにする。

秋の自然にふれて、親しみが持てるように
○園庭で遊んだり、散歩などに出かけたりする中で、虫を探したり、木の葉や木の実を拾ったりして、身近な自然の変化を感じられるようにする。
○収穫したサツマイモを使ったスタンプ遊びや、拾った木の実を使ってマラカス作りなどの製作遊びを楽しみ、自然物に触れて遊ぶ喜びを味わえるようにする。

> 過去にオオカミとのやりとりの遊びを経験していますので、それを思い出しつつ、発展させて遊ぶことを計画しました。同じ題材や遊びでも、子どもの発達に合わせてアレンジして親しんでいきたいものです。そのように考えて書きましょう。

> 上の「健康・食育・安全への配慮」の欄ではサツマイモを味わうことを記入していますが、「環境の構成」では異なる取り上げ方にして、サツマイモのスタンプ遊びを楽しむことにしました。食育と保育を切り離さず、さまざまに工夫していくためにも、指導計画を書くことを大切にしましょう。

反省・評価のポイント

★身の回りの始末を自分でしようとしていたか。
★保育者や友達といっしょに体を動かしたり、簡単なルールを守って遊んだりする楽しさを味わっていたか。

朱書き＝わかる！書ける！書き方解説をチェック！

11月 3歳児

P.64-67・11月の週案、P.75・11月の日案も参照してください。

※幼稚園・保育園両方で参考にしていただけるよう、検討・立案しています。

クラス作り

自分の思いやイメージしたことを言葉やしぐさで保育者や友達に伝えながら、ごっこ遊びや鬼ごっこなど友達とかかわって遊ぶ楽しさを十分に味わわせていきたい。また、身近な秋の自然にふれながら、いろいろな発見を喜び合ったり、遊びに取り入れたりして楽しめるようにしていきたい。

	前月末の幼児の姿	ねらい	幼児の経験する内容(指導内容)
生活・健康	○身の回りのことやかたづけなどを自分でしようとしている。	○身の回りのことや生活の中で必要なことを自分から行ない、ひとりでできたことを喜ぶ。	○防寒着の着脱のしかたを知り、難しいところは保育者に手伝ってもらいながらも、自分でやろうとする。 ○手洗いやうがいをていねいにしようとする。
興味・関心	○年長児のまねをして再現したり、簡単なルールのある遊びをしたりして友達といっしょに楽しんでいる。 ○落ち葉や木の実を集めて、思い思いに遊びに取り入れている姿が見られる。	○保育者や友達とかかわって遊ぶことを楽しむ。 ○いろいろな素材にふれながら、自分なりに表現することを楽しむ。	○保育者や友達といっしょに簡単なルールのある遊びをする。 ○自分の思いやイメージしたことを言葉やしぐさで、保育者や友達に伝えようとする。 ○いろいろな素材や秋の自然物を使い、描いたり、作ったりして表現することを楽しむ。 ○自分の作品を見てもらったり、友達の作品を見たりすることを喜ぶ。
人間関係	○友達とのかかわりが増え、いっしょに同じ遊びを楽しんでいる。 ○遊具の貸し借りや遊びに入れてくれないことがきっかけで、トラブルになることがある。	○秋の自然の中で遊びを通して、いろいろな発見をして楽しむ。	○木の実や落ち葉などの自然物に触れ、色の変化や形の違いなどに気づいて楽しむ。 ○自然物を使った遊びのおもしろさを味わう。 ○散歩や遠足に出かけ、秋の自然に親しむ。

この文の前に「子どもの発見やつぶやきを受け止め、共感したり」の一文が入っていましたが、それは保育者の援助の内容ですので、削除しました。右頁の援助の欄や週案で、そのニュアンスを押さえていくように書いていきます。

家庭・地域との連携 保護者への支援も含む

★作品展を通して、その子なりに表現しようとする喜びや成長した姿などを家族で共有できるように、事前にクラス便りなどでその取り組みの過程を知らせていく。
★バス遠足の詳細をお便りで知らせ、当日は食べやすく食べ切れる分量の弁当にしてもらうなどの協力を依頼する。
★朝夕と日中の気温差が出てくるので、気温や活動内容に応じて調整しやすい衣服を用意してもらうようお願いする。

「運動量」と書きたいところですが、必ず運動量を多くしなければいけないわけではないので、この表現にしました。

預かり・延長保育
園で長時間過ごす子どもへの配慮

☆夕方になると気温差が大きくなることを配慮し、上着の準備や室内の温度調節に配慮する。
☆暗くなるのが早くなってくるので、室内遊びが楽しくなるような環境を整えておく。

健康・食育・安全への配慮

● ミカンやカキなどを収穫したり、味わったりしながら、旬の食べ物を食し、おいしさに気づいていくようにする。
● 気温の変化によって衣服をこまめに調節するように声をかける。

> 秋ならではの収穫は、10月のイモ掘りで体験しました。今月は"旬の食べ物のおいしさに気づく"ことを中心にしています。

環境の構成と保育者の援助

自分でしようとする意欲につながるように
○ジャンパーなど上着のファスナーやボタンのはめ忘れに気づかせたり、難しいところは手伝ったりしながら、自分でしようとする姿を見守っていく。
○自分から身の回りの始末やかたづけをしようとする姿を十分に認め、できたことへの自信につながるようにする。
○手洗いやうがいを保育者もいっしょに行ないながら、習慣になるように見守っていく。

友達とかかわって遊ぶことを楽しめるように
○保育者や友達と体を動かして遊ぶ中で、簡単なルールのある遊び（鬼ごっこ　など）をいっしょに行なう楽しさを知らせる。
○保育者が仲立ちになりながら年長児の遊びに入れてもらったり、保育室に遊びに行ったりしてかかわりが持てるようにする。
○友達とのかかわりの中でトラブルになったときには、ひとりひとりの思いを保育者が十分に受け止めたり、伝えたりすることで、相手の思いに気づけるようにする。

自分なりのイメージを表現する楽しさを味わえるように
○遊びの中で思い思いに描いたり、作ったりして表現できるように、いろいろな素材や自然物・描画材料を用意しておく。
○子どもたちの会話からイメージを引き出し、ごっこ遊びが楽しめるようなきっかけをつくっていく。
○子どもが作った物を展示し、その子なりの表現や発想のおもしろさが、見ているほかの子どもたちや保護者に伝わることで、「もっとやりたい」気持ちにつながるようにする。

秋の自然にふれて遊べるように
○落ち葉の色や形、木の実など、子どもの発見やつぶやきを受け止めたり、自然物を使ったいろいろな遊びの楽しさを知らせたりしていく。
○園庭の落ち葉をくま手で集めたり、体に浴びたり寝転んだりしながら、この時期ならではの遊びの楽しさを味わえるようにする。

> 子どもの"意欲"を中心に据えることを強調して、今月は保育していきます。中心にしたいことを文の後ろのほうに書くようにしましょう。

反省・評価のポイント

★保育者や友達とかかわって遊ぶことを楽しんでいたか。
★自分の思いやイメージしたことなどを、言葉や動き、製作活動などを通して自分なりに表していたか。
★秋の自然にふれながら発見したり、遊びに取り入れたりして楽しんでいたか。

朱書き＝わかる！書ける！書き方解説をチェック！

12月 3歳児 クラス作り

※幼稚園・保育園両方で参考にしていただけるよう、検討・立案しています。

友達とかかわって遊ぶことが増えてきているので、いっしょに活動することや生活することを楽しめるようにしていきたい。気温の低い日も多くなってくるが、戸外に出て、冬の自然にふれたり、年末の行事や社会事象にふれたりして、興味や関心が持てるようにしていきたい。

> 「～を楽しめるようになってきた」と書きたいところですが、子どもが実際にどの程度楽しんでいるかを測ることは難しいため、このような表現にしています。

前月末の幼児の姿

生活・健康
- 防寒着の着脱を自分でしようとしている。
- 手洗い・うがいをていねいにしようとする子もいるが、水の冷たさから、雑になってきている子もいる。

興味・関心
- 動物園に行ったことから、動物に興味を持って、絵本を見たり、絵を描いたりしている。
- 落ち葉や木の実を集めたり、ままごとに使ったりして楽しんでいた。

人間関係
- 鬼ごっこ（引っ越し鬼やしっぽ取り）など、簡単なルールのある遊びを楽しんでいる。
- 玩具の取り合いや思いがぶつかることもあるが、いっしょに遊ぶことを楽しんでいる。

> 5歳児なら「考え」にしてもよいですが、3歳児なので「思い」にしました。子どもの発達段階を押さえて記入しましょう。

ねらい

- 簡単な身の回りのことを自分からする。
- 戸外で体を動かして遊んだり、散歩を楽しんだりする。
- 友達といっしょに活動することを楽しむ。
- 遊びや生活の中で、自分の思いを言葉で伝えようとする。
- 冬の自然にふれたり、年末の行事や社会事象にふれたりして、興味・関心を持つ。

幼児の経験する内容（指導内容）

- 防寒着の着脱やかたづけのしかたがわかり、自分でしようとする。
- 登園時や戸外遊び後の入室の際、手洗い・うがいをていねいにしようとする。
- 鬼ごっこやかけっこなどで体を動かすことを楽しみながら、体が温まることを感じる。
- 簡単なルールのある遊びやふれあい遊びなどをする。
- 簡単な楽器遊びを楽しむ。
- うれしかったこと、楽しかったこと、困ったことなどを言葉で伝えようとする。
- 空気の冷たさを感じたり、葉っぱがさらに落ちたのを見たりして、冬の訪れを知る。
- 街のクリスマスの装飾や年始に向かう準備を見たり大掃除をしたりして、新しい年がくることを感じる。

家庭・地域との連携（保護者への支援も含む）

★かぜや感染症がはやってくるので、予防の大切さを伝え、家庭でも手洗い・うがい、つめの手入れなどの取り組みをしてもらえるよう伝える。

★感染症の発症があったとき、疑いのある症状が出たときは受診を勧める。

★預かり保育や年末保育では、ふだんと生活の場所やしかたが異なることを伝えたり、年始の保育の予定を伝えたりして、保護者がとまどわないようにする。

預かり・延長保育
園で長時間過ごす子どもへの配慮

☆日の入りが早くなり、室内で過ごす時間が長くなるので、落ち着いて過ごせるように、夕方だけ遊べる玩具を用意したり、描画用の紙や色紙などを多く用意したりする。

☆子どもの健康状態や日中のようすを詳しく引き継ぎ、情報を共有してひとりひとりに対応できるようにする。

> 夕方まで園で過ごす子どもには、戸外で動的に発散する代わりに、夕方の時間にだけ遊べる特別な玩具で遊べることが楽しみとなるようにするのもよい方法です。

健康・食育・安全への配慮

● その日の気温を把握し、室温、湿度、換気などに配慮しながらのびのび遊べるように留意する。
● もちつきを見たり、正月ならではの食べ物を知ったりして行事に関心を持つ。

環境の構成と保育者の援助

身の回りのことを自分でできるように

○防寒着の着脱やかたづけだけでなく、肌着が出ないように、ズボンに入れることを話してやり方を伝えたり、いっしょにしたりしてできるようにしていく。

○絵本や紙芝居などでうがい・手洗いの大切さをあらためて伝えたり、手洗い後の手をていねいにふくことの大切さも伝えたりしていく（手荒れ予防）。

○自分でしようとする姿やできたことを認め、習慣づくようにしていく。

友達といっしょの活動を楽しむ

○お楽しみ会に参加し、友達といっしょに簡単な合奏をしたり歌をうたったり、年中児や年長児の表現遊びや発表を見たりして、みんなでいっしょに参加する楽しさを味わえるようにする。

○子どもたちが迷わないように、お楽しみ会から会食までの流れをわかりやすく話す。

冬の訪れを感じられるように

○戸外で、空気の冷たさを感じたり、息が白く見えることや霜柱を見つけたりして、冬がきたことを感じられるようにする。

○けがの予防で、体操をしたり、軽く体を動かしたりしてから戸外で遊ぶようにし、また、鬼ごっこやかけっこなどに誘って、体をたくさん動かすと温まることが感じられるようにする。

年末の雰囲気を味わおう

○集めた木の実や葉っぱを使って、リースを作り、クリスマスの雰囲気が味わえるようにする。

○子どもといっしょにできる簡単な大掃除をし、新しい年を気持ち良く迎えられるようにする。

○近隣の商店街などを歩いて、年末の街の雰囲気が味わえるようにする

反省・評価のポイント

★衣服の着脱、手洗い・うがいなどが習慣づいてきたか。
★年末の経験を楽しんで、新しい年がくることを感じられたか。

朱書き＝わかる！書ける！書き方解説をチェック！

1月 3歳児

P.68-71・1月の週案、P.76・1月の日案も参照してください。

※幼稚園・保育園両方で参考にしていただけるよう、検討・立案しています。

クラス作り

　正月のあいさつをしたり、遊び、行事に取り組んだりして、保育者や友達といっしょにこの時期ならではの雰囲気を楽しめるようにする。また、寒い中でも、戸外に出て、冬の自然に興味を持ち、見たり、触れたりして楽しみたい。また、遊びの中で友達に自分の思いを伝えたり、同じイメージで楽しんだりできるようにしていきたい。

今月初めの幼児の姿

生活・健康
- 防寒着の着脱やかたづけを保育者に見守られながらしている。
- 手洗いやうがいの大切さを知り、自分からしようとする姿が増えている。

興味・関心
- 正月の雰囲気を味わっている。
- 寒くても戸外に出て、鬼ごっこなどで、体を動かして遊んでいる。
- 風の冷たさを感じるなどして、冬の自然を感じている。

人間関係
- 気の合う友達と遊ぶ中で、イメージや思いを伝えようとしている。

ねらい

- 簡単な冬の身の回りのことをほとんど自分でしようとする。
- 正月遊びを保育者や友達といっしょに楽しむ。
- 保育者や友達に自分の思いを伝えようとする。
- 遊びの中でさまざまなイメージを膨らませたり、表現遊びを楽しんだりする。
- 戸外で体を動かして、遊んだり、冬の自然に親しんだりする。

> 単に「簡単な身の回りのこと」にしてしまうと、11月や12月ごろのねらいに戻ってしまうので、"冬の"をプラスしました。防寒着（ジャンパーのファスナー　など）のことが加わってのねらいです。

幼児の経験する内容(指導内容)

- 防寒着の着脱やかたづけのしかたがわかり、自分でしようとする。
- 手洗いやうがいを自分からしようとする。
- カルタ、こま回し、羽根突きなどの正月遊びを保育者や友達といっしょに楽しむ。
- 友達と遊ぶ中で自分の思いや考えたことを言葉で伝えようとする。
- 親しみのある絵本や物語に出てくる役になって保育者や友達とごっこ遊びや表現遊びを楽しむ。
- 鬼ごっこやたこ揚げなどをして、体を動かして遊ぶ。
- 吐く息の白さや空気の冷たさを感じたり、霜柱に触れたりして遊ぶ。

家庭・地域との連携（保護者への支援も含む）

★ 年末年始で、生活が不規則になりがちなので、家庭と連携して、生活リズムを整えていく。
★ インフルエンザ、おう吐、下痢などの症状や予防のしかた、園の欠席状況を、掲示でこまめに知らせ、子どもの体調について、互いに連絡し合う。
★ 日中の活動のようすや室内温度の配慮などを知らせ、厚着にならないよう、調整のできる服装を心がけてもらう。

預かり・延長保育
園で長時間過ごす子どもへの配慮

☆休み明けは、絵本を見たり、好きな玩具で遊んだりするなど、ゆったりと過ごせるように配慮し、ひとりひとりに合わせたかかわりをしていく。
☆正月遊びなどで、**異年齢児もいっしょに遊べる機会をつくる**（カルタ、すごろく、絵合わせ、こま　など）。

> 異年齢児（年上の子ども）が遊んでいるようすを見て、やってみたい！ と思うことを予想し、意欲・欲求・興味につながる援助をしたいものです。そこで、このように書いています。

健康・食育・安全への配慮

● 暖房の使用が増えるので、定期的に室温調整や換気を心がける。
● 伝統食（おせち料理）に関心が持てるようにする。
● しるこ（鏡開き）を食べたり、七草（食材）に触れたり、由来を伝えたりしていく。

1月　3歳児

環境の構成と保育者の援助

正月遊びを楽しめるように
○正月遊びに興味が持てるように、保育者がいっしょに遊んだり、やって見せたりする。また、年長児の遊ぶ姿を見たり、やり方を教えてもらったりする。
○こまは、子どもが回せるものを用意して継続して楽しめるようにする。
○カルタなどは、必要なルールを守って遊べるように、いっしょに遊びながら知らせていく。

冬の自然にふれて、遊べるように
○保育者が積極的に戸外に出て体を動かす遊び（たこ揚げ、鬼ごっこ　など）に誘い、体が温まる心地良さやみんなで遊ぶ楽しさを感じられるようにする。
○氷、雪、霜柱などに関心を持ち、触ったり、踏んでみたりする楽しさを保育者や友達と共有する。

自分の思いを言葉で伝えられるように
○自分の経験したことを伝えようとしているので共感したり、質問したりしながら、会話を広げていく。
○友達同士のかかわりの中でトラブルになるようなときは、それぞれの気持ちを受け止めながら**仲立ち**をしていく。

お話のイメージを楽しめるように
○子どもたちが親しんでいるお話や、想像しやすいお話を繰り返し読み聞かせ、言葉のやりとりを楽しむ。
○お話に出てくる役になり切って、ごっこ遊びを楽しみ、おもしろい場面を繰り返し遊ぶ。
○節分に向けて、鬼の出てくる話を読み聞かせ、鬼の面作りにつなげていく。

> 「橋渡し」と表現することもありますが、ここでは、代弁したり聞いたりして、子どもの気持ちをくむ意味を入れたいので、「仲立ち」にしました。

反省・評価のポイント

★保育者や友達と正月遊びを楽しめていたか。
★自分のイメージを持って、友達といっしょに遊ぶことができたか。
★冬の自然に、興味・関心を持てたか。

朱書き＝わかる！書ける！書き方解説をチェック！

2月 3歳児 クラス作り

※幼稚園・保育園両方で参考にしていただけるよう、検討・立案しています。

ごっこ遊びや劇遊びを通して、友達といっしょにやりたい役になり切って、表現するおもしろさを十分に味わってほしい。寒さのため、戸外よりも室内での遊びが増えるので、換気、湿度など室内の環境や体調などに配慮しながら、遊びを楽しめるようにしたい。また、戸外でも冬ならではの自然に気づいたり、ふれたりできるようにしたい。

	前月末の幼児の姿	ねらい	幼児の経験する内容（指導内容）
生活・健康	○かぜやインフルエンザなどにより、体調を崩す子が出る。 ○手洗い、うがいを進んで行なう子がいる。一方で、寒さのため、ていねいにしない子もいる。	○生活の見通しを持って、進んで自分の身の回りのことをしようとする。	○手洗いやうがいの大切さを知り、自分で進んで行なう。 ○登園後の身じたくや、昼食、降園準備時のかたづけなど、自分の持ち物の整理整とんや準備をする。
興味・関心	○こま回しや、カルタなどの正月遊びや伝承遊び、戸外では鬼ごっこなどを楽しんでいる。 ○息の白さに気づいたり、日陰の霜柱や氷、雪に触れたりして冬の自然を感じている。	○体を動かして遊ぶ楽しさを味わう。 ==○ひな祭りの行事を知る。==	○戸外でボール遊びや鬼ごっこなど簡単なルールのある遊びやあぶくたったなどの伝承遊びをする。 ==○ひな人形の製作をしたり、ひな祭りでひなあられを食べたりする。==
人間関係	○友達といっしょに役になり切ってごっこ遊びを楽しんでいる。 ○遊びのイメージを共有することによって、友達関係が広がってきている。	○遊びの中で、自分の思いを表現することを楽しむ。 ○ごっこ遊びの中で自分のなりたい役になり切って遊ぶことを楽しむ。 ○好きな楽器遊びを楽しむ。 ○自然の変化に気づき、冬の自然を見たり、ふれたりする。	○お面や遊びに必要な物を身に付けて、好きな役になり切って遊ぶ。 ○遊びの中で必要な物を保育者といっしょに準備をしたり、自分で作ったりする。 ○自分の好きな楽器を鳴らして遊ぶ。 ○雪や氷、霜柱などに触れたり、ごっこ遊びに取り入れたりして遊ぶ。

家庭・地域との連携 保護者への支援も含む

★発表会の案内状やクラス便りなどで、発表会に向けて取り組んできた子どもたちのようすを伝え、子どもたちが目的を持って楽しく表現する姿を感じてもらえるようにする。

★2月下旬から3月上旬にかけて懇談会を行ない、子どもたちの1年間の成長を保護者と振り返ったり、子どもたちの成長を喜び合ったりする。

CD-ROM　3歳児　▶ P.028-051_月案　▶ 2月_月案.doc

預かり・延長保育
園で長時間過ごす子どもへの配慮

☆寒さや感染症などにより体調を崩しやすいため、担当保育者との引き継ぎを密に行ない、ひとりひとりのようすを見ながら保育を進めていく。
☆かぜや感染症予防のため、保育室内の換気、湿度の管理をする。
☆温かいカーペットを敷いたり、室内の明るさを十分に保ったり音楽を流したりして安心して過ごせる工夫をする。

健康・食育・安全への配慮

- 冬野菜を収穫して食べることによって、この時期の野菜に関心を持つことができるようにする。
- ひなあられを食べたり、ひな祭りの食事（ちらしずし　など）を知り、ひな祭りの行事に関心が持てるようにする。

2月　3歳児

環境の構成と保育者の援助

いろいろな表現をすることを楽しめるように

○好きな役になり切って言葉や体で表現することが楽しめるように、保育者もいっしょに役になり切って表現するおもしろさを共感する。
○友達といっしょに役になり切って簡単なやりとりをする楽しみを味わえるように、役のやりとりの仲立ちをする。
○遊びに必要な物が作れるよう、素材を用意しておいたり、いっしょに考えながら作ったりする。
○ひな祭り製作に興味・関心を持って取り組めるように、ひな人形を飾ったり、千代紙などの新しい素材を取り入れたりするなど工夫する。
○楽器を使って表現する遊びもできるように、楽器を身近に用意しておく。（鈴、カスタネット　など）

戸外での遊びを楽しめるように

○保育者が積極的に戸外へ出て、雪や霜柱、氷などに触れ、冬の自然のようすを伝える。
○鬼ごっこやボール遊びなど簡単なルールのある遊びを、たくさんの友達といっしょに楽しめるようにする。

生活の見通しを持って自分のことは自分でしようとするように

○手洗いやうがいの大切さを絵本や紙芝居などで伝えたり、保育者が率先して行なったりして、自分から進んでしようとする気持ちになるようにする。
○登園後の身じたく、昼食や降園準備など自分のことが自分で取り組めるよう、時間にゆとりを持つ。そして、自分でしようとする姿やうまくできたようすが見られたら、共に喜んだり認めたりして、自信や満足感を持てるようにしていく。

> 「ひな祭り」は3月の行事ですが、3月の指導計画を見据えて2月にひな祭りに向けての活動や取り組みを取り入れることにしました（※当年の3月の第1週は3月4日（月）の設定～）。その月ならではの行事を取り入れます。

反省・評価のポイント

★友達といっしょに表現する楽しさを味わえたか。
★自分のことを自分でしようとする姿が見られたか。

> 今月は発表会があり、クラス作りもそれを見据えた内容にしています。その観点からの反省・評価をするようにしましょう。

3月 3歳児 クラス作り

朱書き＝わかる！書ける！書き方解説をチェック！

※幼稚園・保育園両方で参考にしていただけるよう、検討・立案しています。

友達関係も安定してきた中で、自分の思いを伝えながら気の合う友達といっしょに遊ぶ楽しさを十分に味わって過ごしていきたい。また、異年齢の友達と遊んだり、卒園・修了式に参加したり、進級に向けて活動したりする中で、大きいクラスにあこがれの気持ちを持ち、ひとつ大きくなることへの期待へとつなげていきたい。

	前月末の幼児の姿	ねらい	幼児の経験する内容(指導内容)
生活・健康	○うがい、手洗いなど身の回りのことを自分からするようになってきている。	○進級することを楽しみに生活する。	○身の回りのことや遊んだ後のかたづけを自分からする。 ○年中児の保育室でいっしょに遊び、進級することを楽しみにする。 ○自分のロッカーや保育室の玩具をきれいにして、進級することに期待を持つ。
興味・関心	○年中児や年長児が発表会で行なった歌や楽器遊びをまねして楽しんでいる。 ○いろいろな素材で作った物を使って遊んでいる。	○気の合う友達や異年齢児といっしょに遊ぶことを楽しむ。	○いっしょに遊びたい友達に自分の思いを伝えたり、相手の思いに気づいたりする。 ○いろいろな行事を通して、異年齢児とかかわることを喜ぶ。 ○年長児に気持ちを込めて、プレゼントを作る。 ○年中児や年長児の遊びに興味を持ち、いっしょに遊ぶ。
人間関係	○気の合う友達と役割を決めて、役になり切ってごっこ遊びをしている。 ○鬼ごっこやボール遊びなど、簡単なルールのある遊びを楽しんでいる。	○身近な自然にふれて、春の訪れを感じる。	○戸外で友達といっしょに遊ぶ中で、日ざしの暖かさを感じる。 ○チューリップの生長や木の芽の膨らみなどに気づき、季節の変化を感じる。

朱書き解説：

「進級するうれしさを感じる」としたいところですが、「うれしさを感じる」ことは指導しにくく、何をもって、どのレベルでうれしさを感じたとするかは、保育者の主観が入ることなので、「〜する」という言葉にしましょう。

3歳児クラスの子どもたちも、1年間いっしょに過ごしてきた友達との関係が育ってきているので、友達との活動を生活の中心にしていくことを計画しています。

家庭・地域との連携 保護者への支援も含む

★クラス便りで、進級に向けて期待を持って過ごしている子どもの姿を知らせ、1年間の成長を喜び合い、保護者の協力に感謝の気持ちを伝える。
★卒園式や修了式、お別れ会の内容や子どもたちの参加のしかたを知らせる。
★年度末には4歳児クラスでの生活のしかたを知らせておき、登園時にとまどわないようにする。
★ひとりひとりの1年間の作品をつづり、家に持ち帰り、家庭でも成長を喜び合えるようにする。

預かり・延長保育
園で長時間過ごす子どもへの配慮

☆異年齢の友達とかかわりたい気持ちを受け止め、いっしょに遊べるような玩具を用意しておく。
☆年度末は行事などで慌ただしくなるので、ゆったりと過ごせるように心がける。

健康・食育・安全への配慮

●お別れ会の会食で、異年齢の友達といっしょに食べる楽しさを味わえるようにする。
●暖かくなってくるが寒い日もあるので衣服の調節や体調を崩さないように配慮する。

環境の構成と保育者の援助

進級への期待を持って過ごせるように
○進んで身の回りのことや、遊んだ後のかたづけをする姿を認め、自信や意欲へとつなげていく。
○年中児の遊んでいるようすを見たり、いっしょに遊んだりして「○○組になったらこんなことができる」と期待を持てるようにする。
○保育者といっしょにロッカーや玩具など、1年間使ったものをきれいにし、進級する喜びが感じられるようにする。

友達や異年齢児とのかかわりを楽しめるように
○友達とじっくり遊べるような環境の中で、遊びながら必要な物（お面、買い物バッグ、ベルト　など）を作っていけるように、身近な材料を用意しておく。
○年中児や年長児がしている遊びに興味を持ったときは、保育者も遊びに加わって、いっしょに遊ぶきっかけづくりをする。
○年長児といっしょに遊んだときの写真などの思い出を飾り、楽しかったことを思い出しながら、ありがとうの気持ちを込めてプレゼントを作ったり、お別れ会に参加したりできるようにする。

春の訪れを感じられるように
○戸外遊びにたくさん誘い、日ざしや風の暖かさを感じることができるようにする。
○散歩先の木の芽吹きやつぼみの膨らみのようすを把握しておき、見に行くなどして、子どもたちが気づけるようにする。
○春を感じられる絵本や紙芝居を見たり、春の歌をうたったりして、季節の変化を感じられるようにする。

反省・評価のポイント

★進級することに期待を持って生活していたか。
★友達や異年齢児とのかかわりを楽しめていたか。

4月 1週の計画　3歳児
4月2日(月)～7日(土)

わかる！書ける！ 朱書き＝書き方解説をチェック！

P.28-29・4月の月案も参照してください。

週の初めの幼児の姿
- ◆進級した保育室で遊んだり食事をしたりして、ひとつ大きくなることを楽しみにしている。
- ◆春の自然の中で、体を動かして遊ぶことを楽しんでいる。

今週の園生活
- ○チューリップやナノハナ、パンジーが咲き、サクラの花びらが舞っている。
- ○入園や進級で園内の雰囲気が華やいでいる。

　入園進級祝い会（入園式）　**春の全国交通安全運動**

ねらいと内容

ねらい
- ○新しい生活環境や保育者に慣れる。
- ○新しい生活のしかたを知る。
- ○保育室の玩具や遊具に興味を持って遊ぶ。

内容
- ・保育者に援助されながら、新しい保育室の生活に少しずつ慣れる。
- ・**自分のロッカー、靴箱、タオル掛けなどの場所やマークを知る。**
- ・保育者といっしょに遊んだり、興味を持った遊びを楽しんだりする。

> "自分の場所"があると安心できます。この経験ができると、ねらいのひとつ目とふたつ目が達成される、と考えて書きましょう。

> 乳児のときのトイレや家庭のトイレと異なるので、雰囲気に慣れるため、また3歳児クラス（幼児クラス）のトイレでは、乳児クラスのときには1回分ずつ切り分けてある紙を使っていたのと違い、ロールペーパーを使うので、とまどわないようにするための記述です。

具体的な環境（◆）と保育者の援助（○）

- ◆ロッカー、靴箱、タオル掛けにマークをはり、子どもにも保護者にもわかりやすくする。
- ○登園時ひとりひとりと笑顔であいさつし、同じ目線で話しかけ、安心できるようにする。
- ○不安になったり泣いたりしている子には、その気持ちを受け止め、だっこしたり優しく話しかけたりしていく。
- ○**保育者がいっしょにトイレに行ったり、手を洗ったりして新しい生活に慣れるようにする。**

- ◆ままごと、積み木、絵本の各コーナーを設け、いつも同じ場所で同じ遊びができるようにする。
- ○保育者がいっしょに遊んだり話しかけたり、時には見守ったりして、遊びが楽しめるようにする。
- ○無理なく入園進級祝い会に参加できるようにする。
- ○開放感から保育室から出て行く子もいるので、ほかのクラスの保育者や職員と連携を取る。

- ◆食事の席を決め安心して食べられるようにする。
- ○ひとりひとりの適量を本人の申し出で調節して盛り付けしてもらい、**全部食べられたという喜びを感じられるようにする。**
- ○降園時も笑顔であいさつし、"明日も来たい"という気持ちが持てるようにする。
- ○日中の子どもの姿を保護者に伝え、安心感を持てるようにする。

> 幼児クラスでの食事の始まりです。まずは子どもの気持ちをいちばんに考え、そのことを記しましょう。

反省・評価のポイント
- ★新しい生活や環境に少しずつ慣れたか。
- ★自分で遊びを見つけて遊んでいたか。

4月 2週の計画 3歳児

4月 9（月）〜14（土）

CD-ROM　3歳児 ▶ P.052-071_週案 ▶ 4月_1・2週案.doc

わかる！書ける！
朱書き＝書き方解説をチェック！

P.28-29・4月の月案も参照してください。

前週の幼児の姿

- ◆泣いて登園して来る子もいるが、進級や入園を喜んでいる子が多い。
- ◆保育者といっしょに生活することで、少しずつ新しい環境に慣れてきている。
- ◆繰り返し遊ぶことで、新しい玩具やコーナーで遊ぶことに少しずつ慣れてきている。

今週の園生活

- ○木々が芽吹き始める。
- ○チョウが飛び始める。

ねらいと内容

ねらい
- ○新しい生活環境や保育者に慣れる。　← 1週から続けて、同じねらいを書き、ゆっくり進めていくことを示しています。
- ○新しい生活のしかたを知る。
- ○園庭で遊んだり、春の自然にふれたりする。

内容
- ・保育者に親しみを持って接したり遊んだりする。
- ・新しい生活に慣れ、少しずつ身の回りのことを自分でしようとする。
- ・木々の芽吹きに気づいたり、虫を見つけたりする。

具体的な環境（◆）と保育者の援助（○）

- ○登園時ひとりひとりと笑顔であいさつし、同じ目線で話しかけ、安心できるようにする。
- ○不安になったり泣いたりしている子には、その気持ちを受け止め、だっこしたり優しく話しかけたりしていく。
- ○自分で身の回りのことをしようとする気持ちを大切にし、その姿を認める言葉をかけ、できるだけ見守り、できない部分は手伝う。
  （排せつ、着替え、かたづけ　など）
- ○保育者がいっしょにトイレに行ったり、手を洗ったりして新しい生活に慣れるようにする。
- ◆ままごと、積み木、絵本の各コーナーを設け、いつも同じ場所で同じ遊びができるようにする。
- ○いっしょに遊んだり話しかけたりして、保育者に親しみを持てるようにする。また、遊びが見つけられない子は遊びに誘い、いっしょに遊ぶ。
- ○固定遊具の使い方を知らせ、安全に遊べるようそばについて見守る。
- ◆積極的に戸外に出る。
  （滑り台、ブランコ、ジャングルジム、砂場　など）
- ○木々の新緑やいろいろな花が咲いていること、虫がいることにいっしょに気づき、子どもの驚きや喜びに共感する。
- ○親しみやすい歌や手遊びを行ない、安心できるようにする。
  ♪：『チューリップ』『ちょうちょう』『春ですよ』
  手遊び：『トントントントンひげじいさん』

反省・評価のポイント

- ★少しずつ身の回りのことを自分でしようとしたか。
- ★木々の芽吹きや花、虫などの、春の自然にふれることができたか。

わかる！書ける！
朱書き＝書き方解説をチェック！

P.28-29・4月の月案も参照してください。

4月3週の計画 3歳児
4月16(月)〜21(土)

前週の幼児の姿
◆固定遊具の使い方がわかってきて遊んでいる。
◆園庭で虫探しを楽しんでいる。

今週の園生活
○こいのぼりが泳いでいる。
○タンポポが咲いたり、オタマジャクシが見られたりする。

身体計測｜内科検診｜誕生会｜保護者会

ねらいと内容

ねらい
○園生活のしかたがおおよそわかり、安心して過ごす。
○散歩に出かけて楽しむ。
○身近な春の自然にふれて遊ぶ。

内容
・生活のしかたに慣れ、身の回りのことでできることを自分でやろうとする。
・近隣へ散歩に出かけ、こいのぼりを見たり、公園で体を動かしたりして遊ぶ。
・虫探しをしたり、葉っぱや落ちたチューリップの花びらを集めてままごとに使って遊んだりする。

> 見たて遊びは、3歳児の遊びの特徴ですので、特に挙げています。保育者もいっしょに入ってなり切って楽しみたい気持ちで書きましょう。

具体的な環境（◆）と保育者の援助（○）

○かたづけや食事、トイレなどの生活の見通しが持てるようなことばがけをし、自分でしようとしていることは見守り、できたことは褒めて習慣づくようにしていく。
○手洗い場やトイレの使い方もわかってきたが、あらためて使い方を確認したり必要に応じて伝えたりしていく。扉の開閉時の注意を促したり、安心して行けるようについて行ったり、装飾をしたりして親しめる環境をつくる。
○食事では、ひとりひとりの適量を盛り付けしてもらい、楽しい雰囲気で食べられるようにする。
◆進級して初めての散歩なので、無理のない近隣の公園やこいのぼりが見られるところに行く。
○子どもたちの散歩に出るうれしい気持ち、楽しい気持ちに共感し、また行きたいと感じられるようにする。
◆事前に道路や公園の遊具などの**安全を確認し**、時間に余裕を持って散歩に出かける。
◆街の中でこいのぼりを見つけて、関心を持つようにしたり、園にはいないオタマジャクシを見たり、公園で追いかけっこをしたりして遊ぶ。
◆園庭に飾られたこいのぼりを見たり、歌をうたったり、こどもの日のことを話したりする。（♪：『こいのぼり』）
◆自由に遊びに使える葉っぱや花を確認しておく。
○園庭で葉っぱや花びらを使って作った物（ケーキやご飯）で保育者もいっしょに遊び、**見たて遊びを楽しむ。**
◆遊んでいるようすやままごとで作った物を写真に撮って、保護者会で見せたりして、クラスや子どもたちのようすがよりわかりやすく伝えられるようにする。

> 施設のこと以外にも、道中の列の車道側と前後に保育者、できれば真ん中にもうひとり保育者がつくと安全性が高まることもイメージして書きます。

反省・評価のポイント
★進級して初めての散歩を安全に楽しむことができたか。
★こいのぼり、こどもの日に関心を持つことができたか。

わかる！書ける！
朱書き＝書き方解説をチェック！

4月4週の計画
3歳児

4月 23(月)〜28(土)

P.28-29・4月の月案、P.72・4月の日案も参照してください。

CD-ROM　3歳児　▶ P.052-071_週案　▶ 4月_3・4週案.doc

前週の幼児の姿

◆葉っぱや花びらをままごとに使って遊んでいる。
◆散歩に行けたことを喜んでいる。

今週の園生活

○家庭で、こいのぼりや五月人形を出したと話す子がいる。
○体を動かして遊ぶと汗ばむ日もある。

［避難訓練］

ねらいと内容

ねらい
○園生活のしかたがおおよそわかり、安心して過ごす。
○避難訓練に参加する。
○クラスのこいのぼりを作る。

内容
・簡単な身の回りのことでできることを自分でやろうとする。
・避難訓練を体験し、地震や火事が起きたときのことを知る。
・大きなこいのぼりに自分たちでうろこに見たてた手形を押し、自分たちのこいのぼりを作る。

具体的な環境（◆）と保育者の援助（○）

○簡単な身の回りのことを自分でしようとする姿を見守り、できたことは褒め、できない部分は援助し、習慣づくようにしていく。
○進級して不安を見せなかった子が不安を見せることもあるのでひとりひとりの状況に配慮し、不安になったり泣いたりしている子には、その気持ちを受け止めてだっこしたり優しく話しかけたりしていく。
○園生活に慣れたようでも、時には不安になり泣くこともあることを保護者会などで伝え、成長過程のひとつと安心してとらえられるようにしていく。
○困ったことや自分の思いを出してきたことをしっかりと受け止め、より安心して過ごせるようにしていく。
◆避難訓練では非常ベルを「今から鳴らすからね」と実際に鳴らして、音を聞かせる。これが鳴ったときは保育者のところに集まって話を聞くことを伝える。
○地震や火事が起きても、保育者の話を聞いて避難すれば安全と伝え、恐怖感をあまり持たせないようする。

○「おかしも（おさない・かけない・しゃべらない・もどらない）」の約束の確認をしておく。
◆うろこのないこいのぼりを大きな紙で作って保育室の壁に飾り、後に子どもたちと手形のうろこをはり、しあげる。
◆手形を押す画用紙と子どもの手が入る大きさの皿に、肌に触れても安全な専用の絵の具を浸した布を入れ、何色か用意しておく。手形がきれいに出ることを確認しておく。
○園庭のこいのぼりと保育室のこいのぼりを比べて、うろこがないことに気づき、みんなの手形でうろこを作ることを話す。
○できたものをみんなで見て、できた喜びを共感していく。

子どもへの援助の記述ではありませんが、3歳児の指導計画の中で大事にしたいことですので、記入しています。

4月の3歳児クラスでは、訓練の内容は最低限のことだけに抑えます。そこで、援助としてはこの書き方になっています。

反省・評価のポイント

★避難訓練で非常ベルの音を聞き、保育者の話を聞くことができたか。
★こいのぼり作りを楽しむことができたか。

4月3・4週　3歳児

わかる！書ける！
朱書き＝書き方解説をチェック！

P.32-33・6月の月案も参照してください。

6月1週の計画　3歳児　6月4(月)～9(土)

前週の幼児の姿
- 身の回りのことや弁当の準備や手順の流れなどがわかってきている。
- 気に入った遊びや場所が見つかり繰り返し遊ぼうとしている。
- 友達がしていることに興味を持って、してみようとすることが増えてきた。

今週の園生活
○鉢植えのアサガオの双葉が出てきた。
○公園にシロツメクサがたくさん咲いている。
○園服を夏服に衣替えする。

歯の衛生週間　衣替え　散歩　時の記念日

ねらいと内容

ねらい
○興味を持った遊具や場などで、好きな遊びを楽しむ。
○クラスのみんなで散歩に出かけ自然にふれて遊ぶ。
○ハサミやのりなど身近な道具の使い方を知る。

内容
・ままごとをしたり砂場で遊んだりするなど好きな遊びを楽しむ。
・みんなで散歩に出かけ、花を摘んだり、駆け回って遊んだりする。
・ハサミやのりの使い方を知る。●
・素材を切ったりはったりして遊ぶ。●

> 指導内容（幼児の経験する内容）は、これぐらいの簡潔な書き方でOKです。ただし、実際に何をするかわかるように記入しましょう。

具体的な環境（◆）と保育者の援助（○）

◆好きな遊びに取りかかれるように、よく使う遊具・玩具などをわかりやすく取りやすい場所に置く。
○好きな遊びがなかなか見つからない子には、いっしょにほかの子の遊びを見たり、仲間に入れてもらったりしながら、その子が興味を持てそうなことを探る。

◆散歩に出かける際には安全に注意を払い、また子どもが楽しかった、おもしろかったと思えるような場所を選ぶ。
○散歩先では草や花を使って遊んだり、かけっこや鬼ごっこなどをして体を動かす心地良さを感じたりできるよう工夫する。

♪：『たんぽぽぽっぽっ』『とけいのうた』
手遊び：『ちいさなにわ』『おおきなきしゃぽっぽ』
📖：『ありがとうしょうぼうじどうしゃ』『ゆっくりむし』

◆自分で植えたアサガオの生長に関心を持って、見たり世話をしたりしやすい場所に鉢や水の入ったバケツ、ジョウロなどを置く。

○子どもの好きな遊びを通してハサミやのりなど道具や材料の安全な使い方やかたづけ方を伝え、またしぜんに身につくよう繰り返し伝える。

◆作った物を遊びに使ったり飾ったりして、子どもが喜びや満足感を味わえるようにする。

◆初夏の日ざしを感じたり、肌寒い日があったりと気温の変化が大きいため、各家庭でカーディガンなどはおるものや調節しやすい衣服を用意してもらう。
○衣替えの時期があることを話し、夏服の着方を伝える。

反省・評価のポイント
★自然にふれて遊ぶ楽しさを味わっていたか。
★身近な道具を使ったり、簡単な作品を作ったりすることを楽しんでいたか。

6月2週の計画 3歳児
6月11(月)〜16(土)

わかる！書ける！
朱書き＝書き方解説をチェック！

P.32-33・6月の月案も参照してください。

CD-ROM　3歳児　▶ P.052-071_週案　▶ 6月_1・2週案.doc

6月1・2週 3歳児

前週の幼児の姿

- クラスの友達に関心を持つようになり、欠席した友達の名前を言っている。
- 砂場で水を使った遊びが楽しくなってきた。
- 遊んだ後の遊具・玩具のかたづけ方を保育者といっしょにしながら覚えている。
- 汚れた衣服の着替えを保育者に手伝ってもらいながらしかたを覚えている。

今週の園生活

- 通園路にアジサイの花が咲き始めた。
- 日ざしに暑さを感じる日が増える。
- 砂場で水を使った遊びが心地良く感じられる。 ← **P.33・6月の月案を参照してください。月案から週案に下ろしていきます。**
- 保育参観　父の日 ← **下の欄に特に出てきませんが、"今週の予定"として記入しておくと、子どもの生活のヒントになります。**

ねらいと内容

ねらい
- 興味を持った遊具や場などで、好きな遊びを楽しむ。
- 保育者や友達といっしょに遊ぶ楽しさを味わう。
- 遊んだ後の着替えやかたづけのしかたを知り、保育者といっしょにしようとする。

内容
- ままごとや砂遊び、粘土、絵を描くなど気に入った遊びを繰り返し楽しむ。
- 遊びを通して、友達と話をしたり同じことをしたりすることを楽しむ。
- 汚れた衣服の着替えや玩具のかたづけを保育者といっしょにする中で、しかたを覚える。

具体的な環境（◆）と保育者の援助（○）

- ○身近な遊具、玩具、素材などを使っていろいろな遊び方、楽しみ方があることを機会をとらえながら伝えていく。
- ◆子ども同士の遊びに興味を持った子が参加できるようスペースを広げたり、場所を移したりする。
- ○子どもたちがいっしょに遊べるような機会をとらえ、保育者も仲間に入ってイメージが膨らむような声かけをする。（例：「でんしゃにのりたいわ」「おなかがいたいんです」など）
- ◆つい立てなどを使って遊びの場所をわかりやすくするとともに、落ち着いて遊べる雰囲気づくりをする。

- ○友達の遊びに興味を持ったようすをとらえ、同じ物をいっしょに作ったり見つけたりして子ども同士の接点をつくる。
- ○「〜がほしい」「〜をして遊びたい」という気持ちをくみ取り、保育者が代弁したり言葉を添えて子ども同士の橋渡しをしたりする。
- ◆遊具や玩具のかたづけ方がわかりやすいように、絵表示をしたり、カゴを使って物の区分けをしやすくしたりする。
- ◆着替えや、替えた後の置き場所などを一定の場所にし、わかりやすくする。
- ◆水の入ったバケツや足ふきタオルなどを用意し、手足が砂や泥で汚れた場合に使うことを手伝いながら伝えていく。
- ○着替えを手伝いながら、ひとりひとりに合ったしかたを助言する。
- ◆みんなで歌をうたったり手遊びをしたり踊ったり、また絵本を見たりする時間を設け、楽しい内容を配慮する。（手遊び：『おおきなさしゃぼっぽ』、📖：『おおきなかぶ』

反省・評価のポイント

★友達といっしょに遊ぶことや、みんなで過ごす時間を楽しんでいたか。
★所持品の始末や遊具のかたづけ方が少しずつわかってきているか。

わかる！書ける！朱書き＝書き方解説をチェック！

6月3週の計画　3歳児

6月18〜23日（月）〜（土）

P.32-33・6月の月案、P.73・6月の日案も参照してください。

前週の幼児の姿

◆電車ごっこなど、気に入った遊びを繰り返し楽しんでいる。
◆友達のしていることをまねて遊んでいる。物や場所を巡ってトラブルも出てきている。
◆保育者といっしょに、遊具や玩具のかたづけを行なっている。

今週の園生活

○日ざしが強い日もある。
○アジサイがきれいに咲いている。

［プール開き］［身体計測］

ねらいと内容

ねらい
○保育者や友達といっしょに遊ぶ楽しさを感じる。
○水着や衣服の着脱を保育者に手伝ってもらいながら行なおうとする。
○水に触れて遊ぶことを楽しむ。

内容
・同じ遊びをする友達とのかかわりを楽しむ。
・ジョウロや水鉄砲などで水遊びをする。
・水遊びやプール遊びの際の着替えの手順を知り、自分でできるところをしようとする。

※P.33・6月の月案を参照してください。月案から週案に下ろして記入しました。

具体的な環境（◆）と保育者の援助（○）

○物の取り合いなどトラブルの際は保育者が両者の思いを代弁し言葉にして表す（「○○が欲しかったんだね」など）。
◆友達と遊びたい気持ちが満たされるよう、子どもの人数などを見ながら、遊びの場を広げたり、玩具の量を増やしたりするなど調節をしていく。
◆友達と同じ物が欲しいという気持ちにこたえられるように、空き箱やカップなど同じ種類の物を集めておく。
○自分からしたいことや欲しい物などを伝えられない子には、さりげなく聞いたり、用意してあることを知らせたりする。
○徐々に水に慣れ、親しめるように、最初は園庭での水遊びを楽しめるようにする。
◆園庭で水遊びができるよう、ビニールプール、すのこ、水鉄砲、カップなどを用意する。その際、日ざしなどにより体調を崩さないよう、配慮して設置する。

○水が苦手な子も楽しめるよう、ジョウロやカップを用意し、自分のペースで遊べるようにしていく。
○肌を露出していることもあり、けがには十分に気をつける。
○水着に着替える際は、絵カードなどを用意してていねいに手順を伝えていく。また、自分でしようとする姿を見守り、必要に応じて手助けをする。
◆脱いだ服を置いておけるように、イスを並べておく。
◆水遊びを終えた後の着替えがスムーズにできるよう、足洗い用のタライや足ふき用のマットを多めに用意しておく。

※P.33・6月の月案を参照してください。
※P.33・6月の月案の「環境の構成と保育者の援助」から週案へ下ろして具体的に記入しました。

反省・評価のポイント

★友達とかかわることを楽しんでいたか。
★水にふれて遊ぶことを楽しめていたか。

6月 4週の計画　3歳児

6月 25(月)〜30(土)

わかる！書ける！
朱書き＝書き方解説をチェック！

P.32-33・6月の月案も参照してください。

CD-ROM　3歳児 ▶ P.052-071_週案 ▶ 6月_3・4週案.doc

前週の幼児の姿

- ◆園庭のビニールプールで、水遊びを楽しんでいる。
- ◆泥遊びや水遊びの際の着替えは、保育者に手伝ってもらいながらしている。
- ◆アゲハチョウの幼虫やカタツムリなどに興味を持ち、触ったりエサをやったりする。
- ◆友達がしている遊びをしたがったり、同じ物を持ちたがったりしている。

> P.33・6月の月案を参照してください。
> 月案から週案に下ろして記入しました。

今週の園生活

- ○雨の降る日が多い。
- ○蒸し暑い日が増えてくる。

避難訓練　誕生会

ねらいと内容

ねらい
- ○保育者や友達と好きな遊びをしたり、いっしょに過ごすことを楽しんだりする。
- ○着替えや身じたくなど、簡単な身の回りのことを自分でしようとする。
- ○梅雨の自然に興味を持ち、親しむ。

内容
- ・保育者や友達と水遊びを楽しむ。
- ・保育者や友達といっしょに踊ったり、ゲームをしたりする。
- ・保育者に手伝ってもらいながら、できるところは自分でしようとする。
- ・園庭に咲くアジサイを見たり、カタツムリを探したりする。

> 天気予報を参考にして、「今週の園生活」を思い浮かべ、指導計画をたてることも大切です。気候や自然事象は、家庭で経験しきれないことが多い昨今です。園で積極的に取り入れて、子どもが経験できるようにしたいものです。

具体的な環境（◆）と保育者の援助（○）

- ◆水遊びをより楽しめるように、ペットボトルの底に穴をあけたものや洗剤の空き容器などを用意したり、的当て遊びができるようなコーナーも設置したりしておく。また、容器は十分な数を用意しておく。
- ○着替えやかたづけなどはできないところを保育者や友達に手伝ってもらいながら、徐々に自分でやってみようと思えるようにしていく。
- ○プール遊び後は室内の空調や温度や子どもたちの体調に気を配り、絵本を読んだり、ブロック遊びをしたりするなど、ゆったりと過ごせるようにする。
- ○誕生会では、誕生児にみんなでお祝いの歌をうたったり、年中・年長児の歌を聞いたりして楽しい雰囲気を味わえるようにする。
- ◆雨の日が続くときには、室内でも体を動かしたり、みんなといっしょに楽しい雰囲気で過ごしたりできるような遊びの場を工夫する。（踊り：『ホーキーポーキー』）

- ◆子ども同士の接触などの危険がないようにフープの置き方には気をつける。
（遊び：フープを使って陣取りゲーム）

「1回のときはひとりよ」

- ○雨上がりの園庭に出て、カタツムリを探したり、アジサイの花や葉に雨粒が乗っているのを見たり、水たまりを触って泥にしたりするなどして遊ぶ楽しさを感じられるようにする。

反省・評価のポイント

- ★保育者や友達と好きな遊びをしたり、いっしょに過ごしたりすることを楽しんでいたか。
- ★梅雨の自然に興味を持ち、親しんでいたか。

9月1週の計画　3歳児　9月3（月）〜8（土）

わかる！書ける！
朱書き＝書き方解説をチェック！

P.38-39・9月の月案も参照してください。

週の初めの幼児の姿

◆久しぶりに登園し、保育者や友達に会えたことを喜んでいる。しかし、中には保護者から離れることに不安を感じ、登園をいやがる子どももいる。

幼稚園の場合は8月は夏休みなので、「週の初め」の子どもの姿を予想して、今週の計画をたてるようにします。

今週の園生活

○残暑の厳しい日が続く。
○夏休みの間にアサガオが咲き、トマト、ナス、ピーマンなど夏野菜が収穫できるようになっている。

始業式（幼稚園）　引き渡し防災訓練　プール納め

ねらいと内容

ねらい
○園での生活のしかたを思い出し、身の回りのことを自分なりにしてみようとする。
○自分の好きな遊びを見つけて遊ぶ。

内容
・園での生活のしかたを取り戻し、安心して園生活を過ごす。
・夏休みに経験したことや楽しかったことを保育者に伝えることを喜ぶ。
・1学期に親しんだ遊具や遊びに自分からかかわって遊ぶ。
・水の感触を全身で感じながら水遊びをする。

久しぶりの登園に不安を感じる子どももいると予想しました。そこで今週は、"安心して過ごすこと"を重点的に計画に盛り込んでいます。自園の子どもの状況に合わせて計画し、書きましょう。

具体的な環境（◆）と保育者の援助（○）

○防災訓練では、不安になる子どもも予想される。事前に子どもや保護者に、訓練について説明し、落ち着いて取り組めるようにする。

○ひとりひとりに声をかけたり、いっしょに遊んだりしながら、園生活に期待を持てるようにする。また、登園に不安を感じている子どもには、製作コーナーや絵本コーナーなど、ゆったりと過ごすことのできる場に誘ったり、保護者と連携を取ったりし、安心して過ごすことができるようにする。

○写真や絵を見たり、保護者から話を聞いたりして、保育者との会話を楽しめるようにする。

○園での生活のしかたを思い出し、身の回りのことを自分でできるように、必要に応じて声をかけたり、いっしょに行なったりする。

◆1学期に親しんだ遊具・教材・所持品の始末の場を同じように配置し、安心して園生活を始められるようにする。

◆水遊びや自然物を使った色水遊びを十分に楽しめるように、遊具を用意しておく。

（水遊び…ビニールプール、ジョウロ、水鉄砲　など
色水遊び…草花、ポリ袋、プラスチック容器、バケツ、ペットボトル、じょうご　など）

○汗をかいたときに着替えたり、ぬれた水着をかたづけたりするときは、できない部分をさりげなく手伝いながら、自分でするうれしさを感じられるようにする。

○年中児や年長児と同じ遊具を使わせてもらったり、水遊びの時間を十分に確保したりすることで、ひとりひとりが水の感触を全身で感じて楽しめるようにする。

反省・評価のポイント

★生活のしかたを思い出し、喜んで登園していたか。
★好きな遊びを見つけることができたか。

わかる！書ける！ 朱書き＝書き方解説を チェック！

P.38-39・9月の月案も参照してください。

CD-ROM　3歳児　▶　P.052-071_週案　▶　9月_1・2週案.doc

9月2週の計画　3歳児
9月10（月）～15（土）

9月1・2週　3歳児

前週の幼児の姿
◆園生活のリズムを取り戻し、身の回りのことを自分なりにしようとしてみたり、自分で好きな遊びを見つけたりして遊んでいる。
◆夏休みに経験したことを保育者や友達にうれしそうに話している。

今週の園生活
○残暑が厳しいが、木陰に入ると涼しさを感じられるようになる。
○夏野菜が大きく育っている。
○園庭で、トンボやバッタが見られるようになる。

誕生会　身体計測

ねらいと内容

ねらい
○自分の好きな遊びを十分に楽しむ。
○保育者や友達といっしょに遊んだり、踊ったりすることを楽しむ。

内容
・砂遊びや色水遊び、ごっこ遊びなど自分の好きな遊びを楽しみながら友達とかかわる。
・所持品の始末やかたづけを自分でしようとする。
・保育者や友達といっしょに歌や手遊び、踊る楽しさを感じる。
・園庭の野菜を見たり、虫に触れたりする。

> 子どもの周りにある自然物などの"素材"を"教材"として保育に適切に取り入れられるよう、保育者は広くアンテナを張っておくことが大切です。それを計画に意図を持って取り入れるために書くのです。

具体的な環境（◆）と保育者の援助（○）

○オシロイバナやアサガオなどの自然物を使った色水遊びでは、感触を楽しめるようなことばがけをしていく。
◆好きな遊びの中で、自分たちで曲をかけて楽しめるように、1学期に親しんだ手遊びやダンスに加え、新しい曲のカセットテープやCDを用意しておく。
◆夏休みに経験したことを、遊びに生かせるような遊具を用意しておく。
（海に見たてられるブルーシートや、紙袋で作ったリュックサック　など）
○「〇〇ちゃんは海に行くのね」「〇〇くんといっしょにお出かけするんだね」など、ひとりひとりの思いを受け止めて、言葉で表しながら子どものイメージをていねいに受け止めていく。
○クラスのみんなで、遊びながら手拍子を打ったり、踊ったりする機会をつくり、みんなで遊ぶ楽しさに共感していく。

○かたづけなど、自分からしようとしている姿を十分に認めることで、意欲につながるようにする。
○食べられそうな夏野菜を収穫し、食べる機会を設け、収穫の喜びに共感していく。
○大きく育ったピーマンやオクラなどを使って、スタンピングなどを行ない、形のおもしろさや模様の楽しさに気づけるようにいっしょに行なったり子どもの発想に共感したりする。

反省・評価のポイント
★好きな遊びを十分に楽しむことができていたか。
★保育者や友達とかかわって遊ぶことを楽しんでいたか。

わかる！書ける！
朱書き＝書き方解説をチェック！

P.38-39・9月の月案も参照してください。

9月3週の計画

3歳児

9月17（月）～22（土）

前週の幼児の姿

◆ほとんどの子どもが園での生活のしかたを思い出し、安定して過ごしている。
◆砂遊びやブロックなど、自分のしたい遊びに取り組んでいる。
◆同じ場にいる友達の姿にも目が向き、同じ遊具を持とうとして取り合いになることもある。

今週の園生活

○アサガオやフウセンカズラ、オシロイバナなど、栽培物の種が取れ始める。
○年長児が運動会の練習を始める。

敬老の日　秋の全国交通安全運動　秋分の日

ねらいと内容

ねらい
○自分のしたい遊びを見つけたり、友達と遊ぶ楽しさを感じたりする。
○夏から秋への季節の変化を感じる。

内容
・気に入った遊具や場で、自分の好きな遊びを楽しむ。
・友達と同じものを持ったり、同じ動きをしたりすることを楽しむ。
・身近な動植物に関心を持ってかかわる。
・敬老の日があることを知る。

> 前週から、同じ場にいる友達の姿に目が向くようになった記述があります。それを受けて、子どもたちが安心して楽しく遊べるような環境構成と援助を考えて、具体的に書きます。

具体的な環境（◆）と保育者の援助（○）

◆ひとりひとりの子どもの要求に応じ、子どもの遊びの満足感につなげていくことができるよう、遊具や材料の数は十分に用意しておく。
○子どもの好きな遊びをひとりひとりのペースで進めていく後押しができるよう、思いを受け止めたり、言葉をかけたりして寄り添っていく。
○安心して友達と同じ場で遊ぶことができるよう、友達のしていることを保育者が周りの子どもに知らせたり、保育者が仲立ちをしたりしていく。

○遊具の取り合いが起きたときは、双方の思いを受け止めながらどのように伝えればよいか仲立ちしていく。

◆アサガオやフウセンカズラの種を取ることができるよう、カップの空き容器を用意しておく。
◆取った種に周りの子も興味を持つことができるよう、目に留まる場所に置く。
○子どもといっしょに種取りをしながら、楽しい気持ちや不思議に感じる気持ちに共感する言葉をかける。
○所持品の始末のしかたを具体的に知らせていきながら、子どもが自分でする姿勢を後押ししていく。

◆敬老の日に寄せて、祖父母や地域の高齢者にプレゼントを作ったり絵を描いたりする機会を持つ。
○高齢者に親しみの気持ちが持てるよう、いろいろなことを知っていて、いつも優しくしてくれる祖父母や地域の高齢者の方の存在を知らせる。

反省・評価のポイント

★友達と同じ場で、自分の好きな遊びを楽しめたか。
★身近な自然に関心を持ち、かかわっていたか。

9月 4週の計画

3歳児
9月 24(月)～29(土)

9月 3・4週 3歳児

わかる！書ける！
朱書き＝書き方解説をチェック！

P.38-39・9月の月案、P.74・9月の日案も参照してください。

CD-ROM　3歳児 ▶ P.052-071_週案 ▶ 9月_3・4週案.doc

前週の幼児の姿

◆自分の好きな遊びに取り組んだり、同じ遊びの場にいる友達の存在を心地良く感じたりしている。

◆栽培物の種を取ったり、花を摘んだりして、身近な自然に親しんでいる。

今週の園生活

○秋の気候の心地良さを感じられるようになる。
○運動会に向けて、戸外で体を動かして遊ぶ機会が多くなる。

中秋の名月（9月30日）

> P.38・9月の月案を参照してください。この年は中秋の名月の日が9月30日ですので、「今週の園生活」に記入して、子どもの生活に取り入れるようにしています。年によって10月になる年もあります。月の歳時記も見据えて計画に取り入れていきましょう。

ねらいと内容

ねらい
○戸外で体を動かして遊ぶ楽しさを味わう。
○**クラスの友達みんなで集う楽しさを感じる。**

内容
・自分なりに動いたり、なり切ったりして遊ぶことを楽しむ。
・**動きやかけ声が友達と合う心地良さを感じながら、音楽に合わせて踊ることを楽しむ。**
・保育者が提示する遊びに関心を持ち、いっしょに楽しもうとする。
・絵本を見たり、手遊びをしたりすることを楽しむ。

> 前週の姿を受け、今週は"友達みんなと楽しさが味わえるよう"にします。10月の運動会、11月の作品展などへつながるスタートです。このように見通しを持って保育するために書きましょう。

具体的な環境（◆）と保育者の援助（○）

○子どもたちも興味を持って参加することができるよう楽しい雰囲気をつくり、保育者が楽しそうに踊ったり走ったりする。

○楽しみながら体を動かすことができるよう、子どもの気に入っている役になり切って動く遊びを取り入れたり、動きと言葉のリズムを合わせたりしていく。

◆思い切り体を動かして遊ぶ楽しさが感じられるよう、ほかのクラスと連携しながら場の確保をする。

◆**友達とのつながりを感じることができるよう、同じものが身に付けられるように用意しておく。**

◆子どもが少し手を加えたら遊びに使うことができる材料を構成しておく。（お面ベルト、広告紙を丸めた棒　など）

◆遊びの中での動きが大きくなってくるので、遊びの種類に応じて安全に動くことができる場を構成し、それぞれの遊びに落ち着いて取り組むことができるようにする。

○「○○ちゃんとお出かけしているのね」など子どもの思いに添った言葉をかけながら、同じ遊びをしている友達との会話をつなげていく。

○絵本やパネルシアターを活用したり、保護者に協力を求めて月を見る機会を家庭でつくってもらったりして、月に関心が持てるようにする。

📖：『おつきさまこんばんは』『月のうさぎ』『14ひきのおつきみ』『つきをあらいに』など

ピョン　ピョン

反省・評価のポイント

★戸外で体を動かして遊んでいたか。
★クラスの友達といっしょに取り組む活動に、楽しんで参加していたか。

わかる！書ける！朱書き＝書き方解説をチェック！

P.42-43・11月の月案も参照してください。

11月1週の計画
3歳児　11月 5(月)～10(土)

前週の幼児の姿
◆気の合う友達といっしょに音楽に合わせて踊ったり、自分で作ったマラカスを鳴らしたりすることを楽しんでいる。
◆戸外で、鬼ごっこをしたり、集めた落ち葉でごちそう作りをしたりしている。

今週の園生活
○さわやかな秋晴れの日が続いている。
○朝晩の吹く風が寒く感じるようになる。

避難訓練　誕生会

ねらいと内容

ねらい
○保育者や友達とかかわりながら、自分のしたい遊びを楽しむ。
○体を動かしたり、自然にふれたりしながら、戸外での遊びを楽しむ。

内容
・イメージしたものや作ってみたいものを自分なりに作ったり、できたもので遊んだりする。
・自分の思ったことを話したり、友達の言葉に答えたりして、簡単なやりとりをする。
・簡単なルールのある鬼ごっこのおもしろさを知り、友達といっしょに楽しむ。
・ドングリや落ち葉などの自然物を取り入れて遊ぶ。

これぐらいの例示があると、具体的に準備をするときに役だちます。子どもの発達状況を考え、記しましょう。

具体的な環境（◆）と保育者の援助（○）

◆集めた落ち葉や、ドングリなどを使って砂場で遊べるようにカップ、皿、型抜きなどを用意し、ごちそうなどに見たてたり、掘ったり山にしたりして遊びを楽しめるようにする。
○保育者は、子どものつぶやきに耳を傾けて受け止めたり、子どもといっしょに動いたりしながら、ひとりひとりが安心して自分のしたい遊びを楽しめるようにする。
○物の取り合いなどトラブルが起きたときには、互いの気持ちを聞いたり代弁したりしながら、思いを受け止めてもらえたという気持ちが持てるようにするとともに、相手の思いに気づくようにしていく。
○動物の絵本を保育者といっしょに見たり、バスごっこをしたりして、次週のバス遠足が楽しみにできるようにしていく。

○友達といっしょに遊んだり、言葉を交わしたりしているときは、「同じだね」「いっしょに遊んで楽しいね」と共感しながら、かかわる楽しさを感じられるようにする。
◆戸外で体を動かして遊べる「引越し鬼」などを、**紙芝居やペープサートで単純なストーリーを知らせることで、遊びのルールを伝えたり**、鬼ごっこの楽しさを感じて遊べるようにしたりする。
◆ひとりひとりがイメージしている物が作れるように材料を準備したり、作った物で遊べる空間や場を確保したりする。

反省・評価のポイント
★保育者や友達とかかわりながら、自分のしたい遊びを楽しんでいたか。
★戸外で体を動かしながら遊びを楽しんでいたか。

11月 2週の計画 3歳児

11月12(月)～17(土)

わかる！書ける！
朱書き＝書き方解説をチェック！

P.42-43・11月の月案も参照してください。

CD-ROM　3歳児　▶ P.052-071_週案　▶ 11月_1・2週案.doc

前週の幼児の姿

- ◆自分のしたいことを見つけ、作ったり作った物を身に付けたりして、繰り返し遊びを楽しんでいる。
- ◆戸外では、保育者や友達といっしょに引越し鬼やこちょこちょ鬼を楽しみ、思い切り体を動かす姿が見られる。

今週の園生活

- ○木々の葉が色付き、落ち始める。
- ○寒暖の差が出てくる。

遠足

ねらいと内容

ねらい
- ○生活に必要なことがわかって、身の回りのことを自分で進んでしようとする。
- ○保育者や友達と体を動かして遊ぶことを楽しむ。
- ○初めてのバスでの遠足を楽しむ。 ← これぐらい具体的に書きましょう。集団でまとまって行動することも含んでいます。子どもの発達を踏まえて記入しましょう。

内容
- ・手洗い、うがいなどのしかたがわかり、ていねいに行なおうとする。
- ・上着の脱ぎ着や身の回りのことを自分で行なおうとしたり、自分でできる喜びを感じたりする。
- ・追いかけたり逃げたりして、のびのびと体を動かす楽しさを感じる。
- ・バスに乗って行くことや動物を見ることなど友達といっしょに楽しく過ごす。

具体的な環境（◆）と保育者の援助（○）

- ◆登園後や、戸外で遊んだ後など、ていねいに手を洗ったりうがいをしたりできるように保育者もいっしょにしながらやり方をわかりやすく伝えていく。
- ○上着が裏返しになったそでを直せるよう見守ったり、とまどっているときには、具体的にやり方を教えたりする。また、着るときには、ボタンやファスナーを自分でできるよう励ましたり認めたりして、自分でできる喜びを感じられるようにする。
- ◆引越し鬼では、移動をしやすい動線を考え、離れた場所に大きな家を1軒ずつ描くようにする。

- ○いっしょに遊ぶ中でルールを知らせ、動く楽しさなどを味わえるようにする。
- ◆バスの中で安全に過ごせるように約束などをわかりやすくペープサートや絵などで知らせる。また、移動時間が楽しい時間になるよう、歌や簡単なクイズや手遊びなどができるように準備をしておく。
- ○ひとりひとりの体調を把握しながら、バスの中で心地良く過ごせるように声をかけたり、必要な準備をしたりする。
  （歌やクイズに必要な物、ポリ袋やティッシュペーパー、おしぼりタオル　など）
- ◆いろいろな動物の姿や動きを見て、生き物への関心が持てるようにする。
- ◆友達といっしょに戸外で弁当を食べる楽しさに共感をしていく。
- ◆遠足での余韻を楽しめるように、動物の表現遊びをしたり遠足ごっこをいっしょに楽しんだりする。

反省・評価のポイント

- ★生活の中で必要なことを知って、自分から進んでしていたか。
- ★友達といっしょに楽しんで遠足に行き、過ごすことができたか。

わかる！書ける！
朱書き = 書き方解説を チェック！

P.42-43・11月の月案、P.75・11月の日案も参照してください。

11月 3週の計画

3歳児

11月 19（月）〜24（土）

前週の幼児の姿

◆保育者や友達といっしょに遠足に行って、動物を見たり触ったりして喜んでいる。
◆ドングリやマツボックリなどを使って遊ぶことを楽しんでいる。

今週の園生活

○園庭の木が落葉したり、しだいに色付いたりしている。
○日ざしのある日は暖かいが、曇っている日には寒く感じることが多くなる。

|身体計測| |勤労感謝の日|

ねらいと内容

ねらい
○身の回りのことやかたづけなど自分から進んでしようとする。
○保育者や友達と簡単なやりとりをしながら遊ぶことを楽しむ。
○好きな遊びを楽しみながら秋の自然物に興味を持つ。

内容
・手洗い・うがいをていねいにしたり、かたづけなどを進んでしようとしたりする。
・ままごとや製作などで自然物を使って遊ぶ。
・クラスのみんなで簡単なルールの遊びや鬼ごっこを楽しむ。

> 前週にバス遠足を経験したら、今週はそれを再現して遊ぶだろうと予想し、計画しています。そうして4週までの保育の最後には、月の計画のねらいが達成されました。となるように見通して記しましょう。

具体的な環境（◆）と保育者の援助（○）

◆**ごっこ遊びに必要な物をカゴなどに入れ、目に付きやすい場所に用意しておく。**
　（レストランごっこのごちそう、バスごっこのハンドル、レジャーシート、ナップザック　など）
○「○○ちゃんといっしょにお出かけに行くのね」などと声をかけながら、友達といっしょに遠足ごっこをする楽しさを味わえるようにする。
○遊びに必要な物が増えて場が散らかってしまうときには、遊びのようすに応じて保育者が場を整理していく。
○園庭などで見つけた自然物を子どもたちなりに見たてる姿を受け止めたり共感したりする。
◆子どもがイメージしたものを作って遊べるように、素材（紙粘土、色画用紙、扱いやすい大きさの段ボール）、自然物（ドングリ、マツボックリ）、描画材（油性フェルトペン、絵の具）、道具（テープ、ハサミ、木工用接着剤）などを用意しておく。子どもの興味に合わせて出す量を調整する。

○作った物を保育室に飾ったり、遊びに使っているものを保育者がひとつひとつ大切にかたづけたりすることで子どもたちにも作るうれしさや作った物の大切さが伝わるようにする。
○簡単なルールの鬼ごっこを継続して遊ぶ機会をつくり、友達といっしょに遊ぶ楽しさや体を動かす楽しさを感じられるようにする。また、友達とやりとりをして遊ぶ楽しさを味わえるように、保育者もいっしょに遊びながら声をかけていく。

反省・評価のポイント

★保育者や友達とやりとりをしながら遊ぶことを楽しんでいたか。
★自然物に興味を持ち、遊びに使って楽しんでいたか。

11月4週の計画　3歳児

11月26(月)～12/1(土)

わかる！書ける！
朱書き＝書き方解説をチェック！

P.42-43・11月の月案も参照してください。

CD-ROM　3歳児 ▶ P.052-071_週案 ▶ 11月_3・4週案.doc

前週の幼児の姿

- ◆園庭で見つけた自然物でままごとをしたり、保育者といっしょに葉っぱの冠などを作ったりして見せ合っている。
- ◆友達といっしょに動いたり、やりとりしたりすることを楽しんでいる。

今週の園生活

- ○イチョウの葉も少しずつ落葉し始め、園庭に葉がたくさん落ちている。
- ○子どもたちの作った物が保育室に飾ってある。
- ○木枯らしが吹く日がある。

作品展

ねらいと内容

ねらい
- ○落ち葉や木の実などを使って遊ぶことを楽しむ。
- ○**保育者や友達とかかわり合い、したい遊びを楽しむ。**
- ○身近な素材を使って表現する楽しさを感じる。

内容
- ・園庭や遠足などで拾ってきた落ち葉や木の実、枝などを使って遊ぶ。
- ・鬼ごっこや**ごっこ遊びなどで友達とやりとりをして遊ぶ。**
- ・身近にある空き箱や自然物などを使って表現する。
- ・自分なりに作った物を見てもらううれしさを感じる。

> 前週からのごっこ遊びが続いていることを示しています。「ねらい」→「内容」→「環境・援助」というつながりも意識しましょう。

具体的な環境（◆）と保育者の援助（○）

- ◆園庭の落ち葉は遊びに使えるようにそのままにしておく。子どもが入れる大きさの段ボールやビニールプールなどを用意しておき、葉を集めて遊べるようにする。
- ○子どもたちが落ち葉に寝そべったり降らせたりして、ダイナミックに遊ぶ楽しさが感じられるようにいっしょに遊びながら楽しさを伝える。（砂が混じらないように注意する）
- ○遊びに必要な物を自分で作ろうとする姿を受け止め、できない部分はいっしょに行なう。ハサミや木工用接着剤などの使い方がわからない場合には、いっしょに使ったり確認したりする。
- ○**友達とかかわって遊ぶことを楽しんでいるときには見守り、思いを出せなかったり困っていたりする場合には保育者が代弁したりいっしょに伝えたりしながら橋渡しをしていく。**
- ○ひとりひとりが作った物を展示する中で、友達の作った物に興味が持てるようにほかの子に知らせていく。
- ○年長児や年中児の作った作品を見たり、作った乗り物に乗せてもらったりできることを知らせる。また、乗り物などに保育者もいっしょに乗るなどしながら楽しく参加できるようにする。
- ○日ごろ楽しんで遊んでいるものを作品展に展示し、子どもたちの遊びや作っているようすを保護者に伝えていく。また、保護者に作品を見せるうれしさを感じられるようにする。

反省・評価のポイント

- ★保育者や友達とのやりとりを楽しんで遊んでいたか。
- ★自然物を使ったり遊びに必要な物を作ったりすることを楽しんでいたか。

1月 1週の計画　3歳児

1月 4(金) ~ 12(土)

わかる！書ける！
朱書き＝書き方解説をチェック！

P.46-47・1月の月案、P.76・1月の日案も参照してください。

週の初めの幼児の姿

◆冬休みが明け、保育者や友達と会えるのを楽しみにしている姿や、休みの間の出来事をうれしそうに話している姿が見られる。
◆休み明けで、生活のリズムが取り戻せていない子も見られる。

今週の園生活

○正月の飾り（鏡もち、正月の生け花、羽子板　など）が飾られている。

七草　始業式（幼稚園）　鏡開き

ねらいと内容

ねらい
○保育者や友達と正月遊びを楽しむ。
○身の回りのことを少しずつ、整えていく。

> 今週のねらいには遊びのことを記入しつつ、冬休みという長めの休み明けなので、生活面のことを明記します。3歳では特に大事にしたいねらいです。2週のねらいにも続きます。

内容
・休みの間に経験したことを保育者や友達に話したり、聞いたりする。
・興味を持った正月遊びを保育者や友達とする。
・簡単なこまやたこを作って遊ぶ。

具体的な環境（◆）と保育者の援助（○）

◆正月の雰囲気が伝わるように、玄関や保育室などに、正月の飾りや鏡もちを飾っておく。
○正月のあいさつをしたり、正月休みの経験を聞いたりしながら、子どもの気持ちを受け止めていく。
○休み明けなので、身の回りの始末などをするときは、時間にゆとりを持つなどして、子どものようすに応じて言葉をかけたり、さりげなく手助けしたりしていく。

◆正月遊びの道具（カルタ、こま　など）をいつでも使えるように、取り出しやすい場所に用意したり、コーナーを作ったりしておく。
○カルタは、慣れるまでは、保育者が読んだ後に、絵のヒントを添えるなどして、取れる楽しさが味わえるようにする。
○絵合わせのゲームなどは、年中、年長児といっしょに遊び、異年齢の交流も図れるようにする。
◆自分のペースでゆったりと遊べるように遊具（ブロックやままごと　など）を用意しておく。

◆たこ（ポリ袋、たこ糸）、こま（画用紙、竹ひご）、セロハンテープ、油性フェルトペンなどを用意しておき、たこやこま作りが楽しめるようにする。
○たこを持って走る際にぶつからないように、広い場所で行なうようにし、また、同じ方向に走るなど、子どもたちにも約束を伝える。
○たこを揚げながら、風を感じられるように保育者もいっしょに楽しむ。

> 「動線に考慮して」という表現ではなく、具体的に書きましょう。

> この時期は、文字が読める子は少ないので、カルタは、「取ることを楽しむ」を優先に考えたいものです。このように発達を考慮して書きましょう。

反省・評価のポイント

★生活のリズムを取り戻してきているか。
★友達と会えたことを喜んで遊んでいたか。

1月 2週の計画 3歳児

1月 14（月）〜19（土）

わかる！書ける！
朱書き＝書き方解説をチェック！

P.46-47・1月の月案も参照してください。

CD-ROM ▶ 3歳児 ▶ P.052-071_週案 ▶ 1月_1・2週案.doc

前週の幼児の姿
- ◆保育者や友達と正月遊びを楽しんでいる。
- ◆冬休み明けで、生活リズムの乱れている姿が見られる。

今週の園生活
- ○日陰には、霜柱が立ったり氷が張ったりしている。
- ○冷たい風の吹く寒い日がある。

|成人の日|新年子ども会|避難訓練|

ねらいと内容

ねらい
- ○身の回りのできることを進んでする。
- ○正月の行事に喜んで参加したり、伝承遊びを楽しんだりする。
- ○保育者や友達と戸外で体を動かして遊ぶ。

内容
- ・防寒着の着脱やかたづけを自分でする。
- ・新年子ども会に楽しんで参加する。
- ・寒さに負けず、戸外でルールのある遊びをする。
- ・保育者の話（指示）を聞き、避難訓練に参加する。

> ここで出てくるたこ揚げのたこは、第1週で作った物です。生活のつながりを意識して書きましょう。

具体的な環境（◆）と保育者の援助（○）

- ○防寒着の着脱やかたづけのようす、手洗い、うがいのようすを見守り、自分でできた満足感に共感していく。
- ○保育者が積極的に戸外へと誘い、自分で作ったたこ揚げや鬼ごっこなどをいっしょに楽しみ、体を十分に動かすと温まることを実感できるようにしていく。
- ◆正月遊びのルールも少しずつわかるようになり、楽しんでいるので、遊具や道具をいつでも使えるよう、子どもが取り出せる場所に置いておく。
- ○新年子ども会では、正月遊びをみんなで、楽しんだり、歌をうたったりする。
  （♪：『もちつき』、『ケンパであそぼう』）
- ○獅子舞や、干支の由来を聞いて、3歳児なりに興味・関心が持てるようにする。

- ◆伝承遊びを楽しめるように、園庭やホールなどに広い場所を確保する。（あぶくたった、かごめかごめ　など）
- ○保育者が繰り返し歌ったり、いっしょに遊びながら、楽しめるようにしていく。
- ○避難訓練時の打ち合わせを職員間で十分に行なうとともに、毎月の積み重ねを生かし、広域避難場所（園外）などに避難する。子どもも自分で手早く帽子や防災ずきんをかぶれるようにする。

> ほぼ1年継続してきた避難訓練のまとめの訓練にしたいので、あえてこう記入しています。

反省・評価のポイント
- ★正月の行事に興味を持って楽しく参加できたか。
- ★戸外で体を動かして楽しんで遊ぶことができたか。

わかる！書ける！ 朱書き＝書き方解説をチェック！

P.46-47・1月の月案も参照してください。

1月3週の計画

3歳児　1月21（月）～26（土）

前週の幼児の姿

- ◆喜んで新年子ども会に参加している。
- ◆寒さに負けず、保育者や友達と戸外で元気に遊んでいる。

今週の園生活

- ○北風が冷たく、空気が乾燥している。
- ○霜柱を踏む感触を楽しめるようになる

　誕生会　身体計測

ねらいと内容

ねらい
- ○冬の自然に興味や関心を持つ。
- ○保育者や友達とかかわりながら、好きな遊びを楽しむ。
- ○絵本や紙芝居などを読んでもらい、役になって楽しむ。

内容
- ・氷、雪、霜柱などを遊びに取り入れて遊ぶ。
- ・絵本や物語に出てくる繰り返しの言葉を楽しみながら、物語の中の好きな役になって遊ぶ。
- ・ごっこ遊びに必要な物を作り、それを使って遊ぶ。

<mark>2月に行なう劇遊びを見据えて、徐々に遊びの中に取り入れていきます。「子どもの好きな絵本」という表現より、「劇遊びに発展しそうな絵本」にしたことで、意図と具体性が増しました。</mark>

具体的な環境（◆）と保育者の援助（○）

- ○霜柱や氷を子どもといっしょに探し、発見し、触ったり踏んでみたりしてその感触を感じられるようにする。ままごと用のコップに水をくみ、氷を作ったり、楽しんだりする。
- ◆戸外遊びに興味が持てるような遊びやルールのある遊びを準備する。
　（ボール遊び（転がしドッジボール）、大縄跳び、フープ　など）
- ○危険のないよう、遊具の使い方やルールをていねいに教えていく。

- ◆<mark>劇遊びに発展しそうな絵本を本棚に用意しておき、いつでも見ることができるようにしておく。</mark>
- ○絵本を読みながら、その中に出てくる繰り返しの言葉のやりとりを子どもといっしょに楽しみ、おもしろさを共感し合いイメージを広げていく。
　（📖：『手ぶくろ』『三びきのやぎのがらがらどん』『おおきなかぶ』『おおかみと7匹のこやぎ』　など）
- ○遊んでいる中で、子どもが自分の思いを伝えようとしているときは、見守り、互いの思いがぶつかって、トラブルになるようなときは、それぞれの気持ちを受け止めながら仲立ちをしていく。
- ○好きな役になって遊んでいる子どもの姿を見守りながら、<mark>遊びのイメージが広がっていくような言葉をかけたり、保育者も役に加わったりしていっしょに楽しんでいく。</mark>

<mark>3歳児の劇遊びは、まず保育者が絵本を楽しく何度も読む→子どものイメージを引き出す→楽しいとわかる→衣装やお面を作る、という順序で進めます。そのように、流れを見据えて書きましょう。</mark>

反省・評価のポイント

- ★冬の自然に興味を持ち楽しめたか。
- ★好きなお話の役になって遊びを楽しむことができたか。

1月4週の計画 3歳児

1月28(月)〜2/2(土)

P.46-47・1月の月案も参照してください。

わかる！書ける！
朱書き＝書き方解説をチェック！

CD-ROM　3歳児　▶ P.052-071_週案　▶ 1月_3・4週案.doc

1月3・4週 3歳児

前週の幼児の姿

- ◆好きな役になって友達とやりとりを楽しみながら遊んでいる。
- ◆戸外で体を動かし保育者や友達と元気に遊んでいる。
- ◆霜柱や氷を見たり、触ったりして感触を楽しんでいる。

今週の園生活

- ○寒さが厳しくなってきた。
- ○園庭のスイセンのつぼみが膨らんできた。

節分（2月3日）

ねらいと内容

ねらい
- ○保育者や友達とかかわりながらごっこ遊びを楽しむ。
- ○鬼や節分の行事に興味を持つ。

内容
- ・好きな話の中の役になって友達といっしょに遊ぶ。
- ・鬼や節分の由来を聞いたり、絵本や紙芝居を見たりする。
- ・鬼の面、豆まきのますを作る。

具体的な環境（◆）と保育者の援助（○）

- ○感染症予防のためにもていねいに手洗いやうがいをするように言葉をかけていく。
- ◆ごっこ遊びで使っている面や衣装を、子どもが自分で取り出し使えるような場所に置いておく。
- ○ごっこ遊びを通して、保育者や友達との間で言葉のやりとりができるように遊びを見守ったり、仲立ちをしたりしていく。
- ○遊んでいる中でひとつの役だけではなく、いろいろな役を楽しめるようにし、自分がやりたい役を交代でできるようにしていく。また、<mark>時には保育者がいっしょに入って遊びがより楽しくなるように盛り上げていく。</mark>
- ○節分に向け、絵本や紙芝居を読んだり、歌をうたったりすることを通し、鬼のイメージを広げていく。
  - 📖：『おにのこあかたろうシリーズ』『ももたろう』
  - ♪：『まめまき』

- ◆鬼の面作りが楽しめるように材料を用意しておく。
  - （画用紙、紙皿、毛糸、クレヨン、ハサミ、のり　など）
- ○つの、きばなど鬼のイメージにつながるようなパーツを用意しておく。

「おにのおんなのこなの」「へえー」

- ◆作ったますに豆を入れて、「鬼は外、福は内」の掛け声とともにみんなで豆まきをする。
- ○作った鬼の面を紹介したり、節分の由来を話したりして、節分に興味を持てるようにする。
- ○鬼を怖がる子もいるので、無理せず、楽しめるような取り組みにする。

反省・評価のポイント

- ★節分に興味を持ち、製作や豆まきなどを楽しめたか。
- ★友達とイメージを広げながらごっこ遊びを楽しめたか。

わかる！書ける！
朱書き＝書き方解説をチェック！

4/27 金 の計画
3歳児

※適所、幼保共通の指導計画としてご覧ください。

P.28-29・4月の月案、P.52-55・4月の週案も参照してください。

CD-ROM ▶ 3歳児 ▶ P.072-076_日案 ▶ 4月_日案.doc

ねらい
○自分でできることは自分でしながら生活を進める。
○こいのぼり作りを楽しむ。

指導内容
・大きなこいのぼりに自分たちでうろこに見たてた手形を押し、完成させる。

環境を構成するポイント	予想される幼児の活動	保育者の援助
○うろこのないこいのぼりを保育室にはっておく。	○登園する。 ○朝のしたくをする。 　（タオルを掛ける、コップを出す　など） ○好きな遊びをする。 　（ままごと、パズル、積み木、汽車　など） ○かたづけをして集まる。 ○みんなで、園庭にあるこいのぼりを眺める。 ○保育室のこいのぼりに模様（うろこ）がないことに気づく。 ○画用紙にうろこに見たてた手形を押していく。	○笑顔で受け入れ、健康観察や連絡帳の確認をする。 ○自分でやろうとする気持ちを大切にし、必要なところは援助していく。 ○保育者がいっしょに遊ぶ楽しさや、やってみたいといった気持ちを引き出す。 ○園庭のこいのぼりを見て、「部屋にもこいのぼり作ったけどどう？」と話し、模様がないことに気づけるようにする。 ○「じゃあ、みんなですてきな模様を作ろうか」と誘い、模様を付けることを伝える。 ○手形を押したものを模様にすることを話し、やってみたい、楽しそうと思えるように保育者がやって見せる。
○ふだんと同じ遊びができるように玩具を出しておく。		
○手形を押すスタンプ台、または、肌に触れても安全な専用の絵の具を2～3色と、画用紙を用意しておく。		
○終わった後の手洗いがしやすいように汚れ落とし用のスポンジなどを用意しておく。	○手洗い・排せつをして、園庭に出る。 ○園庭で好きな遊びを楽しむ。 ○かたづけて入室し、手洗い・うがいをする。 ○昼食の準備をして、食べる。 ○午睡をする。	○4～5人の小グループで順に誘いながら好きな色のスタンプ台に手を押し、手形押しを進めていく。 ○午睡中に手形を切ってこいのぼりに付けておくことを話し、でき上がりを楽しみにできるようにする。
○目覚めたら、できたこいのぼりが見られるようにしておく。	○できたこいのぼりをみんなで見る。 ○おやつを食べる。 ○降園準備をする。 ○降園する。	○みんなの手形が合わさってすてきな模様のこいのぼりができたことを話し、喜びを共感する。

日案ですので、導入をこれぐらい詳しく記入するとわかりやすくなります。また、4月なので、おやつなど、各活動の時間をたっぷり取りましょう。16時ごろから迎えが始まり降園することを予想して、午後には特に活動を入れていません。

反省・評価のポイント
★好きな遊びを楽しんでいたか。
★こいのぼり作りに興味を持って、作ることを楽しめたか。

6/19 火 の計画 3歳児

わかる！書ける！
朱書き＝書き方解説をチェック！

P.32-33・6月の月案、P.56-59・6月の週案も参照してください。

CD-ROM ▶ 3歳児 ▶ P.072-076_日案 ▶ 6月_日案.doc

日案 4/27 6/19 3歳児

ねらい
○保育者や友達といっしょに水遊びを楽しむ。
○水に触れ、水の感触を楽しむ。
○水着や衣服の着脱のできるところを自分でしようとする。

指導内容
・保育者や友達と園庭でジョウロや水鉄砲で水遊びをする。
・保育者に手伝ってもらいながら、できるところは自分で着替えをする。

※幼保、幼保共通の指導計画としてご覧ください。

環境を構成するポイント	予想される幼児の活動	保育者の援助
○今日の活動への期待が持てるよう、ジョウロや水鉄砲などを見える場所に置いておく。	○登園する。 ○持ち物の始末をする。 　（プールカードを出す） ○好きな遊びをする。 　（絵を描く、ブロック、三輪車　など） ○かたづけをし、集まる。 ○保育者の話を聞く。 ○排せつをし、水着に着替える。 ○園庭で水遊びをする。 　（ビニールプールに入る、水鉄砲で遊ぶ、宝探し、ジュース屋さんごっこ　など）	○ひとりひとりとあいさつを交わし、プールカードを確認する。 ○持ち物の始末を忘れている子には声をかけたり、自分でしている子にはできたことを認めたりする。 ○水遊びへの期待が高まるように、園庭のプールや水鉄砲のことを話題に出すなどする。 ○身じたくの手順を実際に見せ、わかりやすく知らせる。また、自分でしようとしている姿を見守りながら、難しいところは手伝う。
○ビニールプールを園庭の日ざしが強く当たらない場所に設ける。そのほかに、すのこ、タライ、水鉄砲、カップなども用意する。		
○水遊びが終わって保育室に戻る際、足を洗えるように、足洗いのタライや足ふき用マットを用意する。	○足を洗い、体をふき、着替えをする。 ○排せつをし、昼食の準備をする。	○水遊びの際は、安全に配慮しながら、ひとりひとりの関心に合った遊び（水が苦手な子は、ジュース屋さんごっこ　など）を用意する。
○早く着替えが終わった子が落ち着いて過ごせるようカーペットを敷き、ブロックなどを出す。	○弁当を食べる。 ○好きな遊びをする。 　（絵を描く、ブロック　など） ○降園準備をする。 ○歌をうたう。（♪：『せっけんさん』） ○絵本を見る。 　（📖：『こぐまちゃんのみずあそび』） ○降園する。	○保育者自身が水に触れ、楽しく遊ぶようすを見せながら、関心を持てるようにする。 ○水遊びの後、疲れが出ていないか体調に気を配る。 ○昼食後はゆったりとした時間が過ごせるようにする。
○昼食の時間にゆったりとした雰囲気の中で食事ができるように、音楽を流す。		

幼稚園の日案ですので、弁当は家庭から持参した昼食を指します。園外保育の出先で食べる弁当ではありません。

今日のメインの活動に全員が参加するとは限らないので、予想して記入しておきます。水が苦手な子のことも考慮して書くと、当日のねらいに沿った援助になります。

幼稚園は基本的に14時に降園するので、昼食後は大きな活動を計画しないでOKです。保育園は夕方まで園で過ごすため、昼食後に午睡（昼寝）をするのが一般的です。

反省・評価のポイント
★保育者や友達と水遊びを楽しんでいたか。
★水着の着脱を自分なりにしようとしていたか。

9/27（木）の計画　3歳児

わかる！書ける！　朱書き＝書き方解説をチェック！

P.38-39・9月の月案、P.60-63・9月の週案も参照してください。

CD-ROM　3歳児　▶ P.072-076_日案　▶ 9月_日案.doc

ねらい
○友達とかかわりながら、自分のしたい遊びを楽しむ。
○クラスのみんなと音楽に合わせて踊る楽しさを感じる。

P.63の第4週の中の1日を取り上げたので、第4週のねらいとリンクしています。来月の第2週の運動会を見据えて徐々に子どもたちの意欲を高めていきます。月案・週案を念頭に置きつつ、見通して書きましょう。

指導内容
・自分のしたい遊びを見つけ十分に楽しんで遊ぶ。
・友達と同じ物を身に付けたり、同じ動きをしたりすることを喜ぶ。
・保育者や友達といっしょに体を動かして遊ぶ。

※適所、幼保共通の指導計画としてご覧ください。

環境を構成するポイント	予想される幼児の活動	保育者の援助
○友達と同じ物を持ったり、身に付けたりするうれしさを感じられるように、教材を十分に用意しておく。 （お面ベルト、広告紙を丸めた棒、エプロン　など） ○ほかの保育者と声をかけ合い、ほかの遊びの場や動線を考慮しながら、十分に体を動かして安全に遊べる場を保障する。 ○かけっこや玉入れなど、運動会に向けての活動に興味を持ち、楽しめるように、保育室の近くに用具を置いておいたり、子どもたちといっしょに用意したりする。 ○ひとりひとりが音楽に合わせて動く楽しさを感じられるように、広い場を確保する。 ○好きな遊びの中で、踊りが楽しめるように、踊りの曲のカセットテープやCDを用意しておく。	○登園する。 ・あいさつをする。 ・所持品の始末をする。 ○好きな遊びをする。 （おうちごっこ、ヒーローごっこ、ウレタン積み木、砂場、かけっこ、玉入れ、踊り　など） ○かたづけをする。 ○クラスのみんなといっしょに遊ぶ。 ・ダンス『おばけのパーティー』を踊る。 ○手洗い、うがい、排せつをする。 ○昼食の準備をして、食事をする。 ○好きな遊びをする。 ○かたづけをする。 ○集まる。 ・歌をうたう。 　（♪:『とんぼのめがね』　など） ・絵本を見る。 　（📖:『ばけばけばけばけ　ばけたくん』） ○降園準備をし、降園する。	○自分で身の回りのことをしようとする姿を認め、自分でできるようになったうれしさを感じられるようにする。 ○自分のしたい遊びを十分に楽しめるように、遊ぶ楽しさを共感したり、イメージや見たてなどを認めたりする。 ○「AちゃんとBちゃんのステッキ、いっしょだね」などと、同じ場にいる友達とのつながりが感じられるようなことばがけをする。 ○保育者もいっしょに走ったり、玉入れをしたりすることを楽しみ、体を動かして遊ぶ心地良さを感じられるようにする。 ○音楽に合わせて、体を動かす楽しさを感じられるように、保育者がのびのびと体を動かして踊り、楽しい雰囲気をつくる。

反省・評価のポイント
★友達とかかわりながら、自分のしたい遊びをすることを楽しんでいたか。
★クラスのみんなと音楽に合わせて踊ることを楽しんでいたか。

子どものどこが育ったかを振り返るようにしましょう。

わかる！書ける！朱書き＝書き方解説をチェック！

11/20 火 の計画　3歳児

P.42-43・11月の月案、P.64-67・11月の週案も参照してください。

CD-ROM　3歳児 ▶ P.072-076_日案 ▶ 11月_日案.doc

日案　9/27　11/20　3歳児

ねらい
- ○保育者や友達とかかわりながら、好きな遊びを楽しむ。
- ○友達とふれあいながら、動物になったつもりで動くことを楽しむ。

指導内容
- 自分から進んで手洗いやうがい、身じたくなどをしようとする。
- 保育者や友達とかかわりながら、ごっこ遊びで役になり切ったり、木の実や落ち葉を拾ったり、のびのびと体を動かしたりする。
- いろいろな動物になって動くことを楽しむ。

※適所、幼保共通の指導計画としてご覧ください。

環境を構成するポイント	予想される幼児の活動	保育者の援助
○室内の製作の遊びでは、自分のしたい遊びをじっくりとできるように、人数に応じて、テーブルを増やしたり減らしたりしてコーナーの広さを構成し直せるようにする。 ○ごっこ遊びの家や基地、店などの場を確保し、ひとりひとりの子どもかしたい遊びをできるようにする。 ○子どもの要求に応じて、鬼ごっこができるよう、スペースを確保し、ラインを引くなどして、鬼の基地や逃げる子どもが集まれる場を作れるようにする。 ○表現遊びでは、みんなでいっしょに見た動物を取り上げ、動きを引き出せるような曲のCDやカセットテープなどを準備しておく。	○登園する。 ・あいさつをする。 ・身じたくや所持品の始末をする。 ○好きな遊びをする。 ・室内でごっこ遊びをする。 ・戸外で遊ぶ。 ・空き箱や紙を使った製作をする。 ○かたづけをする。 ○表現遊び「動物になって遊ぼう」 ・みんなで集まる。 ・ピアノやCDなどの音楽に合わせて動物になって動く。 （ウサギ、ゾウ、ライオン、ヘビ、小鳥、サル、ヤギ　など） ○手洗い、うがい、排せつなどをし、食事の準備をする。 ○食事をする。 ○休息を取る。 （保育園では午睡をする） ○おやつを食べる。 ○好きな遊びをする。 ○降園の準備をする。 ○絵本を見たり、歌をうたったりする。 ○降園する。	○あいさつをしながら、ひとりひとりの健康観察をする。 ○身の回りのことを進んでしようとする姿を認めながら、防寒具の始末を手伝い、身につくようにていねいにかかわる。 ○好きな遊びの中で、ひとりひとりが遊びを楽しめるよう子どものイメージに沿って声をかける。 ○友達とのかかわりでは、「○○ちゃんと同じだね」「ありがとうって言ってもらってうれしいね」など1対1でのやりとりを大切にする。 ○表現遊びでは、保育者もその気になって「つもり」を楽しんで動く。 ○歌やピアノなどで、その動物らしい音やリズム、メロディーを流し、楽しんで表現遊びができるようにする。 ○表現の途中で、弁当を食べたり、昼寝をしたり、川を飛び越えたり、などいろいろなストーリーや動きを入れ、子どもの発想を引き出していく。

（朱書き） この日のメインの活動について示しています。例示も具体的にたくさん記入しています。先週のバス遠足で動物園へ行ったことをきっかけにした活動を予想し、計画をたてました。（P.66 ⑤週の計画も参照）

反省・評価のポイント
★保育者や友達とかかわりながら、自分のしたい遊びを楽しんでいたか。
★いろいろな動物になって動くことを楽しんでいたか。

（朱書き） 動物園への遠足の余韻を楽しみながら、経験したことを生かしてこの計画にしたので、それを反省・評価します。

わかる！書ける！
朱書き＝書き方解説をチェック！

1/10（木）の計画
3歳児

P.46-47・1月の月案、P.68-71・1月の週案も参照してください。

CD-ROM 3歳児 ▶ P.072-076_日案 ▶ 1月_日案.doc

ねらい
○自分で作ったたこを揚げて楽しむ。

> 「持たせる」にせず子どもが主体になるような言葉にしました。"どういうことを子どもに経験してほしいか"と考えて書きましょう。

指導内容
・保育者が作ったたこを見て自分も作りたいという気持ちを<mark>持つ</mark>。
・たこを作って、たこ揚げをする。

※適所、幼保共通の指導計画としてご覧ください。

環境を構成するポイント	予想される幼児の活動	保育者の援助
○登園した後、好きな遊びができるように、玩具を遊びやすく用意しておく。 ○すぐに作れるようにたこの材料を準備しておく。ポリ袋またはレジ袋、油性フェルトペン、たこ糸、セロハンテープなどを用意しておく。 ○描き終わったポリ袋を持ってきてもらい、たこ糸を付け、たこにしあげる。 ポリ袋（好きな絵を描く）／たこ糸／セロハンテープをはって、パンチ穴をあけて糸を結ぶ。 ○走り回っても危険のないように、安全に配慮しておく。	○登園する。 ○防寒着を掛け、朝のしたくをした後、好きな遊びをする。 　（ままごと、積み木、ブロック、描画　など） ○かたづけをして園庭に出る。 ○保育者がたこを揚げている姿を見る。 ○作りたい子から作り始める。 ○でき上がったたこを持って戸外でたこを揚げる。 ○保育室に戻り、食事の準備をする。 ○手洗い、うがいをする。 ○昼食をとる。 ○午睡をし、おやつを食べる。 　（幼稚園では休息を取る。） ○帰りのしたくをする。 ○降園する。	○明るくあいさつを交わし、保護者から家でのようすや体調を聞き、健康観察を行なう。 ○朝のしたくや友達と遊ぶようすを、見守ったり、いっしょに遊んだりする。 ○いっしょにかたづけをする。 ○保育者が作って、走って風を受けてたこを揚げるようすを見せる。やりたいという気持ちを引き出す。 ○作りたい子から順番にたこを作るようにしていく。 ○ポリ袋に描きにくいときは、押さえて描きやすくする。 ○ひとりひとりのたこを褒めたり、いっしょに走ったりして楽しさを共感する。 ○興味のない子には、気持ちを受け止めながら作る楽しさを伝えていく。 ○かたづけるときは糸が絡まらないように具体的にやり方を示し、いっしょに行なう。 ○楽しく食べられるようにする。 ○おやつを配る。 ○帰りのしたくを見守る。 ○今日の楽しかったことを話しながら笑顔であいさつをする。

反省・評価のポイント
★自分で作ったたこでたこ揚げを楽しんでいたか。

4歳児

- 年の計画 …………… P.78〜

- 月案（4月〜3月）………… P.82〜
  〈書き方解説つき！〉

- 週案（4・6・9・11・1月）…. P.106〜
  〈書き方解説つき！〉 基本的に各期（年の計画参照）の最初の月を例示しています。

- 日案（4・6・9・11・1月）…. P.126〜
  〈書き方解説つき！〉 基本的に各期（年の計画参照）の最初の月を例示しています。

4歳児の発達は…

いくつかの動きを同時にできるようになり、思い切り走る、ボールをける、回転するなどの動きに挑戦するようになる。友達と言葉により気持ちや意思を伝えたり、いっしょに遊びを進めるようになる。またさまざまな表現を楽しめるようになる。

4歳児の年の計画

P.82〜の月案・週案・日案の基となっていることを読み取りましょう。

年間目標	○ 園生活に慣れ、喜んでいろいろな活動に取り組み、日常生活に必要な習慣や態度を身につける。 ○ 全身を動かして遊ぶ楽しさを味わう。
子どもの姿と育てたい側面	○ 新しい生活に楽しみを感じたり、不安を抱いたり、緊張したりする子どもがいるので、しだいに保育者に親しみを持ち、安心感や信頼感を持てるようにしていきたい。 ○ ひとりで遊ぶことが多く、同じ場所にいても友達とのかかわりがあまり見られない子どももいる。ひとりひとりが安心できる居場所を見つけ、自分からやりたいことを見つけて遊びだせるようにしていきたい。 ○ 園生活の1日のおおよその流れがわかり、自分でできることは自分でしようとする意欲を育てたい。

発達の節	I 期	
月	4	5

ねらい	○ 園生活に慣れ、安心して過ごす。 ○ 生活のしかたがわかり、できることは自分でしようとする。 ○ 自分でやりたい遊びを見つけ、保育者や友達とふれあって遊ぶ楽しさを味わう。

指導内容の視点	心と体の健康	○ 食事・排せつ・着脱などの基本的な生活のしかたを知り、自分でしようとする。 ○ 保育者といっしょに体を動かして遊ぶことを楽しむ。 ○ 園の遊具や用具に親しみ、安全な遊び方や扱い方を知る。 ○ 交通の決まりや安全な歩行や避難のしかたを知り、気をつけて行動する。 ○ 園での1日の流れや生活のしかたを知る。
	人とのかかわり	○ 持ち物の準備や始末をできるだけ自分でしようとする。 ○ 保育者に親しみを持ち、かかわって遊ぶ。 ○ 友達といっしょに食べることを楽しむ。 ○ 友達と同じことをしたりふれあったりして楽しむ。
	環境とのかかわり	○ 戸外で身近な自然にふれ、心地良さを味わう。 ○ 身近な遊具や用具などの扱い方を知り、それを使って遊ぶことを楽しむ。
	言葉の育ち	○ 簡単なあいさつをしようとする。 ○ 友達といっしょに保育者の話を親しみを持って聞く。 ○ してほしいことや困ったことなどを保育者にいろいろな方法で伝えようとする。 ○ クラスの友達といっしょに絵本や童話を見たり、聞いたりして楽しむ。
	表現する力	○ 歌をうたったり、手遊びをしたりして楽しむ。 ○ 自由に描いたり、作ったりすることを楽しむ。 ○ 生活の中で、いろいろな音・形・手触りなどがあることを感じて楽しむ。

環境構成の要点	○ 園は安心できて、楽しい所であると感じられるよう、家庭での遊びと関連のある材料や遊具を準備するとともに個人スペースの場を確保する。 ○ 徐々に遊具の種類を多く用意し、ひとりひとりの子どもが自由に使い、無理なく新しいことにも興味を持って参加できるようにする。 ○ 進級児には、今まで親しんできた遊具などを用意し、集団生活の経験の違いに配慮する。 ○ 好きなことが見つかってきたら、少人数でじっくり取り組めるような場を多様に作って安心して遊べるようにする。
☆保育者のかかわり・援助（養護含む）	☆ 保育者はひとりひとりの子どもを温かく受け止め、ふれあう中で安心感を与え、園生活の楽しさや生活のしかたがわかるようにていねいにかかわる。 ☆ ひとりひとりが安心して自分を表せるようにありのままの姿を受け止め、信頼関係を築いていく。 ☆ 新入園児と進級児の遊び方や生活のしかたの違いに配慮し、ひとりひとりがとまどわないようにする。
家庭や地域との連携（保育園・幼稚園・小学校との連携も含む）	○ 子どもたちの緊張と不安を十分に受け止めるとともに、安心して登園できるように保護者から家庭でのようすを聞き、理解に努めるようにする。 ○ 緊急時の連絡方法や避難場所、登降園時の交通安全について保護者へ説明し、協力を依頼する。 ○ 園便りや連絡帳、保育参観などを通して子どものようすをこまやかに伝え、園と家庭が互いに情報交換しながら子どもの成長を支えることができるように関係をつくる。

- ○ いろいろな遊びに興味を持ち、保育者や友達とのかかわりを広げる。

- ○ 生活範囲が広がり、活発に活動するようになるが、中には危険な遊び方をする子どもも出てくる。戸外で思う存分体を動かして遊ぶ楽しさを経験し、安全な遊具の扱い方を知るとともに、自然とのかかわりを十分に持てるようにしたい。
- ○ 友達への関心が出てきて、偶然的な結び付きでも友達とのかかわりを喜んだりトラブルになったりする。さまざまな機会を活用して友達とのふれあいを生み出し、いっしょに遊ぶ楽しさを味わわせたい。
- ○ 保育者の提案にも興味を示し、自分なりにやってみようとするようになる。子どもの興味や関心を生かして新しい遊びの楽しさが味わえるようにして、経験の幅を広げていきたい。

Ⅱ期

6	7	8

- ○ 戸外で体をいろいろに動かして遊ぶ楽しさを味わう。
- ○ 友達とのふれあいを通して、いっしょに遊ぶことを楽しむ。
- ○ 思ったことや考えたことなどを表現し、いろいろな素材や用具の扱いを知る。
- ○ 身近な自然にふれて、見たり遊んだりすることを楽しむ。
- ○ 梅雨時や夏の過ごし方を知り、季節感のある遊びを十分に楽しむ。

- ○ いろいろな遊びの中で十分に体を動かす。
- ○ 遊具や用具の扱い方を知り、安全に使って遊ぶ。
- ○ 梅雨や夏を健康に過ごすために必要な生活のしかたを知る。
- ○ 園生活の決まりに気づく。
- ○ 身の回りのことなど自分でできることは自分でする。
- ○ 簡単なルールのある遊びを楽しみ、約束を守ろうとする。
- ○ 年下や年上の友達に親しみを持ち、かかわって遊ぶ。
- ○ 身近な動植物を見たり、触ったり世話をしたりしながら興味や関心を持つ。
- ○ 土や砂、水の感触を味わいながら自分なりに試したり発見したりして楽しむ。
- ○ 夏野菜を育てることに興味を持ち収穫を楽しむ。
- ○ 料理を作るようすを見たり、作る人に関心を持ったりする。
- ○ 具体的な物を通して、数や量、色や形などに関心を持つ。
- ○ 日常生活や友達との遊びの中で必要な言葉の使い方に気づく。
- ○ したいことやしてほしいこと、思ったことなどを保育者や友達に言葉で伝える。
- ○ 絵本や童話などを興味を持って見たり、聞いたりする。
- ○ 歌や曲に合わせて楽器を使ったり、自由に動いたりして楽しむ。
- ○ 自分のなりたいものになって、動く楽しさを味わう。
- ○ 身近にあるいろいろな素材や用具に親しみ、描いたり、作ったりすることを楽しむ。

- ○ 子どもたちが自分から遊びや活動に取り組めるよう興味や関心に応じて環境を構成し、ひとりひとりの遊びや興味の変化を把握して、環境を再構成する。
- ○ 自然と十分にふれあいが持てるよう、園庭の栽培物、小動物などの環境を整備しておく。また、プール遊び、色水、絵の具遊びなど、経験差に配慮したいくつかの場を構成する工夫をする。
- ○ 梅雨や夏ならではの季節を感じるように環境を構成するとともに、静と動のバランスを考え、気持ちを発散できるように工夫する。
- ○ 新しい素材や遊具との出会いのコーナーをつくり、興味を広げていく。

- ☆ 保育者が仲立ちとなり、友達との接し方や遊びへの参加のしかたがわかるよう場面をとらえて援助する。
- ☆ ひとりひとりの子どもを理解し、気持ちを受け止められた喜びが感じられるような働きかけをして、信頼感を深めていく。
- ☆ 新しい遊びの楽しさが味わえるように、保育者がモデルとなって積極的に取り組んでいく。
- ☆ クラスでのゲーム遊びなどでは、ポイントを押さえて視覚的に知らせ、場所や時間に配慮していく。
- ☆ 汗をかきやすいので水分の補給、着替えなどひとりひとりのようすを把握して、自分でできるように促す。
- ☆ 適度に休息を取れるよう、活動や場の工夫をする。

- ○ 子ども同士のトラブルなどは、発達のしぜんな姿であることを知らせ、理解や協力を求めていく。
- ○ 保育参観、保育参加の行事などへの参加を通して園の運営方針や目標に対して、より正しい理解を促す。
- ○ 子どもの成長を知らせ、家庭との信頼関係を築くようにする。
- ○ 家庭地域訪問などを通して、子どもの生活環境を把握し、必要に応じて安全対策などの協力を依頼する。

次頁に続きます。

4歳児の年の計画

P.82〜の月案・週案・日案の基となっていることを読み取りましょう。

年間目標	○ 身近な社会や自然の事象に興味や関心を持ち、発見を楽しんだり、考えたりして生活に取り入れる。 ○ 遊びの経験を広げ、いろいろな方法で表現する。　○ いろいろな経験を通して生活に必要な言葉を身につける。				
子どもの姿と育てたい側面	○ 夏休み明けは登園や集団行動に抵抗を示す子どもも見受けられるが、園生活を取り戻すのも早い。ひとりひとりが自分の思いをすなおに出せるようにしていきたい。 ○ 全身運動が活発になり、いろいろな運動をすることを喜んでいる。友達とかかわりながら体を動かす心地良さを味わわせたい。友達との遊びを通して生活の決まりや遊びのルールの大切さに気づくようにしたい。 ○ 身の回りの自然物や事象、いろいろな材料などに興味を持ち、かかわりを持ったり、試したりするようになる。ひとりひとりがイメージをじっくりと表現する楽しさを味わえるようにしたい。				○ ひとりひとりの興味や関心が広がり、自分なりにやろうとする構えや、がんばろうとする気持ちが見られる。ひとりひとりの子どもの気持ちや考えを理解して受容し、やり遂げた充実感が持てるようにしたい。 ○ 友達とのかかわりが多くなってくる中で自己主張が盛んになり、トラブルが起きる。友達との遊びを通して、自分の気持ちを相手に伝えたり、話を聞いたりして、相手の思いに気づき、共に活動する楽しさを味わわせたい。
発達の節	Ⅲ 期			Ⅳ 期	
月	9	10	11	12	
ねらい	○ 友達とかかわり、体を動かしたりして、いろいろな遊びをやってみようとする気持ちを持つ。 ○ いろいろな素材に親しみ、イメージや思いを自分なりに表現して楽しむ。			○ 遊びや生活の中で、友達とかかわりながら遊ぶ楽しさを味わう。 ○ 自分たちで遊びの場をつくったり、見たこと、感じたことをさまざまな方法で表現したりすることを楽しむ。 ○ 身近な自然と十分にふれあい、興味を持って見たり、考えたりして遊ぶ。	
指導内容の視点（心と体の健康／人とのかかわり／環境とのかかわり／言葉の育ち／表現する力）	○ 生活リズムを取り戻し、健康な生活に必要な習慣を身につける。 ○ いろいろな遊具や用具を使い、戸外で体を動かして友達といっしょに遊ぶことを楽しむ。 ○ 休息のしかたがわかり、運動や食事の後は静かに過ごす。 ○ 旬の食材から季節感を感じて味わうことを楽しむ。 ○ 安全な遊び方を知り、気をつけて行動する。 ○ 簡単な決まりやルールの大切さに気づく。 ○ 気の合う友達とのかかわりを楽しみ、自分の思いを出す。 ○ 地域の高齢者など、身近な人にかかわり、親しみを持つ。 ○ 共同の遊具や用具を大切にし、みんなで譲り合って使ったり、かたづけたりする。 ○ 身近な秋の自然にふれ、遊びの中に取り入れて楽しむ。 ○ したこと、見たこと、感じたこと、考えたことを保育者や友達に話す。 ○ 進んで絵本や童話に親しみ、興味を持って聞き、想像する楽しさを味わう。 ○ 音楽に合わせて体を動かしたり、感じたままを自由に表現したりする楽しさを味わう。 ○ 感じたことや考えたことを言葉を使ったり、描いたり、作ったりして表現することを楽しむ。			○ 戸外での遊びに進んで参加し、十分に体を動かす楽しさを味わう。 ○ みんなといっしょに食べる楽しさを味わう。 ○ 友達と楽しく生活する中で決まりの大切さに気づき守ろうとする。 ○ 友達と遊びの場を作り、イメージを具体的に表して遊ぶ。 ○ 物を集めたり数えたり、分けたり、整理したりすることに関心を持つ。 ○ 季節により自然や人間の生活に変化のあることに気づく。 ○ 自然の美しさにふれて感動したり、自然物を使って遊ぶことを楽しんだりする。 ○ 身近な社会の出来事や公共の場に関心を持ち、生活に取り入れる。 ○ 興味を持った言葉を楽しんで聞いたり、言ったりする。 ○ 絵本や童話、視聴覚教材などを喜んで見たり、使ったりして、いろいろな表現を楽しむ。 ○ 歌や簡単な合奏をみんなでする楽しさを味わう。 ○ いろいろな材料を自分のイメージに合わせて見たて、工夫して使う。	
環境構成の要点	○ 園庭の整備と遊具の点検を行ない、体を動かしたくなる環境をつくり十分に運動が楽しめるようにする。 ○ 友達とのかかわりが持てる場を工夫し、いっしょに活動する喜びが味わえるようにする。 ○ ひとりひとりの子どもがそれぞれの興味に応じた活動に取り組めるようにいろいろな素材や用具を十分に用意し、やってみようとする意欲が持てるようにする。 ○ クラスのみんなでする鬼ごっこやゲームなど、園内の場を調整して繰り返しできる環境づくりをする。 ☆ 子ども同士の模倣や認め合いを大切にしながら、表現する意欲や創造性を育てるように配慮する。 ☆ 飼育物や捕まえた虫などとのふれあいの中で、命や死について気づかせる。 ☆ 保育者も子どもといっしょに体を動かし、運動遊びの楽しさを味わえるようにする。			○ 子ども同士がいっしょに活動する楽しさが味わえるように交流の場を設け、簡単なイメージが伝え合えるような素材を用意する。 ○ 寒さの中でも、戸外で遊べるように個や集団で楽しめる遊びを提示する。 ○ 体全体で季節を感じて遊べるように、自然との出会いの機会を生かす。 ☆ 季節や、事象の変化にふれる機会を持つようにし、保育者自身が身近な事象を敏感に受け止め、子どもの感動や発想を引き出し、豊かになるように援助する。 ☆ トラブルが生じたときはひとりひとりの気持ちを受け止め、相手の気持ちに気づけるようにする。 ☆ さまざまな表現が楽しめるように、ひとりひとりの思いやイメージを受け止め、共感する。	
家庭や地域との連携	○ 園行事の意味や考え方を理解して協力してもらうために、具体的な内容や方法について知らせる。 ○ 保護者が子どもといっしょに活動を楽しむことを通して、子どもの成長のようすや取り組もうとしている意欲など、子どもの姿を理解しやすいように伝える。			○ 作品展を通し、子どもらしいのびのびとした表現の大切さを伝えるとともに、家庭生活の中でも身近にある素材、用具を使う機会を持ち、親子のふれあいを深める発信をする。 ○ 保護者同士で話し合う機会や活動の場を持つようにし、親しみを深め、互いに高まっていこうとする関係づくりに配慮する。	

○ 新しい活動にも進んで取り組み、試したり工夫したりして遊ぶようになる。年長組になる自覚を高めながら遊びや生活習慣について、自主的に取り組む態度を養いたい。 ○ 決まりを守ろうとする気持ちも芽生え、ルールのある遊びも楽しむようになる。問題が起きたときは自分たちで解決しようとする姿が見られる。仲のよい友達とのつながりを深め、友達と遊ぶ中でいろいろなイメージを膨らませたり、相手に自分の考えを伝えたりして、友達といっしょに遊びを進められるようにしたい。 ○ 冬から春へと移る季節の変化への気づきをとらえ、身近な自然への好奇心を高めていきたい。	

Ⅴ　期		
1	2	3

○ いろいろな遊びに興味を持ち、保育者や友達とかかわり、自分なりの力を発揮して、活動に取り組む。
○ 友達といっしょに試したり、工夫したりして遊びを進める楽しさを味わう。
○ 生活や遊びの決まりを守り、基本的な生活習慣や態度を身につけ、進級することへの自信を持つ。

○ 自分でできることは自分で行ない、基本的な習慣を身につける。
○ 自分の健康に関心を持ち、さまざまな食べ物を進んで食べる。
○ 行事を通して、伝統的な日本の食生活や習慣を知る。
○ 戸外で全身を思い切り動かして遊び、みんなといっしょに遊ぶ楽しさを味わう。
○ 簡単なルールを作り出し、友達といっしょに遊びを楽しむ。
○ 危険なものや危険な箇所を知り、安全に気をつける。
○ よいことと悪いことがあることに気づき、考えながら行動する。
○ 体を動かして楽しむ中で、自分なりの目当てを持つようになる。
○ 友達といっしょに遊びや仕事を楽しみながらしようとする気持ちを持つ。
○ 冬の自然事象に興味や関心を持ち、感動したり疑問を持ったりする。
○ 草木や風のようすなどに気づき、冬から春への自然の変化を感じ取る。
○ 生活や遊びの中で数量や図形や文字に関心を持つ。
○ 遊びの中で、自分の思ったり考えたりしたことを、言葉で相手に伝えるようにする。
○ 保育者や友達の話を注意して聞き、内容を理解しようとする。
○ 自分のイメージを動きや言葉などいろいろな方法で表現して遊ぶ楽しさを味わう。
○ 遊びに必要な物を工夫して描いたり作ったりして、それを使って友達と遊ぶ。
○ 身の回りの環境をきれいにすることや、作品を見たり飾ったりすることに興味を持つ。
○ 進級することに期待を持ち、楽しみにする。

○ 冬休み明けは、家庭での経験が共通のものとして広がることを予想し、遊具や遊びのコーナーを整える。また、イメージをいろいろに表現できるようなコーナーを設けて自分で考えたり、試したり、工夫したりして遊びを進められるようにする。
○ 年長児との交流ができる場を構成し、いろいろな遊びや生活、仕事などの見通しを持ちながら引き継ぎが行なわれるように工夫する。
○ ごっこ遊びなどにじっくり取り組めるように遊びの場を構成し、展開に応じて変化させていく。

☆ 同じ目的や興味を持つ友達の考えが伝わるようにいろいろな方法で援助し、自分たちで遊びが展開できるようにする。
☆ 友達とのかかわりの中でひとりひとりのアイディアを認めたり、取り入れたりするように見守り、それぞれの子どもが自己発揮できるようにする。
☆ 遊びや生活の中で、年長児からいろいろな当番や仕事のしかたを教えてもらえる場や機会を設ける。

○ 子どもの成長の姿を具体的に保護者に知らせ、保育者と保護者とで成長の喜びを共有する。
○ 基本的な習慣や態度、遊び方、友達関係などの日常生活のしかたなど、進級に向けての課題について保護者と共に考え、期待が持てるようにしていく。

朱書き＝わかる！書ける！書き方解説をチェック！

4月 4歳児 クラス作り

P.106-109・4月の週案、P.126・4月の日案も参照してください。

※幼稚園・保育園両方で参考にしていただけるよう、検討・立案しています。

進級や入園の喜びや不安など、ひとりひとりの子どものさまざまな気持ちをていねいに受け止め、保育者への親しみや信頼感を持ち、安心して過ごせるようにしていく。また、自分のしたいことを見つけて遊ぶ楽しさを感じられるような環境づくり、雰囲気づくりを心がけていく。

今月初めの幼児の姿

生活・健康
- ○進級や入園の喜びを感じながら登園する姿が見られるが、新しい環境に不安やとまどいを見せたり、保護者から離れることに不安を示したりする子どももいる。
- ○所持品の始末や衣服の着脱など、取り組みの意欲や習慣の身につき方は、ひとりひとり違いがある。

興味・関心
- ○新入園児には、家庭で親しんでいる遊具や目新しい遊具で積極的に遊ぶ子ども、自分から動きださない子どもがいる。
- ○保育者とかかわったりふれあったりすることで落ち着く姿が見られる。

人間関係
- ○進級児には、3歳児クラスのときに経験した遊びをしようとしたり、親しい友達と過ごしたりする姿が見られる。
- ○進級児の中には、新しい友達の存在に目が向き、かかわろうとする子どももいる。

> 最初は、文中に「家庭での子どものようすを聞き、保育の参考にしたり、」の一文も書こうとしましたが、抽象的なので省きました。すっきりとして具体的になっています。

ねらい

- ○新しい環境での生活のしかたがわかり、安心して過ごす。
- ○自分のしたいことを見つけて遊ぶ楽しさを感じる。
- ○保育者やクラスの友達といっしょに過ごす楽しさを感じる。

幼児の経験する内容(指導内容)

- ○園生活に期待を持ち、喜んで登園する。
- ○保育者や友達に親しみを持つ。
- ○保育者とかかわりながら、生活のしかたや流れを知る。
- ○生活に必要なことを自分で行なおうとし、できることが増えていく喜びを感じる。
- ○遊具や用具の安全な遊び方や扱い方を知る。
- ○経験したことのある遊びをしたり、興味を持った場や遊具にかかわって遊んだりする。
- ○保育者や友達のしていることに興味を持ち、自分もやってみようとする。
- ○保育者や友達と同じ場で過ごしたり、遊んだりする楽しさを感じる。
- ○身近な春の自然物や飼育物を見たり触れたりして楽しむ。
- ○クラスのみんなで歌ったり手遊びをしたり、絵本や紙芝居を見たりする楽しさを感じる。
- ○戸外で体を動かしたり音楽に合わせて動いたりする心地良さを感じる。

> 「保護者会や登降園などの際にクラスの保護者同士が互いに親しみを持てるような雰囲気をつくっていく。」と書いたとしても、4月に雰囲気をつくるのは実際には難しいため、このように書いています。その月の状況を見極めて書きましょう。

家庭・地域との連携（保護者への支援も含む）

- ★園便り、クラス便り、連絡帳、掲示、送迎時の保護者との話などを通して、子どもたちの生活や遊びのようす、協力をお願いしたいことをわかりやすく伝え、保護者が安心感を持てるようにしていく。
- ★園生活についての疑問や質問、子どもに関しての心配事などにていねいに対応し、保護者との信頼関係を築いていく。また、生活リズムや生活習慣など、保護者と共に考えながら、疲れの出る子どもへの配慮をしていく。
- ★緊急時の連絡方法や引き渡しのしかたについて、保護者と連絡を密にしておく。
- ★クラスの掲示板などを通して、クラスの保護者同士が互いに親しみを持てるような工夫をする。

CD-ROM｜4歳児 ▶ P.082-105_月案 ▶ 4月_月案.doc

幼稚園における預かり保育への配慮

新しい環境での気持ちや体の疲れを考慮し、ひとりひとりの体調に応じて、午睡や休息を取れるようにしていく。安心して過ごせるように、保育者とのかかわりを十分に持てるようにする。

> 4月の預かり保育で大事にしたいこと（本質的なこと）を書き出しています。具体的に列挙してわかりやすくしてあります。保育園の午後の保育のこととしても参考になります。

保育園における延長保育への配慮

新入園児も異年齢の友達に親しみを持って過ごせるように、保育者が共に遊びながらかかわって遊ぶ楽しさを伝えていく。夕方になり、疲れが出ることが予想されるので、ひとりひとりが落ち着いて過ごせる場を工夫する。

> 延長保育のことなので、夕方以降のことにふれています。疲れや寂しさなど、子どもの実態を予測してポイントを絞りましょう。

健康・食育・安全への配慮

食事の実態をていねいに把握し、保育者や友達と食事をする楽しさを味わえる雰囲気づくりを工夫する。避難訓練では、避難路や職員の役割分担を確認し、不安を感じる子どもへの配慮を十分に行なう。

4月 4歳児

環境の構成と保育者の援助

新しい環境の中で、安心して過ごせるように

○ ひとりひとりの名前を呼んで笑顔で話しかけたり、スキンシップを多く取ったりすることで、保育者への親しみや安心感を持てるようにしていく。

○ 靴箱、ロッカーなどの自分の場所や遊具などの置き場所がわかりやすいように、名前や絵表示を付けておいたり、繰り返し声をかけて伝えたりしていく。また、室内の物が使いやすい配置になっているか、子どもの動線を考えながら確かめておく。

○ 場や遊具の安全な使い方について、わかりやすい表示を付けたり、具体的に繰り返し話をしたりして伝えていく。

○ 身の回りのことを自分で行なおうとする姿を受け止め、ゆとりを持ってかかわりながら、必要に応じて方法を伝えたり、できた部分を十分に認めたりしていく。

> "新しい環境の中で、安心して過ごせるように"するために、このように援助していきたい願いがあるので、「健康・食育・安全への配慮」の枠ではなく、「環境の構成」として書きます。

自分のしたいことを見つけて遊べるように

○ 新入園児、進級児それぞれが落ち着いて自分の遊びを楽しめるように、場を確保したり、遊具の数やコーナーの構成を考慮したりする。

○ 3歳児クラスのときに経験した遊びができるように、親しんでいた遊具や材料を用意しておく。また、新しい遊具や材料を用いた遊びを提示し、進級の喜びを感じながら、興味を持ってかかわれるようにしていく。

○ 家庭で親しんでいたと思われる遊具や園ならではの遊具を手に取りやすいように置いておき、遊び始めるきっかけとなるようにしてく。

○ 草摘みや花びら拾い、虫探し、飼育物とのかかわりなど、保育者もいっしょに楽しみ、気持ちが和むようにしていく。

保育者や友達と過ごすことを楽しめるように

○ 手遊びや歌、紙芝居、絵本など、みんなで集まって過ごす楽しさを感じられるような活動を繰り返し行なっていく。

○ みんなで体を動かして遊ぶ活動を取り入れ、気持ちの発散を促すとともに、保育者や友達とふれあう心地良さを感じられるようにしていく。

> 「〜ように」を文末にすると、"育ちの願い"らしくなり適切です。「〜のために」とすると、目的の意味合いが強まるので避けましょう。

反省・評価のポイント

★ ひとりひとりが園生活に期待を持ち、安心して過ごすことができたか。
★ 身近な環境にかかわって遊び、園で遊ぶことを楽しいと感じられたか。
★ 保育者への親しみや友達と過ごすことの楽しさを感じられるような援助をしたり、環境を構成したりしていたか。

83

朱書き＝わかる！書ける！ 書き方解説をチェック！

5月 4歳児 クラス作り

※幼稚園・保育園両方で参考にしていただけるよう、検討・立案しています。

　保育者に親しみを持ち安心して過ごせるようになってきているので、子どもがありのままの自分を表現できるようにしていく。また、連休明けなどの生活や環境の変化に不安を表している子どもには、ていねいに対応していく。ひとりひとりが遊びの楽しさを感じながら過ごせるような環境づくりをするとともに、クラスのみんなでする活動にも楽しみや安心感を持てるようにしていく。

前月末の幼児の姿

生活・健康
- 新しい環境に慣れて安心して自分を出せるようになってきている子どもが多いが、まだ登園時や新しい活動など場面の切り替えに不安を表している子どももいる。

興味・関心
- 園での生活がわかってきているが、遊びたい気持ちが優先し、身の回りの始末ができなかったり、時間のかかったりする子どももいる。
- 保育室や園庭に構成した環境や保育者のしていることに興味を持ち、自分なりにかかわろうとしている子どもが多い。

人間関係
- 新入園児は、保育者との信頼関係を基盤に周りの子どもとかかわって遊ぶ楽しさを感じ始めてきている。進級児は、同じ遊びをしている友達と場を作って遊ぶ姿が見られる。
- いろいろな遊びに興味を持ったり、みんなで集まって活動する楽しさを感じ始めたりしている。

ねらい

- 園での生活のしかたがわかり、自分なりにやってみようとする。
- 保育者や友達と過ごす中で、好きな遊びを見つけて、自分なりに遊びを楽しむ。
- 保育者やクラスの友達とふれあって遊ぶ楽しさを感じる。
- 身近な自然にふれたり、かかわったりして、戸外で遊ぶ楽しさを感じる。

幼児の経験する内容（指導内容）

- 所持品の始末、食事や遊んだ後のかたづけなど、保育者とかかわりながら自分からしようとする。
- 遊具の安全な遊び方や生活に必要なルールがわかり、守ろうとする。
- 気に入った場や遊具で、自分なりに遊びを楽しんだり、保育者や友達のしている遊びに興味を持ち、自分でもやってみようとしたりする。
- 身近な素材や用具を使って描いたり作ったりすることを楽しむ。
- 保育者や友達と**のびのびと体を動かす**など、戸外で体を動かして遊ぶことを楽しむ。
- 保育者やクラスのみんなといっしょに踊ったり、歌ったり集団遊びをしたりして楽しむ。
- 身近な春の自然物で遊び、さわやかな季節の心地良さを**肌で感じる**。
- 砂や土、泥の感触を楽しむ。
- 種まきや苗植えなどを体験し、植物に興味や関心を持つ。

> 「のびのび」の具体的な内容は、月案でなく週案に書きましょう。

> ここでの「肌で」は、「五感で」の意味で使っています。触覚だけでなく、五感すべてで感じてほしいものです。

家庭・地域との連携（保護者への支援も含む）

★ 新学期の緊張が解け、連休中の疲れが出やすい時期なので、子どもの体調の変化に留意しながら生活リズムを整え、休息を取るよう伝えていく。
★ 送迎時には、保護者とていねいにかかわり、相談しやすいような対応を心がけ、信頼関係を築いていく。
★ 親子でいっしょに遊ぶ楽しさを味わえるような内容の保育参観を行ない、園の方針や行事に関心を持てるようにする。
★ 保幼小連携の運動会では、楽しめる内容にし、工夫して参加するなど、小学校や地域とのつながりを持つ。

幼稚園における預かり保育への配慮

預かり保育の時間を楽しみに感じる日も、帰りたい日もある子どもの気持ちに寄り添う。スキンシップやふれあい遊びを通して、保育者との信頼関係を深めていくとともに異年齢児との遊びを楽しめるようにする。

保育園における延長保育への配慮

降園時間により遊びが中断することもあるので、活動の場と帰りじたくの場は、別の場所で行なうなどの環境や、好きなときに休息できる場を工夫する。また、2〜3人で遊べる教材、ひとりで遊べる教材を用意する。

健康・食育・安全への配慮

夏野菜の苗植えを通して、生長を楽しみにしながら食材への興味や関心につなげていく。遊具の安全な遊び方や生活のルールについては、園内の共通理解の下に、わかりやすく表示し、具体的に知らせていく。

> 遊び方や生活のルールが、クラスによってバラバラだと困ります。はっきり理解して記入しておきます。

5月 4歳児

環境の構成と保育者の援助

自分のことは自分でしようとする気持ちを持てるように

○所持品の始末や遊んだ後のかたづけなど、自分でできるように、わかりやすく表示するとともに、時間を十分に取り、ひとりひとりに応じて見守ったり励ましたりしながら自分でできた喜びが感じられるようにする。

○身じたくや遊んだ後のかたづけなど、生活習慣の形成に向けて、繰り返し伝えながら身につくようにしていく。

保育者や友達と遊ぶ中で、自分の好きな遊びを見つけて楽しめるように

○遊びの場や遊びの材料は、選べるように用意し、友達と同じ遊びを楽しめるようにする。また、保育者もいっしょに遊びながら、楽しさを味わい、繰り返して継続できるようにしていく。

○遊びのコーナーの材料や用具は、使いやすいように整理しておき、思いついたことが遊びにつながるようにする。また、遊びを楽しんでいる姿に共感して、自分なりに遊ぶ楽しさを感じられるようにしていく。

> 4・5月は、4歳児クラスからの新入園児を受け入れたり、初めて担任になったりした場合は、子どもが安定するのに時間がかかります。安全を重視して、あえて園外に散歩に行かなくてよいでしょう。子どもの姿を見ながら考えて記しましょう。

自然のおもしろさを感じながら戸外での遊びを楽しめるように

○草花や虫、小さな生き物などの身近な自然にふれながら、子どもの発見や驚きに共感し、遊びに取り入れられるようにしていく。

○種まきや苗植えのときは、その生長を期待できるようにするとともに、子どもといっしょに土作りを行ない、土の感触を感じたり、幼虫を発見して驚いたり、喜んだりできるようにする。

○戸外で遊ぶ心地良さを感じられるように、園内外の環境を生かして、草花などを遊びに取り入れられるようにしていく。

保育者やクラスの友達とふれあって遊ぶ楽しさを感じるように

○保育者やクラスの友達といっしょに歌ったり踊ったりして楽しい気持ちを共有できるようにリズミカルな親しみやすい曲を用意し、繰り返し楽しめるようにする。

○活動に入りにくい子どもには、気持ちを受け止めながらその子なりのペースで楽しめるようにしたり、簡単なわかりやすいゲームを取り入れたりして安心して自分の動きが出せるようにしていく。

反省・評価のポイント

★自分のことは自分でしようとし、安全な遊び方や生活に必要なルールが身についていたか。
★ひとりひとりが好きな遊びを見つけて、自分なりのペースで楽しむことができるような遊具などの準備や保育者の援助は適切であったか。
★身近な自然にふれながら戸外での遊びが十分に楽しめるような環境の構成や援助ができたか。

6月 4歳児 クラス作り

朱書き＝わかる！書ける！書き方解説をチェック！

P.110-113・6月の週案、P.127・6月の日案も参照してください。

※幼稚園・保育園両方で参考にしていただけるよう、検討・立案しています。

　自分から興味を持った物や場、遊びにかかわり繰り返し遊ぶことや、友達とのふれあいを楽しめるようにしたり、新しい遊びの楽しさを知り経験を広げていけるようにしたりしていく。また、**季節の変化**に応じた安全で健康な生活のしかたを身につけられるようにしていく。

> 梅雨の時期は天候や気温がまちまちなので、大きくとらえて「季節の変化」にしました。

前月末の幼児の姿

生活・健康
- 所持品の始末や着替え、かたづけなどを自分からする子どもが多くなってきている。
- 砂や土、水の感触を楽しみながら遊ぶ姿が見られる。
- 草花や虫、飼育物、栽培物に興味や関心を持ち、触れて遊ぶことを楽しんでいる。

興味・関心
- 興味を持った素材や用具、遊具を遊びの中で自分なりに使っている。
- 気に入った友達とふれあいながら、同じ場で遊んだり同じ物を持って遊んだりすることを楽しんでいる。

人間関係
- 自分の思いを言葉や動きで表すようになってきているが、友達に伝わらないことも多い。
- みんなでいっしょに活動する中で、自分なりに動くことを楽しむ姿が見られる。

ねらい

- 天候や活動などに応じた生活のしかたを知り、自分ができることは自分でしようとする。
- いろいろな物や場、遊びに興味や関心を持ち、自分からかかわって遊ぶ。
- 友達とかかわり、いっしょに遊ぶ楽しさを感じる。

幼児の経験する内容（指導内容）

- 雨の日の過ごし方やプール・水遊びの準備、衣服の調節のしかたを知る。
- 体や身の回りをきれいにすると気持ちが良いことや体の健康の大切さに気づく。
- 砂や土、水の感触や開放感を味わいながら自分なりに試したり発見したりする。
- 身近な自然事象や飼育物、栽培物に興味を持ち、見たり触れたりする。
- 興味を持った物や遊びに自分からかかわる。
- 身近にある素材を使い、見たてたり試したり、作ったり、作った物で遊んだりすることを楽しむ。
- いろいろな素材や用具、遊具に親しみ、使い方を知る。
- 友達といっしょに過ごす中で、友達に自分の思いを自分なりの言葉や動きで表す。
- 友達のしていることや言っていることに関心を持つ。
- 遊びの中で**友達との接し方や言葉での伝え方**に気づく。
- みんなでいっしょにリズム遊びや身体表現、描画や製作などをする中で自分なりの表現を楽しむ。

> 「遊びの中で必要な言葉の使い方に気づく。」と記述することもありますが、より具体的に示すことにより、保育者の援助のヒントにもなります。

> 「必要なこと」の内容を具体的に示しました。

家庭・地域との連携（保護者への支援も含む）

★ 感染症や食中毒防止のために**必要なこと（弁当（昼食）への配慮、手洗い・うがいの励行　など）**を具体的に知らせる。

★ 個人面談やクラス便りの中で、子どもたちのふだんの姿や成長について具体的に知らせる。また、園生活や子どものようすについて、いつでも相談できることを伝えていく。

★ 友達とのかかわりの中でトラブルが生じた場合には、状況や対応をていねいに伝えるようにする。

幼稚園における預かり保育への配慮

蒸し暑い日、梅雨寒の日など天候や気温に応じて子どもたちの体調の把握をていねいに行ない、適時、休息や水分をとることができるように促す。トラブルや不安を抱えている子どもにていねいに対応し気持ちの安定を図っていく。

保育園における延長保育への配慮

担任との連絡を密にし、ひとりひとりの子どもが安心して遊んでいる姿に共感していく。雨天時など室内で過ごす時間が長くなるので、延長保育の時間帯のみ使える遊具・玩具・材料などを準備し、遊びに変化がつけられるようにする。

健康・食育・安全への配慮

雨の日の安全な過ごし方や遊び方、雨具の扱い方について具体的に知らせ、身につくようにしていく。栽培している夏野菜の水やりなどを通して、生長のようすへの興味や関心、収穫への期待感を持てるように援助する。

環境の構成と保育者の援助

天候や活動などに応じた生活のしかたが身につくように

○汗をかいたり衣服が水でぬれたりしたら、自分から着替えることができるように着替えの場を作り、必要な着替えを自分で準備することができるように環境を整える。

○かたづけをしやすい環境を整え、きれいになったことを実感できるように援助するとともに、具体的な方法や手順を伝えて、自分たちでかたづけることができるようにしていく。

○歯の健康やうがい、手洗い、水分補給の大切さを絵本や紙芝居、保育者の話を通して具体的に知らせるようにする。

いろいろな物や場、遊びに興味や関心を持てるように

○雨の日でも、体を動かして気持ちを発散して遊べるように場の構成や遊びの内容、流れを工夫する。

○園庭の生き物や雨のようすを見聞きするなど、自然の事象にふれることを楽しむ機会をつくる。

○遊びに使う物を取り出しやすい置き方や分類のしかたを工夫する。

場や環境は「構成する」、時間は「設定する」という文言を基本的に用います。

具体的には、「ひとつひとつの物には帰るおうち（かたづける場所）がある」ことなどが子どもがわかるように絵表示します。そのようなイメージを持ちつつ、書いていくことを大切にしましょう。

○自分のイメージした物や遊びに必要な物を作ることや見たてて遊ぶこと、使って遊ぶことが楽しめるように、用具やいろいろな材料を取り出しやすい場に置く。また、作った物を置いたり飾ったりする場を用意する。

○製作や楽器を用いた表現活動など、保育者もいっしょに楽しみながら、開放感や自分なりの動き、表現を楽しんでいる姿に共感する。

友達とかかわって楽しく遊べるように

○いっしょに遊びたい友達と過ごす場を自分たちで作ることができるように、場の広さを確保したり必要な遊具などを用意したりする。

○思いを自分なりに表している姿を認めながら、必要に応じて、友達に伝えるための具体的な言葉を知らせていく。

○友達とのトラブルの際には、それぞれの気持ちを代弁し、互いの思いに気づくようにする。

○遊びの中で楽しんでいることや、ひとりひとりのイメージや思いを保育者が受け止め、保育者の言葉や動きを通して同じ場にいる友達に伝えていき、かかわって遊ぶことが楽しめるようにする。

反省・評価のポイント

★自分から興味を持った遊びや活動に取り組み、いろいろな素材や用具、遊具とかかわる楽しさを味わっていたか。

★生活のしかたや園生活の決まりに自分から気づいて行なえるように、ひとりひとりの実態に応じて援助していたか。

朱書き＝わかる！書ける！書き方解説をチェック！

7月 4歳児 クラス作り

※幼稚園・保育園両方で参考にしていただけるよう、検討・立案しています。

いろいろな遊びに興味を持って友達とかかわって遊ぶ姿が見られてきているので、**友達とのかかわりが深まるような**活動を工夫していく。この時期ならではの遊びを十分に楽しむことができるように、子どもたちが感じたこと発見したことを受け止め共感するとともに、少しずつ**イメージを膨らませて遊びを楽しめるような働きかけや環境づくり**をする。

前月末の幼児の姿	ねらい	幼児の経験する内容(指導内容)
生活・健康 ○声をかけられて着替えやプールの身じたくをしようとしているが、まだ援助が必要な子もいる。	○夏の生活のしかたを知り健康で安全に過ごす。	○暑いときや汗をかいたときに、衣服の調節をしたり着替えをしたり、水分補給を行なおうとしたりする。 ○プール遊びや水遊びなどのしたくや後始末など、自分でできることはやろうとする。 ○プール遊びや水遊びの約束を知り、守って安全に遊ぼうとする。
興味・関心 ○水やりなどの世話や収穫を通して植物の生長や夏野菜の形、色や感触などに興味や関心を持っている。 ○水や泥の感触を楽しんだり絵の具などの素材に触れて自分なりに試したりして、開放感を味わって遊んでいる。	○夏ならではの遊びに自分なりに取り組んで楽しむ。 ○気の合う友達といっしょに遊ぶ中で、思いやイメージを自分なりに表現する。	○プールで全身を使って遊ぶおもしろさや気持ち良さを感じ、思い切り楽しんで開放感を味わう。 ○水を使ったいろいろな素材や用具を使い、試したり工夫したりしながら自由に描いたり作ったりして表現することを楽しむ。 ○水や砂、泥の感触を楽しみながら、友達といっしょにダイナミックに遊ぶ。 ○気の合う友達とやりとりをして、少しずつイメージを共有しながら遊ぶ。
人間関係 ○自分の思いやイメージを自分なりに表現しながら、友達と遊ぶことを楽しんでいるが、思いがうまく伝わらずにトラブルになることがある。	○夏の自然事象に興味や関心を持つ。	○自分の思っていることやしたいことを保育者や友達に言葉で伝える。 ○植物や夏野菜の世話を通して、変化に気づき生長を楽しみにする。 ○みんなで育てた野菜を収穫し、食べることの喜びを味わう。 ○雷、夕立、にじ、雲のようすなど、夏ならではの自然事象に興味や関心を持つ。

今月のクラス作りの方向性、働きかけの視点で書きます。大きくは、ふたつの内容が盛り込まれています。今月のひと月の間、ここを重点的に計画していくことにします。

単に写真を掲示するだけでなく、そのときの子どもの会話やエピソードをプラスするなど工夫したいものです。

家庭・地域との連携 保護者への支援も含む

★夏を健康に過ごすために生活リズムの大切さを、クラス便りや送迎時のやりとりなどを通して具体的に伝える。
★夏の感染症や熱中症などにかからないように、予防対策を掲示や園便り、クラス便りなどで知らせる。
★プールカードを活用して家庭と連絡を取り合い、ひとりひとりの健康状態を把握していく。
★個人面談や懇談会では、入園からの成長のようすを具体的に伝え、振り返る機会となるようにする。
★**写真や子どもの会話を入れた壁新聞などで、友達といっしょに夏の遊びを楽しんでいるようすを知らせる。**

CD-ROM ▶ 4歳児 ▶ P.082-105_月案 ▶ 7月_月案.doc

幼稚園における預かり保育への配慮

☆水遊びや暑さで体力を消耗しやすい時期なので、必要に応じて午睡や休息が取れるようにする。
☆夏休みになると、日によって人数が異なるので、個別にかかわる機会を持ったり、柔軟に活動を変えたりする。

> 月の前半は梅雨、後半は暑いという時期を考慮して記入しています。

保育園における延長保育への配慮

☆1週間の流れや日々の生活リズムに配慮し、ひとりひとりの状態に応じて遊びに柔軟性を持たせていく。
☆ひとりになって落ち着ける場を確保し、ゆったりと遊べるような遊具を用意する。（パズル、粘土、ブロック、絵本　など）

> 延長保育では集中力や体力が必要な遊びは避け、慣れ親しんでいる遊びでゆったりと過ごせるように考え、記入します。

健康・食育・安全への配慮

● プールの安全・衛生管理に留意する。ひとりひとりの健康状態を把握し、水分補給や休息が十分にできるようにする。
● 収穫物を調理したり食べたりする際は、栄養士・調理師と、衛生面、手順、環境を話し合っておく。

7月　4歳児

環境の構成と保育者の援助

夏の生活のしかたを知り、健康で安全に過ごせるように

○プール遊びの約束や準備・かたづけの手順をわかりやすいように絵などで示していく。
○プール遊びでは約束を守ることの大切さを知らせ、事故やけがにつながらないように安全な遊び方を伝えていく。また、危険な場合は機会をとらえて話をしていく。
○「暑いね」「汗をかいたね」など言葉で伝え、汗をふいたり着替えをしたりして、体を清潔にすると気持ちが良いことに気づくようにする。
○なぜ水分補給や休息が必要なのかを話し、ひとりひとりのようすを把握して自分でできるように促す。

自然の変化や不思議さに気づき、興味や関心が持てるように

○雷、夕立、にじなど夏の自然事象の変化をとらえ、見たり聞いたり感じたりする機会を持つ。
○子どもたちといっしょに植物や夏野菜の世話をしながら、形、色、感触、においなどの変化に気づいたり、収穫への期待を高めたりできるようにする。

夏ならではの水を使った遊びを楽しみ、開放感を感じられるように

○プール遊び、水遊びなどは経験の違いに配慮しながら、無理なく水に親しみ楽しめるように、水位の調節や遊び方を工夫していく。
○色水遊び、泥遊び、シャボン玉、絵の具遊びなど、興味を持った遊びを自分なりに確かめたり工夫したりして繰り返し遊ぶことができるように、必要な用具や材料を用意する。
○子どもの発見や驚き、疑問など心の動きを大切にし、共感して受け止める。

気の合う友達の中でイメージを自分なりに表現できるように

○七夕や夏祭りなどを通して、簡単なイメージを表現したり、友達とやりとりしたりして遊ぶ楽しさが味わえるようにする。
○感じたことや伝えたいことを受け止め共感することで、安心して言葉で表現できるようにしていく。
○思いを伝えにくい子どもには、補ったり仲立ちをしたりして援助していく。

反省・評価のポイント

★開放感を味わいながら自分なりに夏の遊びを楽しむことができたか。
★ひとりひとりが夏を健康に過ごせるような健康・安全面の配慮や環境づくりができたか。
★夏の自然に興味や関心を持てるように、子どもの発見や感じたことを受け止め共感することができたか。

8月 4歳児 クラス作り

朱書き＝わかる！書ける！書き方解説をチェック！

※幼稚園・保育園両方で参考にしていただけるよう、検討・立案しています。

暑さで体力が落ちてくる時期なので健康に過ごせるよう活動と休息のバランスなどに配慮する。夏ならではの遊びを十分に楽しめるように生活の流れや遊びの環境を工夫していく。また登園児が少ないときには異年齢やほかのクラスの友達とのふれあいやかかわりを楽しめるよう環境を工夫し、友達関係を広げていけるようにする。

前月末の幼児の姿

生活・健康
- 夏の生活のしかたがわかってきて、自分から身の回りのことを行なうようになってきている。

興味・関心
- 水に慣れ、遊び方がダイナミックになっている子どももいるが、まだ怖いという気持ちを持っている子どももいる。
- 夏野菜の収穫を楽しんでいる。夏の自然に関心を持ち、発見を楽しんでいる。

人間関係
- 自分なりにイメージを持って考えたり工夫したりして、作ることを楽しんでいる。
- 気の合う友達とイメージを出し合って遊ぶことを喜んでいる。

ねらい

- 夏の生活のしかたがわかり、自分で健康に過ごそうとする。

- 夏ならではのさまざまな遊びを楽しむ。

- 異年齢やほかのクラスの友達に親しみを持ち、いっしょに好きな遊びを楽しむ。

幼児の経験する内容（指導内容）

- 汗をかいたらふく、着替えをするなど清潔にすると気持ちが良いことがわかり、自分からしようとする。
- 体をたくさん動かした後には、休息や水分補給をする。
- プール遊びや水遊びなどの約束を守って楽しく遊ぶ。
- 宝探し、ビーチボール遊び、フープくぐりなどの遊びを通して水に親しんで遊ぶ。
- 水に潜ったり体を浮かべたりして、気持ち良さや開放感を味わいながら、全身を使ってプール遊びを楽しむ。
- 身近な素材や水、砂、泥に触れて遊ぶ中で、試したり工夫したりすることを楽しむ。
- 昆虫や植物に親しみや関心を持ち、見たり、触れたり、育てたりする。
- 夏野菜を収穫し、喜んで食べる。
- 異年齢やほかのクラスの友達といっしょに遊んだり、生活をしたりする。
- 自分から好きな遊びに進んで取り組み、楽しさを味わう。
- 経験したことなどを、言葉や絵で自分なりに表現する。

【朱書き】 夏の間に親子が各地で体験したことは、子どもの内面の豊かさにつながっていくので、大切にしてほしいという願いが表れています。

家庭・地域との連携（保護者への支援も含む）

★夏を健康に過ごすことができるように家庭と連絡を取り合い、ひとりひとりの健康状態を把握するとともに、園便りや掲示板を活用し、生活リズムを整えていくことの大切さを知らせていく。

★盆踊りや花火大会など地域行事への参加や夏ならではの体験を親子で楽しむことが、**ひとりひとりの遊びの経験を広げていくことにつながることを伝える。**

★水遊びや泥遊びなどで、衣服が汚れたり、着替えが必要になったりする場面が増えることを伝え、衣服の補充や持ち帰るための袋の用意など、協力を依頼する。

CD-ROM　4歳児　▶ P.082-105_月案　▶8月_月案.doc

幼稚園における預かり保育への配慮

☆夏の疲れが出やすいのでひとりひとりの体調に十分に配慮する。特に暑いときには、水分補給や温度管理などをこまめに行なうようにする。
☆異年齢児や職員など多様な人とかかわり、安心して過ごせるようにする。

保育園における延長保育への配慮

☆夕涼みなど、夏ならではの涼しい時間の過ごし方を工夫する。
☆生活リズムの乱れが予想されるので、職員同士連携しながらひとりひとりの健康に配慮していく。

健康・食育・安全への配慮

● 熱中症などに配慮しながら、適度な室内温度を保つ。
● 食欲が落ちやすいので、楽しい雰囲気を工夫し、収穫物を食べたりする。
● プール遊びの安全については職員間で確認し、共通理解をする。

8月 4歳児

環境の構成と保育者の援助

夏を健康で安全に過ごせるように

○天候や時間帯に応じ、園庭の日陰にベンチやテーブルを置いて遊べる場を作り、水遊びなどの夏ならではの遊びに十分に取り組める環境の工夫をする。
○汗をかいて遊んだ後は、自分から気づいてふいたり着替えたりできるように環境を整え、言葉をかける。
○暑い時期を元気に過ごすために活動と休息のバランスを取ること、食事をとることや水分補給をすること、体を休めることなどの大切さに気づくようにする。

夏の自然に興味や関心が持てるように

○夏の植物や昆虫に興味や関心を持ち、その変化に気づくように声をかけたり、絵本や図鑑を用意したりしておく。保育者もいっしょに見たり調べたりして、子どもの思いに共感していく。
○夏野菜の収穫を楽しみ、調理師などさまざまな人とのかかわりを深め、みんなで味わう体験ができるようにする。
○夕立や雷、セミの鳴き声など、身近に感じられるように、タイミングを逃さないようにかかわる。

夏ならではの体験を十分に楽しめるように

○プール遊びを十分に楽しめるように個人差に合わせて遊びを選べるような遊具を準備したり、水に慣れることができるような遊び方を工夫したりしていく。
○夏ならではのいろいろな遊びを楽しめるよう環境を整えたり、子どもの発見に共感したりしていく。
○夏の間、家族といっしょに製作したり遊んだりできる教材や資料を持ち帰れるようにする。

いろいろな友達とかかわって遊ぶ楽しさや、うれしさを感じられるように

○異年齢の友達と交流できるような環境をつくっていく。時には保育者も遊びに加わり関係をつなげることばがけをしていく。
○自由に交流できるように、子どもの年齢や人数に応じてコーナー作りや部屋ごとに遊びを分けるなどの工夫をしていく。
○いろいろな友達とかかわって生活する中で、年長児にあこがれたり、年下の友達に思いやりの気持ちを持ったりできるような機会をつくる。

> 8月の預かり保育は、登園して来る子どもがほかの月と違って多様なので、"いろいろな子と遊べて楽しい！"と思える保育を心がけましょう。そのことがわかるような文章を書きます。

> 着替えるときなどは、言葉をかける前に、自分からしたくなる環境を整えることをまず考えます。その順になるように書き表しています。

反省・評価のポイント

★夏ならではの遊びを十分に楽しむことができたか。
★異年齢やほかのクラスの友達とのかかわりを楽しめるような、環境の構成や援助の工夫ができたか。
★水分補給や休息がしやすい環境の工夫ができたか。

9月 4歳児 クラス作り

P.114-117・9月の週案、P.128・9月の日案も参照してください。

※幼稚園・保育園両方で参考にしていただけるよう、検討・立案しています。

朱書き＝わかる！書ける！書き方解説をチェック！

久しぶりに全員そろっての園生活の中でいろいろな姿を見せる子どもをひとりひとり受け止め、保育者や友達とのつながりを取り戻し遊びだしていけるようにしていく。友達といっしょにさまざまな体を動かす遊びを繰り返し楽しめるようにしていく。身近な自然にかかわって遊びながら、秋への季節の変化を感じられるようにしていく。

今月初めの幼児の姿

生活・健康
- ○園生活に期待を持って登園して来る。中には、休みの後で生活のリズムを取り戻すのに時間がかかったり、不安なようすを見せたりする子どももいる。

興味・関心
- ○遊び慣れた場所や遊具で自分から遊びだす姿がある。一方で、遊びだせずにいる子どももいる。
- ○プール遊びや夏ならではの経験したことを繰り返し楽しむ姿がある。

人間関係
- ○友達や保育者に親しみを表し、かかわろうとしている。
- ○夏の間に経験したことを、保育者や友達に話す姿が見られる。

ねらい

- ○園生活のリズムを取り戻し、<mark>生活に必要なことを自分で行なおうとする。</mark>

  > だんだん自分で行なってほしいという願いを明示しています。子どもの実態からひと月かけてねらっていきたいことです。

- ○<mark>体を動かして遊ぶ楽しさを味わう。</mark>

- ○友達や身近な人とのかかわりを楽しむ。

- ○身近な自然にふれたり遊びに取り入れたりして、秋への季節の変化を感じる。

幼児の経験する内容（指導内容）

- ○生活のしかたや約束を思い出し、自分から取り組む。
- ○汗をかいたときの着替えや衣服の始末に気づき、自分で行なう。
- ○防災訓練を通して、災害時の安全な行動のしかたがわかるようになる。
- ○プール遊びでできるようになったことに繰り返し取り組み、楽しむ。
- ○戸外で思い切り走ったり、音楽に合わせて踊ったりして、体を動かして遊ぶことを楽しむ。
- ○保育者や友達と、簡単なルールのある遊びを楽しむ。
- ○気の合う友達との遊びを楽しみ、自分の思いやイメージを言葉や動きで表現する。
- ○友達といっしょに遊びの場を作ったり、必要な物を作ったりして遊ぶ。
- ○祖父母や地域の高齢者など、いろいろな人とのかかわりを通して、親しみを持つ。
- ○園庭の虫、草花や種に興味を持ってかかわったり、遊びや生活に取り入れたりする。

家庭・地域との連携（保護者への支援も含む）

★休み中のようすや経験したことを保護者から聞いたり、園でのようすを伝えたりして、保護者と連携を図っていく。ひとりひとりの実態に応じて、生活リズムを取り戻せるように協力を求めていく。

★非常時のさまざまな状況を想定した保護者との連絡方法や引き渡し方法について、園の方針を具体的に伝えたり、保護者の連絡先を明確に把握したりして、連携を図る。保護者参加の防災訓練を行ない、家庭でも災害時の心構えや対応について考え、意識できるようにしていく。

★祖父母や地域の高齢者とかかわる経験の意味を伝え、家庭でも園での交流の経験を生かせるようにしていく。

幼稚園における預かり保育への配慮

☆残暑が厳しいので、気温が高い時間帯は適温の室内で過ごせるようにしたり、夕方の涼しくなる時間帯には体を動かす遊びを戸外で楽しめるようにしたりするなど、時間帯やひとりひとりの体調に合わせて過ごし方を工夫する。

保育園における延長保育への配慮

☆保育中のひとりひとりのさまざまなようすを保育者間で伝え合い連携を密にする。
☆ひとりひとりの体調や緊張感などを受け止め、気持ちを切り替えたり、**それぞれのペースで過ごしたりできるよう、環境などを工夫する。**

健康・食育・安全への配慮

●生活リズムの変化や残暑の影響などから食欲がなくなる子どももいるので、ひとりひとりの健康状態に配慮する。
●さまざまな状況下での災害時の対応について園全体で再確認する。必要な非常時常備品も確認する。

環境の構成と保育者の援助

園生活のリズムを取り戻し、生活に必要なことを自分で気づいて行なえるように

○生活のしかたを思い出し、自分で行なおうとする姿を認めたり、気づけるような言葉をかけたりする。
○不安なく遊びだせるよう、遊具などの環境を休み前と同じように整えておく。
○汗をかいたときなどの着替えや衣服の始末、水分補給の必要性に気づいて自分で行なえるようにする。
○地域に応じ、地震・津波・原発事故などを想定して防災訓練を行なう。保護者参加の引き取り訓練を行ない、安全に避難することの意味をわかるように伝えていく。

> 交代や順番が必要な遊びでなく、好きなだけくつろいでいいと感じられる遊びや環境を整えましょう。

体を動かして遊ぶ楽しさが味わえるように

○かけっこのラインや、巧技台、玉入れなど、思わず体を動かしたくなるような環境を構成する。
○保育者もいっしょに体を動かして積極的に遊び、楽しさを共感していく。
○簡単なルールの鬼遊び、ダンス、体操などをクラス全体で取り入れたり、遊びの中で友達や保育者と楽しめるよう環境を整えたりして、さまざまな動きを楽しめるよう工夫する。

> 夏のプール遊びの経験からも、体を動かして遊ぶ楽しさがわかっているので、10月の運動会も見通し、今月のねらいにし、環境・援助も考えていきます。

友達や身近な人とかかわる楽しさや、みんなでいっしょに遊ぶ楽しさが感じられるように

○夏休み中の経験を遊びに取り入れ、友達とのやりとりやイメージの共有を楽しめるようにする。
○気の合う友達と遊ぶ中で自分の思いを言葉や動きで伝えようとする姿を受け止め、必要に応じて言葉を補い、思いが友達に伝わるうれしさが感じられるようにする。
○みんなで同じ動きを楽しんだりふれあったりできる遊びや、簡単なルールのある遊びを取り入れる。
○祖父母や地域の高齢者とふれあう機会を持ち、親しみが感じられるようにする。

身近な自然にふれ、季節を感じられるように

○園庭や地域で、草花や種に気づき、取ったり遊びに使ったりできるようにする。子どもの発見に共感し、遊びながら色や形や数などに興味が持てるような環境を整える。
○園庭や地域で出会う夏から秋にかけての身近な昆虫に関心を持ったり、愛情を持ってかかわったりできるようにする。
○空の色や風の心地良さなど、子どもたちの気づきを受け止めたり、共感したりしていく。

反省・評価のポイント

★戸外で保育者や友達といっしょに体を動かして遊ぶことを楽しんでいたか。
★園生活のリズムを取り戻せるような配慮や、健康で安全な生活を自分で行なえるような指導ができたか。
★身近な自然にかかわる機会を持ったり、環境を整えたりできていたか。

朱書き＝わかる！書ける！書き方解説をチェック！

10月 4歳児 クラス作り

※幼稚園・保育園両方で参考にしていただけるよう、検討・立案しています。

自分の力を出し、いろいろなことをやってみようとする子どもの気持ちを大切にしながら、体を動かして遊ぶ楽しさを味わえる状況をつくっていく。運動会にかかわる活動についても、それらが日常の遊びとつながりを持ったものとなるようにする。また、イメージや思いを表現すること、秋の自然にふれることも楽しめる生活をつくっていく。

前月末の幼児の姿

生活・健康
- 身の回りのことなど自分でできることを自分でする気持ちがある。

興味・関心
- 走ったり音楽に合わせて踊ったりするなど、体を動かして遊ぶことを楽しんでいる。
- 身近な草花や虫などへの興味が広がり、繰り返しかかわる姿がある。

人間関係
- 遊びの中で、自分の気持ちを伝えることや、友達の気持ちを聞こうとすることが増えている。
- 簡単なルールのある遊びをするなど、クラスみんなでいっしょに遊ぶことも喜んでいる。

ねらい

- クラスでの生活に必要なことに気づいて、取り組んでみようとする。
- 友達とかかわりながら体を動かすことの楽しさや心地良さを感じる。
- 遊びの中で、イメージや思いを自分なりに表現することを楽しむ。
- 身近な秋の自然にふれて遊ぶことを楽しむ。

> "取り入れる"は、「合わせる」「刺激を受ける」「自分なりに」なども含んでいる書き方です。月案ではこれぐらいおおまかに書きますが、詳しくは週案に記述するようにしましょう。

幼児の経験する内容（指導内容）

- クラスの遊具や用具を大切に扱ったり、みんなでかたづけたりする。
- 食事の準備やかたづけ、飼育物の世話などの活動を、保育者といっしょに喜んで行なう。
- 保育者やおおぜいの友達と、簡単なルールのある遊びをすることを喜ぶ。
- いろいろな遊具や用具を使って体を動かすことに興味を持ち、進んで取り組む。
- 音楽に合わせたり、==友達の動きを取り入れたり==しながら、体を動かして遊ぶ。
- 年長児の動きにあこがれを持ったり、まねして新たな遊びに取り組んだりする。
- いろいろな材料や遊具などを使って、遊びに必要な物や場を作る。
- 仲のよい友達とかかわる中で、思ったことを伝えたり、友達の言葉や動きに関心を持ったりする。
- いろいろな音や音楽にふれ、感じたままにのびのびと表現する。
- 友達といっしょに、身近にいる虫を探したり捕まえたりする。
- 木の実や葉を集めて遊びに使ったり、イモなどの収穫を喜んだりする。
- 季節感のある歌や絵本などに親しむ。

家庭・地域との連携（保護者への支援も含む）

★ クラス便りやプログラムなどで、運動会当日の姿に至るまでの具体的な取り組みを知らせ、その「過程」が大切であることを伝えていく。また、保護者が子どもといっしょに取り組む機会を運動会の中につくり、体を動かす楽しさを子どもと共有していけるようにする。

★ いろいろな素材、材料、自然物を使って遊ぶ子どものようすを、園便りやクラス便りなどで伝える。遊び方によって、園で用意する材料だけでは不足することもあるので、子どもの扱いやすい大きさ・材質の空き箱や廃材などを、家庭でも集めてもらえるように協力をお願いする。

幼稚園における預かり保育への配慮

☆運動会の活動の中で、緊張感を強く持つ子もいるので、気持ちを切り替え安心して過ごせるようにする。
☆動きのある遊びを継続できる環境と、じっくり静かに過ごせる環境の両方を、子どものようすに応じて整える。

保育園における延長保育への配慮

☆日暮れが日に日に早まる時期である。季節の変化について会話しながら、不安感なく延長保育の時間を過ごせるようにする。
☆虫の声などに耳を傾け、ゆったりと静かに過ごすひとときも大切にする。

健康・食育・安全への配慮

●子どもの動きが活発になるので、園庭環境を再整備し、子ども自身が安全な遊び方を意識できるようにする。
●十分に動いて遊ぶと空腹になり、食事もおいしくとれるという循環を感じられるようにする。

環境の構成と保育者の援助

クラスでの生活に必要なことに気づいて取り組めるように

○共同の遊具や用具を大切にする気持ちが育つように、遊びやかたづけの中で扱い方に気づかせたり、保育者自身が率先してていねいに扱ったりする。
○昼食の準備や飼育物の世話など、保育者の姿に興味を持ち、自分もやりたいという子どもの気持ちを大切にしながら、いっしょに取り組んでいく。

友達とかかわりながら、体を動して遊ぶ楽しさや心地良さを感じられるように

○いろいろな動きを試して遊べるように、遊具や用具、音楽を準備する。その際、子どもがイメージを持って取り組めるように、環境を工夫する。
○鬼ごっこやかけっこなどにクラスみんなで取り組み、ルールがある中で競ったり体を動かしたりするおもしろさを味わえるようにする。
○運動会にかかわる活動に無理なく取り組めるように、個人差に応じながら、日常的な体を動かす遊びと運動会がつながりを持つようにする。
○運動会での年長児の姿に刺激を受け、新たな動きをしてみようとする意欲を大切にし、それぞれのペースで取り組めるようにする。

遊びの中で、思いやイメージを自分なりに表せるように

○遊びに必要な物や場を自分たちで作るおもしろさを感じられるように、子どものイメージをとらえ、それを実現できる素材や材料、遊具などを用意する。
○仲のよい友達に思ったことを伝えたり、相手の言葉や動きに関心を持ったりする姿をていねいにとらえ、それぞれの関係を支えていく。
○いろいろな音や音楽などに親しめるように、楽器や素材、材料を用意したり、保育者もいっしょに音にかかわる遊びを楽しんだりする。

身近な秋の自然にふれる遊びを楽しめるように

○身近な虫とかかわる中で、生き物の過ごし方や飼い方に関心を持てるようにする。
○秋ならではの木の実や草の実などを遊びに取り入られるように、集めたものを分類しておくなど、扱いやすい環境を整えていく。
○イモを収穫する体験など、自然を身近に感じ、旬の食べ物に関心を持つ機会をつくっていく。
○秋らしい歌詞の歌をうたったり、季節感のある絵本や秋の自然に関する図鑑を紹介したりして、いろいろな場面で季節を感じられるようにする。

反省・評価のポイント

★イメージや思いを表現することを楽しんだり、秋の自然にふれることを楽しんだりすることができたか。
★みずから取り組もうとする子どもの気持ちを大切にしながら、体を動かして遊ぶ楽しさが味わえる環境を整えられたか。

11月 4歳児 クラス作り

朱書き＝わかる！書ける！書き方解説をチェック！

P.118-121・11月の週案、P.129・11月の日案も参照してください。

※幼稚園・保育園両方で参考にしていただけるよう、検討・立案しています。

いろいろな材料や表現方法にふれ、自分の思いやイメージを表現することを楽しめるようにしていくとともに、自然とのかかわりや行事の中で経験したことを、友達との遊びや活動のイメージにつなげていく。また、いっしょに遊んでいる友達の話を聞きながら、相手の思いに気づき、友達とかかわって遊ぶ楽しさを感じられるようにしていく。

	前月末の幼児の姿	ねらい	幼児の経験する内容(指導内容)
生活・健康	○食事の準備やかたづけ、飼育栽培物の世話などの、クラスの生活にかかわる活動に興味を持ち、取り組んでいる。 ○運動会で経験した遊びや簡単なルールのある遊びをする中で、のびのびと体を動かす心地良さを感じている。	○心地良く過ごすために生活の中で必要なことがわかり、自分から取り組む。	○クラスの当番活動の内容や手順がわかり、進んで行なう。 ○園内外で、みんなといっしょに安全に過ごすための約束を知り、自分から守る。 ○遊びや生活の中で物を集めたり、分けたり、整理したりすることに関心を持つ。
興味・関心	○身近な秋の自然物を集めたり遊びに使ったりすることを楽しんでいる。 ○イメージや思いを、製作、動き、言葉などで自分から表しながら遊んでいる。	○さまざまな材料や表現方法にふれ、自分のイメージを表現する楽しさを感じる。	○見たことや自分が感じたことを、描画や製作、言葉で表現する。 ○さまざまな材料に触れ、遊びのイメージに合わせて見たてたり、材料を使って遊びに必要な物や場を作ったりする。
人間関係	○いっしょに遊んでいる友達の動きや言葉に関心を向けて遊び、言葉でのやりとりが多くなってきているが、互いの話の食い違いが生じる場面も見られる。 ○みんなでいっしょに声や動き、音を合わせて表現することを楽しんでいる。	○いっしょに遊んでいる友達と、==気持ちや考えを言葉や動きで表し合い==ながら遊ぶことを楽しむ。 ○身近な秋の自然のようすを見たり自然物を遊びに使ったりして季節を感じる。	○==いっしょに遊んでいる友達の話すことや動きに関心を持って見たり聞いたりする。== ○==友達とやりとりしながら相手の気持ちに気づく。== ○友達とルールのある遊びをする中で多様な体の動きを楽しむ。 ○クラスのみんなでいっしょにかけ合いの歌や交互奏、踊りなどを楽しむ。 ○木の葉の色や空のようす、栽培物の生長などに興味や関心を持って見たり、気づいたことを表したりする。 ○落ち葉や木の実などの身近な秋の自然物に触れ、遊びに取り入れる。

家庭・地域との連携（保護者への支援も含む）

★遊びの中で扱いやすい空き箱や空き容器を集めるために、家庭に協力をお願いする。また、集めた物を用いた遊びや活動のようすについて具体的にクラス便りなどで伝えたり、親子で身近にある物を使って作って遊ぶ機会を園で設けたりして、保護者の保育内容への理解を図っていく。

★感染症にかかる子どもが見られる時期であるので、家庭でも手洗い、うがいなどを適時行なえるように伝える。

★友達とのかかわりの広がりとともに、気持ちの行き違いなどからとまどいや不満の気持ちを表す子どもも増える時期なので、子どもの姿や保育者の援助についてていねいに知らせ、子どもの発達を共有できるようにしていく。

CD-ROM　4歳児　▶ P.082-105_月案　▶ 11月_月案.doc

幼稚園における預かり保育への配慮
☆夕方になると気温が低くなることを考慮し衣服の調節を促したり、室温を調整したりする。
☆日中に楽しんだ遊びなど、体をのびのびと動かして遊べるようにしていく。(だるまさんがころんだ　など)

保育園における延長保育への配慮
☆ひとりひとりのペースでじっくりと楽しめるような遊びのコーナーを作ったり遊具を準備したりする。
☆踊りやジャンケン遊びなど、体を動かすことやふれあいを異年齢の友達と楽しめるようにする。

健康・食育・安全への配慮
●秋の食べ物を見たり味わったりする機会をつくり、旬の食べ物に関心を持てるようにする。
●気温の低下や乾燥による体調の変化に留意し、手洗いやうがいをていねいに行なえるように促す。

11月　4歳児

環境の構成と保育者の援助

クラスの生活に必要なことに進んで取り組めるように
○生活に必要なことを自分たちでできる喜びや飼育栽培物への親しみの気持ちを感じられるように、当番活動への取り組みのようすを認める言葉をかける。
○活動を共にするグループや当番活動の内容、手順をわかりやすく表示する。
○遠足で、公共の場でのマナーや安全のための約束について場面に応じて具体的に知らせ、望ましい行動を自分から取れるように促していく。

自分の思いやイメージをさまざまに表現することを楽しめるように
○ひとりひとりの自分なりの表現や工夫を十分に認め、思いやイメージを物や動きとして表す喜びを味わえるようにする。また、==友達の表現していることや取り組みの姿を知らせ、刺激を受けながら、さらに表現する意欲を持てるようにしていく。==
○遊びや活動の中でさまざまな材料や用具などに触れる機会をつくり、表現の幅を広げたり、多様な表現方法を経験したりできるようにする。

> 相手があってこその表現です。相手を意識して言葉や動きで表し合えるようになってほしいという願いが表れています。聞く・見るだけでなく、内面のことにもふれています。運動会を経て、友達と取り組む楽しさを経験し、今月の作品展の行事につながっていくように計画し、このように書いています。

友達と気持ちや動きを表しながら共に遊ぶ楽しさを感じられるように
○いっしょに遊んでいる子どもたちが、友達の言動に関心を向け、つながりを感じられるように言葉をかけたり、友達同士で場作りをしながらかかわりを楽しめるように必要な物や遊具などを提示したりする。
○友達と体を動かして遊ぶ中で、思い切り体を動かしているようすや、さまざまな体の動かし方を試しているようすを見守りながら、保育者も共に体を動かすようにする。
○友達といっしょにルールのある遊びを楽しめるように、みんなで活動する機会をつくったり、遊びの中で興味を持った子どもが繰り返し楽しめるような場を作ったりする。

身近な秋の自然に親しみ、季節の変化を感じられるように
○木の葉の色や日だまりの暖かさ、風の冷たさなど、秋の自然にふれる中での子どもの気づきに共感する。
○落ち葉や木の実などに触れる機会をつくったり、使って遊ぶ方法を知らせたりして、自然物を遊びの中に取り入れることを楽しめるようにする。

反省・評価のポイント
★ひとりひとりが、自分の思いやイメージをさまざまな材料や方法を使って表現することを楽しんでいたか。
★友達の言葉や動きを感じながら、かかわって遊ぶことを楽しめるように環境の構成や援助を行なうことができたか。

12月 4歳児 クラス作り

※幼稚園・保育園両方で参考にしていただけるよう、検討・立案しています。

朱書き＝わかる！書ける！書き方解説をチェック！

遊びの中で、作ったり作った物を使って遊んだりしながら、**イメージを共有していく楽しさを味わえる**ようにしていく。また、仲間意識の芽生えをしっかり読み取り、**簡単なルールのある遊びを通して**、思い切り体を動かして遊びながら友達との遊びの輪が広がるようにしていく。

> 前月に作品展を経験しているので、つながりを持たせています。

> 4歳児後半になると、ルールを守り、注意し合えるようになってきます。その発達を踏まえ、今月は"ルールがわかって楽しい"ことを経験してほしいので、重要な文言です。

前月末の幼児の姿

生活・健康
- 当番活動など、必要なことがわかって、自分から行なおうとしている。
- 戸外での遊びに興味を持ち、繰り返し取り組んだり、体を動かして遊んだりすることを楽しんでいる。

興味・関心
- 年長児のクラスで取り組んだ活動に興味を持ち、自分もまねをしてやってみようとしている。
- 作品展への取り組みから、作ったり、作った物を使って遊んだりすることを楽しんでいる。

人間関係
- 簡単なルールのある遊びをクラスのみんなで楽しんだり、楽器遊びをする経験を通してみんなでする遊びの楽しさを感じている。
- 友達と互いのイメージを出し合いながら、いっしょに遊ぶことを楽しんでいる。

ねらい

- 生活の中で必要なことや季節の変化などに気づく。
- 見たことや感じたことを、さまざまな方法で表現する楽しさを味わう。
- 遊びの中で友達とやりとりをしながら、イメージを共有していく楽しさを味わう。
- ルールのある遊びを通して、体を十分に動かしながら友達とかかわることを楽しむ。

幼児の経験する内容（指導内容）

- 1週間の生活の流れ（当番、行事、持ち帰るものなど）がわかり、自分でできることをみずから行なおうとする。
- **水栽培の球根**（ヒヤシンス　など）の生長のようすを見たり、風の冷たさや葉が落ちた木々のようすなどに興味を持ったりする。
- 大掃除にみんなで取り組み、自分たちで使った物をきれいにしたり、整理したりする気持ち良さを感じる。
- 会食を通して友達といっしょに食べる楽しさを味わう。
- 歌や合奏、踊りをする中で、音やリズムが合う楽しさや心地良さを感じる。
- お楽しみ会への参加を楽しみにしながらいろいろな材料で作る楽しさを知る。
- **自分のイメージに添って遊びに必要な物や場を作ったり、作った物を使って遊んだりすることを楽しむ。**
- 友達との遊びの中で、自分の思いを言葉で伝えたり、相手の話を聞いて気持ちや考えに気づいたりする。
- 鬼ごっこなど**ルールがわかって友達といっしょに**体を動かして遊ぶことを楽しむ。

> 水栽培にした理由は、この時期の子どもは、土に植えた球根だと芽が出ないと忘れてしまい、球根の生長を十分に楽しめないからです。"子どもに何を経験させたいか"の視点で考えられています。

家庭・地域との連携（保護者への支援も含む）

★ 2学期を終えるにあたり、面談や日々の会話の中でこれまでの育ちや願いなどを保護者と話し合うことで子どもの成長を共に喜ぶ機会にする。

★ 冬休みの過ごし方やこの時期ならではの経験（来客や訪問先でのマナー、遊びではカルタ取り、たこ揚げ　など）の大切さがわかるようにお便りなどで知らせる。また、3学期の持ち物なども知らせ、期待を持って登園できるようにする。

★ 家庭でも子どもが遊び場を自分からかたづけ、整理できるように、園で楽しく整理しているようすを伝えていく。

幼稚園における預かり保育への配慮

☆オセロゲームや指編みなど、日中経験しない遊びや教材を用意し、少人数や自分のペースで楽しめるようにする。
☆保護者に子どもの体調を理解してもらい、場合によって、迎えの時間の調整を打診する。

> 子どもにとってどうすることが大事かという観点を、保育者と保護者で共通認識していきたい思いがあるので「打診する」と書いています。

保育園における延長保育への配慮

☆夕刻は暗くなるのが早く風が冷たくなることを考え、戸外遊びの時間を構成する。
☆気持ちを発散しようと動きの大きい遊びをする場合があるので、けがに注意する。

健康・食育・安全への配慮

●感染症が流行しやすい時期なので手洗い・うがいを励行し、子どもの体調の変化に十分に留意する。
●会食を通し食事の楽しさやマナーなどに関心が向く、またもちをつき、伝統的な食へ関心を持つようにする。

環境の構成と保育者の援助

生活の中で必要なことや季節の変化などに気づけるように

○1週間の予定がわかるようにカレンダーなど表示して見通しが持てるようにしていく。
○会食やもちつきを通してみんなで食べる楽しさを感じる。
○年末の大掃除を通じ、掃除の手順や用具の使い方を知らせ、分類、整理などかたづけのしかたを知らせていく。
○正月の準備や飾り付けをして楽しんだり、年末の雰囲気に気づいたりできるようにしていく。

見たことや感じたことをさまざまな方法で表現する楽しさを味わえるように

○楽器を使った遊びを楽しむ姿を受け止め、新しい曲を導入するなどし、みんなで歌ったり合奏したりする楽しさが味わえるようにする。
○みんなで踊りながらリズムに乗って体を動かす楽しさを味わえるようにする。
○お楽しみ会の飾り作りや、必要な物作りなどを通していろいろな材料で作る楽しさを感じられるようにする。

やりとりしながらイメージを共有していく楽しさを感じられるように

○友達といっしょに相談したり、自分たちで遊びの場を作ろうとしたりしている姿を認め、必要に応じて援助する。
○やりたい遊びのイメージを共有していくために、必要な素材や道具の使い方を示したり、アイディアを出したりする。
○自分の思いやイメージを相手に伝えたり、相手の気持ちや考えに気づいているかなどをとらえて、かかわり方を知らせていく。

ルールのある遊びを通して体を動かしながら友達とかかわるように

○鬼ごっこは集団で遊べる場所を決めておき同じ場所で繰り返し遊べるようにする。
○保育者もいっしょに遊ぶ中で、あいまいになってしまったルールがしっかりわかって遊べるようにする。
○ルールのある遊びをすることで、ふだんの人間関係にとらわれずにほかの友達との遊びの輪が広がっていくようにする。

反省・評価のポイント

★ルールのある遊びを通して、いろいろな友達とかかわることを楽しんでいたか。
★遊びの中で友達とやりとりしながらイメージを出し合う楽しさを味わえるような援助ができたか。
★生活の中で必要なことがみずから取り組めるような環境構成ができていたか。

朱書き＝わかる！書ける！書き方解説をチェック！

1月 4歳児 クラス作り

P.122-125・1月の週案、P.130・1月の日案も参照してください。

※幼稚園・保育園両方で参考にしていただけるよう、検討・立案しています。

冬休み明けは、生活のリズムを整え、感染症予防について知らせるなど、健康に過ごせるようにする。家庭で経験したことを保育者や友達に伝えたり、遊びの中に取り入れたりできるような機会をつくっていく。正月遊びや運動遊びに興味を持って取り組む中で、**自分なりの力を発揮しながら友達といっしょに遊ぶ楽しさを味わえるようにする。**

> 今月は、ここを押さえて保育をしていく計画にしました。子ども同士で相談しながら遊びを発展できるようになってくる時期です。

今月初めの幼児の姿

生活・健康
- 自分から気づいて手洗いやうがいなどを行なう子もいるが、冷たい水をいやがったり、めんどうがったりする子もいる。
- 休み明けに生活のリズムが崩れがちの子や、厚着姿の子も見られる。

興味・関心
- 冬の自然事象に興味を持ち、吐く息の白さや風の冷たさに気づいたり、雪や氷や霜柱などに触れることを期待したりしている。

人間関係
- いろいろな友達といっしょに正月遊びやルールのある遊びを楽しんでいる。
- 自分の思いを出したり友達の話を聞いたりしながら、友達といっしょに遊んでいる。

ねらい

- 健康に過ごすために必要な生活習慣を知り、自分から行なおうとする。
- 友達と戸外で体を十分に動かして遊ぶことを楽しむ。
- 友達といっしょに、思いを伝え合いながら遊ぶことを楽しむ。
- 冬の自然事象にふれながら、発見するうれしさを味わう。

> **できるかできないかではなく、自分なりの目当てに取り組むこと自体を楽しんでほしいと考えて書きます。**

幼児の経験する内容（指導内容）

- 園生活のしかたを思い出し、健康に過ごす。
- 手洗いやうがいの大切さを知り、自分から行なおうとする。
- **いろいろな友達といっしょに体を動かしながら、ルールのある運動遊びを楽しむ。**
- カルタ、すごろくなどの正月遊びを通して、数や文字などにふれながら、ルールのある遊びの楽しさを知る。
- **自分なりに目当てを持って試したり繰り返したりする喜びを味わう。**
- 自分の思いや経験したことを話したり、相手の話を聞こうとしたりする。
- 気の合う友達とイメージを出し合い、共有しながら遊ぶ。
- 吐く息の白さに気づいたり、風や指先の冷たさを感じたりする。
- 霜柱、氷、雪などを見たり触れたりして、遊びに取り入れることを楽しむ。
- こま回しやたこ揚げなど、正月の伝統遊びに興味を持ち、自分で作った物で遊ぶ。

> **気の合う友達とのグループができてくる時期ですが、ルールがあり、共有しているから、いろいろな友達と楽しむことができるということを経験させたい思いがあります。**

家庭・地域との連携（保護者への支援も含む）

- ★ インフルエンザなど、感染症の発症状況を知らせるとともに、流行している病気の症状や予防のしかた、留意点などを掲示物やお便りなどで伝えていく。
- ★ 正月ならではの遊びを楽しんでいたり伝統行事にふれたりする姿を伝えることで、家庭でも親子で楽しめるようなきっかけにしていく。
- ★ **生活のリズムを整えられるよう、早寝早起きの大切さなどを伝えていく。**

> **寒さや年末年始で、生活のリズム（健康的に過ごすための習慣）が崩れがちですが、子どもが自分で気づいて早寝早起きをすることは、家族の生活時間のことからも、かなえられにくいので、特に入れました。**

幼稚園における預かり保育への配慮

☆日中の活動内容を再現して遊べる場を設ける。(こま回し、たこ揚げ、羽根突きなど)
☆休み明けには、その子に合わせたペースで遊びが楽しめるような場を作っていく。

保育園における延長保育への配慮

☆カルタ、すごろく、トランプ、絵合わせなど、落ち着いて遊べるように場を構成しておく。
☆休み明けは疲れが残りやすいので、ひとりひとりに合わせたペースで過ごせるようにしていく。

健康・食育・安全への配慮

●おせち料理や七草などの話をしたり食材を見せたりすることで伝統的な食文化に関心が持てるようにする。
●さまざまな感染症が流行しやすい時期なので、室温、湿度、換気などに十分に配慮する。

環境の構成と保育者の援助

冬を健康に過ごせるように

○インフルエンザなどの感染症を予防するために、子どもの体験を交えながら、手洗いやうがいが大切なことを具体的に知らせ、自分から行なえるようにする。
○健康な生活のために、早寝早起きをするなどの、生活リズムを整えることがなぜ大切なのかを、絵本やパネルシアターなどの教材を工夫しながら知らせていく。

冬の自然にふれながら遊べるように

○冬の自然事象について、体で感じている姿を受け止めて共感し、発見や気づくことのうれしさ、楽しさが味わえるようにする。
○雪、氷、霜柱などに触れる機会をつくり、自然事象を遊びに取り入れていくおもしろさが感じられるようにする。

友達と戸外で体を十分に動かして遊べるように

○寒さに負けず、積極的に戸外に出て遊べるような機会をつくっていく中で、体を動かして遊ぶことの楽しさが味わえるようにする。
○ひとりひとりの目当てを把握し、その目当てに向かう姿を認めながら、自分なりに力を発揮して遊ぶ楽しさが感じられるように、子どもの思いに共感していく。

友達と思いを伝え合いながら遊べるように

○正月遊びをする中で、相手の気持ちに気づいたり勝ち負けを味わったりと、さまざまな場面が経験できるようにしていく。
○友達とやりとりする姿を大切にし、ひとりひとりの思いが周囲に伝わるよう、保育者がかかわるなどして、いっしょに遊ぶ楽しさが味わえるようにする。
○友達に思いを伝えようとするものの、うまく伝わらずにトラブルになることも多くあるので、必要に応じて保育者もいっしょに考えながら、相手の気持ちに気づけるようにしていく。

反省・評価のポイント

★自分なりの目当てに向かって力を発揮し、友達とかかわって遊ぶことができたか。
★冬の自然事象の不思議さに気づき、興味や関心を持って遊びの中に取り入れて楽しめる環境づくりができたか。

2月 4歳児 クラス作り

朱書き＝わかる！書ける！書き方解説をチェック！

※幼稚園・保育園両方で参考にしていただけるよう、検討・立案しています。

表現遊びや運動遊びなどを通して、ひとりひとりが自分らしさや力を発揮する楽しさを味わい、自信につながるようにする。その中で、友達と考えを出し合っていっしょに遊びを進めたり、クラスみんなで取り組んだりする経験を大切にする。また、冬から春にかけての季節の変化や自然事象に、興味や関心が持てるように機会をつくっていく。

前月末の幼児の姿

生活・健康
- ○手洗い、うがい、衣服の調整などの大切さがわかり、自分で行なおうとしている。
- ○戸外で体を動かして遊ぶ姿が多いが、中には寒い戸外へ出たがらない子どももいる。

興味・関心
- ○遊びの中で自分なりに目当てを持ち、試したり工夫したりしている。
- ○冬の自然事象にふれ、氷や霜柱などに興味を持ってかかわったり遊びに取り入れたりしている。

人間関係
- ○いろいろな友達といっしょに、ルールのある遊びを楽しみ、つながりを喜んでいる。
- ○気の合う友達とイメージを出し合って遊んでいる。

ねらい

- ○興味を持った遊びの中で、自分の力や考えを出して遊ぶことを楽しむ。

- ○友達と思いを出し合ったりイメージを共有したりしながら、いっしょに遊びを進める楽しさを味わう。

- ○身近な自然や季節の行事を通して、冬から春への自然の変化に気づく。

幼児の経験する内容（指導内容）

- ○戸外で体を動かす遊びに進んで取り組む。
- ○興味を持ったことに繰り返し取り組んだり、自分なりの目当てを持って挑戦したりする。
- ○遊びに必要な物や作品など、いろいろな材料や作り方に興味を持ち、自分なりに工夫して作ることを楽しむ。
- ○年長児の姿に刺激を受け、まねしたり取り入れたりして遊ぶ。

> **先月には、繰り返しのある作品に取り組んでいましたが、徐々にストーリーのおもしろさに興味が移ってきた実態が見られましたので、今月はこう書きました。**
> ※劇遊び…発表会に向けた活動
> 　表現遊び…劇遊びに限らない表現活動
> 　ごっこ遊び…日常的な○○ごっこ
> こういう意味合いで使い分けるようにしました。

- ○自分の思いやイメージを、動きや言葉などいろいろな方法で表現する。
- ○**劇遊びの中で、役になり切る楽しさや、ストーリーに沿って動くおもしろさを感じる。**
- ○クラスみんなで表現遊びに取り組み、自分なりの力を発揮したり友達とのつながりを楽しんだりする。
- ○冬の自然事象にふれ、自分なりに発見したり、不思議に感じたりしながらかかわる。
- ○日だまりの暖かさや球根の発芽などに気づき、春の訪れを感じる。
- ○ひな祭りなど季節の行事に参加し、関心を持つ。

家庭・地域との連携（保護者への支援も含む）

- ★発表会での子どもの姿について、プログラムやしおり・クラス便りなどを通して、当日までの取り組みを具体的に知らせ、それまでの過程や積み重ねの大切さを伝える。また、保護者からの感想を聞き取ったり、その後の子どものようすも伝えたりしながら、成長を喜び合う機会を持つ。
- ★前月に引き続き、かぜやインフルエンザなどの発生状況や予防のしかたについて知らせる。**また、早寝、早起きなどの家庭での生活リズムが継続して整えられるよう協力を求める。** → 大事な家庭との連携です。

CD-ROM　4歳児　▶ P.082-105_月案　▶ 2月_月案.doc

幼稚園における預かり保育への配慮
☆日中挑戦した運動遊びなどに繰り返し取り組める場と、室内で落ち着いて遊べる場を選べるようにしておく。
☆日なたぼっこや影踏みなどを通して、気温差や日ざしの長さなど春の訪れに気づくことができるようにする。

保育園における延長保育への配慮
☆ひとりでじっくり取り組む場を保障するとともに、異年齢の友達と教え合いながら遊べる環境も整える。
☆流行性のかぜなど、ひとりひとりの体調について保育者間で伝え合い、こまやかに見ていく。

健康・食育・安全への配慮
●雪や氷で遊んだ後は、体を十分に温めたり、ぬれた防寒具を乾かしたりできるようにする。
●**伝統的な食文化**にふれる機会を持つ。

> 本書では1月の第4週を1/28〜2/2とし、そこで節分の行事をしました。園の実情に応じて、2月に豆を食べることにしてもOKです。2月のうちにひな祭りの行事をするのでしたら、2月の指導計画でひな祭りの食文化にふれるようにしてもよいでしょう。

2月　4歳児

環境の構成と保育者の援助

自分なりに力や考えを出し、じっくりと遊べるように
○体を動かして遊ぶ中で、ひとりひとりが目当てを持ち取り組もうとしている姿を認め、楽しさに共感しながら自信につながるようにする。
○年長児の刺激を受け一輪車や縄跳びなどに挑戦しようとする意欲を大切にし、それぞれのペースでじっくり取り組める時間や場を保障する。
○遊びに必要な物や作品など、作ってみたいという気持ちを持って取り組めるよう、いろいろな材料や作り方を提示し、ひとりひとりに応じてていねいにかかわりながら、でき上がるうれしさに共感する。
（劇に必要なお面、小道具、ひな人形　など）

冬から春への自然の変化に気づき、楽しめるように
○冬の自然事象や春の訪れなどの戸外のようすに気づかせたり、絵本や歌などで興味が高まるよう工夫したりする。
○氷作り、雪遊び、霜柱を踏むなど、自然にふれて遊ぶ機会を大切にしながら、子どもの気づきや発見、不思議に感じる姿に共感する。
○**ひな祭りの行事を通して**、季節を感じ、伝統文化に関心が持てるようにする。

> 本書では、2月の第4週を2/28〜3/2とし、ひな祭りの行事を取り入れました。園の実情に応じて変化させてください。

友達と思いを出し合ったり、イメージを共有したりしながら、遊びを進める楽しさが味わえるように
○ごっこ遊びなどにじっくりと取り組める場を構成し、イメージを共有しながら遊ぶ楽しさが味わえるようにする。また、子どもの動きに応じて、保育者自身もアイディアを出しながらかかわり、遊びの流れをいっしょにつくっていく。
○友達とのかかわりの中で、ひとりひとりのアイディアやよさを認め、それぞれの子どもが自分なりの力を発揮できるようにする。
○簡単な繰り返しのあるお話に親しみ、保育者も仲間になりながらイメージの中で遊ぶ楽しさや役になって遊ぶ楽しさが味わえるようにする。大道具や音楽を準備したり、お面やしっぽ、小道具など子どもといっしょに作ったりしながら、なり切って表現する楽しさが味わえるようにする。
○発表会に向けての劇遊びは、見せることにとらわれず、日ごろの、伸びやかに表現している姿を大切にする。また、クラスの友達とかかわる楽しさやみんなで取り組む楽しさが感じられるようにする。

反省・評価のポイント
★イメージを共有しながら自分なりにのびのびと表現したり、友達といっしょに進めたりする楽しさが味わえたか。
★ひとりひとりの興味や挑戦する気持ちをとらえ、ひとりひとりに応じて援助することで楽しさや自信につなげられたか。
★冬から春への自然の変化に気づいたり不思議に感じたりできるよう、自然事象をとらえて保育に生かせたか。

朱書き = わかる！書ける！ 書き方解説をチェック！

3月 4歳児 クラス作り

※幼稚園・保育園両方で参考にしていただけるよう、検討・立案しています。

今まで友達と繰り返し楽しんできた遊びを通して、友達とのつながりを感じながら、自分たちで遊びを進められるようにしていく。年長児とのかかわりや行事を通して、進級への期待や意欲を持って生活できるようにしていく。

> 年間指導計画に記載があったので、記入しました。月の指導計画は年間指導計画につながっていることを念頭に置いて立案します。

前月末の幼児の姿	ねらい	幼児の経験する内容(指導内容)
生活・健康 ○生活に必要な習慣がほぼ身につき、自分で身の回りのことを行なおうとしている。 ○発表会を通して、認められたり達成感や充実感を味わったりしたことで自信をつけ、さまざまな活動に取り組もうとするようになっている。	○自信を持って活動に取り組み、進級への期待を持つ。 ○クラスのみんなで活動に取り組む中で、自分なりの力を発揮する。	○お別れ会、進級就学祝い会（修了式・卒園式）、当番の引き継ぎなど、年長児とのかかわりを通して進級への期待を持つ。 ○1日の流れや活動がわかり、自分なりに考えて行動しようとする。 ○生活の決まりや遊びのルールを守って行動しようとする。 ○いろいろな場面で、自分から行動したり、最後までやり遂げたりしようとする。 ○自分なりの力を発揮しながら、保育者やクラスの友達といっしょに行事の計画や準備を進めていく。
興味・関心 ○年長児の劇や遊びをまねしたり、自分たちの遊びに取り入れたりしている。 ○チューリップの芽や木々の芽吹きを発見し、その変化に興味を持っている。	○気の合う友達と、イメージを共有しながら遊びを進める。 ○季節の変化に気づき、身近な自然への興味や関心を持つ。	○イメージを膨らませ、気の合う友達といっしょに遊びの中で必要な場を作ったり遊び方を考えたりしながら、遊びを進めていく。 ○友達に自分の思いや考えを伝え、相手の話を聞こうとする。 ○年長児の遊びに刺激を受け、試したり挑戦したりする。 ○草木の芽吹きや日ざしの暖かさに気づき、春の訪れを感じる。
人間関係 ○自分たちで誘い合って、ルールのある遊びを楽しんでいる。 ○気の合う友達と遊びを進める中で、自分なりの考えを出し合っている。		

> どの程度まで決まりやルールを守るかについては、週案に書きます。月案への記入はこれぐらいでOKです。

> 3月らしさ（5歳児クラスへの進級の前の月）の視点で書かれています。少し前ですと、"自分たちなりに遊びに取り入れたり"という表現でしょう。

家庭・地域との連携 保護者への支援も含む

★クラス便りや保護者会などで、1年間の成長とともに、家庭でも自分のことを自分で行なえるよう励ましてほしいことを伝え、進級への期待や自信につながるよう協力を求める。
★進級に対して、不安やプレッシャーを感じてしまう子どももいることを知らせ、期待と不安の入り混じった気持ちを受け止めてもらい、安心して進級を迎えられるようにする。
★進級に向けて準備することなど、掲示やクラス便りなどでわかりやすく伝える。

> CD-ROM
> 4歳児 ▶ P.082-105_月案 ▶ 3月_月案.doc

幼稚園における預かり保育への配慮

☆ 年度末により人数の変動が予想されるので、不安な気持ちを受け止めたり、楽しい企画などを考えたりする。
☆ いろいろな行事や活動があるのでひと休みしたり、じっくりと好きなことに取り組んだりできるようにする。

> 春休みに入ると登園児数が減ったり、昨日来た友達が今日はいなかったりすることをさしています。毎日を楽しく過ごせる工夫を記入しています。

保育園における延長保育への配慮

☆ 日中、意欲的に活動に取り組んでいるので、体を休めたり、落ち着いて過ごしたりできる環境づくりをする。
☆ 異年齢児といっしょに楽しんだり、教え合ったりできるような玩具や素材を用意する。

健康・食育・安全への配慮

● 異年齢での集団遊びの場面では、体力や技能の差を考慮し、けがのないようにしていく。
● ジャガイモを植えるなど、年長組になって収穫を楽しめるものを取り入れる。

環境の構成と保育者の援助

自信を持って活動に取り組み、進級への期待や喜びを持てるように

○ 年長児へのプレゼント作りやお別れ会の準備を進める中で、これまでの年長児とのかかわりを振り返り、感謝やお祝いの気持ちを持って取り組めるようにする。
○ いろいろな活動の場面で、1年間を振り返り、ひとりひとりが成長を感じられるような機会を持つ。
○ 見通しを持って生活できるように、カレンダーや時計を活用し、行事や週・日の予定をわかりやすく伝える。
○ 自分で気がついて身の回りのことをしたり、自分たちの生活の場を自分たちで整えたりする姿を認め、意欲や自信につなげていく。

クラスのまとまりを感じながら自分の力を発揮できるように

○ 自分なりの力を発揮しながら、さまざまな活動に取り組む姿をとらえ、認めていくことで、進級への期待や意欲へとつながるようにする。
○ お別れ会、進級就学祝い会（修了式・卒園式）では、クラスみんなで共通の目標に向かって取り組むことで、クラスのつながりを感じられるようにする。

友達と遊びを進めて楽しめるように

○ ひとりひとりのイメージやアイディアを引き出し、友達と共有しながら遊びを進めて楽しめるように橋渡しをしていく。
○ 決まりやルールの大切さを伝えるときには、場面をとらえ、子どもが考えたり、保育者といっしょに確認したりして、考えて行動する力をはぐくんでいく。
○ 友達とのトラブルを経験する中で、自分の思いや考えを伝え、相手の思いにも気づいて自分たちなりに解決できるよう、必要に応じて保育者が仲立ちをしていく。

身近な自然にふれ、春の訪れを感じられるように

○ 戸外に積極的に出て遊ぶ中で、日ざしや風の暖かさを感じられるようにする。
○ 草花の生長や虫のようすなど、子どもたちの気づきや驚きに共感し、関心を広げていく。

> 当番だからするのではなく、また、保育者から声をかけられたからするのではなく、子どもの意識のつながりが大切です。こうなってほしいという1年間の最終的な願いを込めて書いています。

反省・評価のポイント

★ 友達とかかわりながらつながりを深め、自分たちで遊びを進めて楽しむことができたか。
★ 進級する喜びや期待を持てるような、環境の構成や援助ができたか。
★ 身近な自然にふれ、興味や関心を持つことができたか。

わかる！書ける！
朱書き ＝ 書き方解説を チェック！

P.82-83・4月の月案も参照してください。

4月 1週の計画 4歳児
4月 2(月) ～ 7(土)

週の初めの幼児の姿

◆進級児は進級を喜び、新たな友達が入園することに期待を持っている反面、新しい生活に不安なようすも見られる。
◆新入園児は、笑顔で登園する姿や緊張や不安を示す姿などが見られる。
◆保育者とのかかわりや保育者のそばにいることで安定する子どもが多い。

今週の園生活

○園庭にサクラ、チューリップ、パンジーなどの花が咲いている。

始業式（幼稚園）　入園式　春の全国交通安全運動

ねらいと内容

ねらい
○進級や入園を喜び、新しい生活に期待を持つ。
○保育者に親しみを持ち、安心して過ごす。

内容
・自分のしたいことを見つけて遊ぶ。
・自分の好きな場や遊具にかかわって遊ぶ。
・保育者とかかわりながら、生活に必要なことを知る。

> 大きな災害がいつ起こっても安全な環境であるのが基本です。年度初めなので、意識を改めるためにも特に記入しておくとよいでしょう。

具体的な環境（◆）と保育者の援助（○）

○保育者への親しみを感じ安心感を持てるように、ひとりひとりの動きを十分に認め、温かい雰囲気で話しかけていく。
○不安や緊張を感じている子どもには、周りのようすをいっしょに見たり、親しみの持てる遊具を手渡しして遊びに誘ったりしながら、安心して過ごせるようにしていく。
◆保育室は、子どもたちが親しみを持てるように、明るく春らしい雰囲気にしておく。また、**室内や廊下に置いてあるものについて、転倒防止や避難経路の確保など安全面を確認しておく。**
◆自分の靴箱やロッカーなどがわかりやすいように、子どもから見えやすい位置に名前や絵表示を付けておく。
◆遊びのコーナーは、子ども同士で互いの遊びが見えやすいことや子どもの動線を考慮して配置する。
（ままごと、電車、ブロック、積み木、折り紙、描画、絵本など）

○生活に必要なことは、絵表示を使ってわかりやすく伝えたり、保育者がいっしょに行ないながら、方法や手順を知らせたりして、少しずつ自分でできるようにしていく。

◆遊具は、棚から出しておいたり、遊び始めの状態で置いておいたりして、子どもから見えやすく手に取りやすいようにしておく。また、かたづけやすいように、収納場所に絵や文字で表示を付けておく。

◆遊びのコーナーにじゅうたんやゴザを敷いたり、テーブルやイスを置いたりして、落ち着いて遊べるようにする。
○進級児が自分からしたいことを見つけて動きだしている姿やいっしょに過ごしたい友達との遊びを楽しもうとする姿を認めていく。スキンシップを図りながら、新しい環境でも落ち着いて過ごせるようにしていく。

反省・評価のポイント

★進級児、新入園児それぞれの気持ちに寄り添ってかかわったり、安心して過ごせる環境を構成したりすることができたか。

4月2週の計画 4歳児

4月 9(月)〜14(土)

わかる！書ける！
朱書き＝書き方解説をチェック！

P.82-83・4月の月案も参照してください。

CD-ROM
4歳児 ▶ P.106-125_週案 ▶ 4月_1・2週案.doc

前週の幼児の姿

◆進級児は3歳児クラスのときにしていた遊びや、知っている友達との遊びをすることで安定している。
◆新入園児は興味のある遊具を手に取ったり、手遊びを楽しんで行なったりするなど、少しずつ自分の動きを出すようになってきている。

今週の園生活

○園庭にアリやダンゴムシなどが見られる。
○サクラの花びらが散る。
○風や日の光が心地良い。

進級入園祝い会

ねらいと内容

ねらい
○保育者や友達に親しみを持ち、いっしょに過ごす楽しさを感じる。
○自分のしたい遊びを見つけて安心して過ごす。
○園生活のしかたや生活の流れを知り、自分なりに動こうとする。

内容
・保育者や友達とふれあい、親しみを感じる。
・自分のしたいことを見つけたり同じ3歳児クラスだった友達や新しい友達とかかわったりして遊ぶ。
・自分の好きな場や遊具にかかわって遊ぶ。
・保育者とかかわりながら、生活に必要なことを知り、自分で行なおうとする。

> 子どもは、園庭に出れば飼育物、虫、草花に自分から関心を持つであろうと思って、保育者が何も環境を用意しないのでは、保育(教育)とはいえません。子どもの何を育てたいかを考えて、計画に入れるようにします。

具体的な環境(◆)と保育者の援助(○)

◆遊びのようすに応じて、遊具の種類や数を調整したり、遊具同士を組み合わせた遊び方を提案したりして、遊びへの興味を広げ、楽しめるようにしていく。
(粘土、ままごとの買い物カゴやベビーカー、電車、ミニカー、積み木、ブロック　など)

◆同じ場に居合わせた友達との遊びを落ち着いて楽しめるように、ままごと遊びサークルや低いついたてなどを用いた遊びの場を構成していく。

○園庭で遊ぶ際の約束や決まりについては園内で共通にしておき、子どもにわかりやすく伝えて安全に遊べるようにしていく。

◆乗り物や固定遊具は、乗り場やコース、待つ位置などをベンチや線などを用いて示し、使い方や交代のしかたがわかるようにしていく。
(三輪車、スクーター、ブランコ、滑り台、砂場　など)

○春の風や日ざし、飼育物、虫、草花などに関心を持てるように、**季節や飼育物に関する絵本を置いたり、園庭の草花を飾ったりする**。また、保育者もいっしょにかかわりながら、気持ちが和むのを感じたり親しみを持ったりできるようにしていく。
(絵本のテーマ:タンポポ、オタマジャクシ、アリ、砂場　など)

◆食事が落ち着いて楽しく食べられるように、席の決め方に配慮したり、準備の手順を絵で知らせたりしていく。

◆進級入園祝い会では、みんなで集まって過ごす楽しさを感じられるように、手遊びや歌など内容を工夫したり時間が長くなりすぎないように配慮したりする。

○手遊びは、簡単で小さな動きから大きな動きへとバリエーションを広げ、みんなでいっしょに楽しむ中で自分なりの動きを出せるようにしていく。
(手遊び:『いっぽんばし』『いっぴきののねずみ』『まあるいたまご』『手をたたきましょう』)

反省・評価のポイント

★取り組んだ遊びの楽しさを感じたり、保育者に親しみを持って安心して遊びを続けることができたか。
★生活のしかたや約束など、子どもにわかりやすく順序を追って指導できたか。

わかる！書ける！ 朱書き＝書き方解説をチェック！

P.82-83・4月の月案、P.126・4月の日案も参照してください。

4月3週の計画 4歳児

4月16(月)～21(土)

前週の幼児の姿

◆新入園児の動きが活発になってきたことで、進級児たちも動きを出しやすくなり、友達と場を作って遊ぶ姿が見られる。

◆保育者や友達の言動をきっかけに、新しい遊びにも自分から取り組み、楽しさを感じている。

今週の園生活

○日ざしがまぶしい。
○チョウが舞う。
○園にこいのぼりや五月人形が飾られる。

[身体計測] [内科検診]

ねらいと内容

ねらい
○身近な材料や用具に触れながら、保育者や友達と遊ぶことを楽しむ。
○みんなで集まって活動する楽しさを感じる。

内容
・場や遊具などに興味を持ってかかわり、安心して遊ぶ。
・新しい用具の使い方を知り、遊びに取り入れて楽しむ。
・保育者や友達のしていることに興味を持ち、自分もやってみようとする。
・みんなといっしょに動いたり、自分の動きを出したりする楽しさを感じる。

具体的な環境（◆）と保育者の援助（○）

◆遊びのようすによって、子どものさまざまな思いやイメージ、動きなどが出やすい物や材料を増やしていく。

○保育者も遊びの仲間になり、ひとりひとりの言動に応じながら、遊具や用具、材料の使い方を知らせたり、遊び方のモデルを示したりしていく。

（広告紙を丸めた棒にチョウや花などの形に切った紙を付ける、板積み木で坂道を作って丸いものを転がす など）

○身体計測や内科検診では、何をするのかがわかって安心して取り組めるように、事前に手順をわかりやすく伝えたり、年長児が行なっているようすを見る機会をつくったりする。

○みんなで集まった際に、名前を呼んだり、隣の友達とふれあったりする活動を取り入れ、友達に関心を持ったりかかわりを楽しんだりできるようにしていく。

（♪：『みんながあつまった』『どんな色が好き』 など）

子どもたちから、どんな遊びや活動が出てくるかを予想して計画に記入すると、先々の計画もたてやすくなります。

◆クレヨンやハサミは絵表示を付けて自分の物がわかるようにし、置き場所を決めて使ったら戻す習慣が身につくようにしていく。

○クレヨンやハサミは、実際に使いながら扱い方を知らせる機会を持ち、遊びに取り入れられるようにしていく。

（クレヨンを使った活動：モジャモジャ怪獣、クルクルスパゲティー、いろいろキャンディー など
ハサミを使った活動：焼きそば作り、弁当作り など）

○簡単な表現遊びを取り入れ、みんなの中で自分の動きを出したり、保育者や友達の動きをまねたりすることを楽しめるようにしていく。

（動物や虫になったつもりで動く、乗り物に乗って出かける など）

反省・評価のポイント

★さまざまな材料や用具について、使うことを楽しみながら扱い方を知ることができたか。
★みんなでする活動を楽しい雰囲気で行ない、子どもが無理なく参加できるように進められたか。

わかる！書ける！
朱書き＝書き方解説を**チェック！**

P.82-83・4月の月案も参照してください。

CD-ROM　4歳児 ▶ P.106-125_週案 ▶ 4月_3・4週案.doc

4月4週の計画 4歳児
4月 23(月)～28(土)

4月 3・4週 4歳児

前週の幼児の姿

◆ 扱える材料や用具が増えたことで、遊びのバリエーションが広がり、遊びの楽しさを感じられるようになってきている。
◆ 活発に動く姿が見られ、周りにも目が向くようになっていきている。おもしろそうなことに子どもたちが集まったり、ひとりが始めたことが広がったりしている。

今週の園生活
○ 池にオタマジャクシが泳ぐ。
○ 汗ばむ日もある。

誕生会　避難訓練

ねらいと内容

ねらい
○ **いろいろな遊びに興味を持ち、保育者や友達と楽しむ。**
○ みんなで集まっていっしょに活動する楽しさを感じる。

内容
・場や遊具などに興味を持ってかかわり、安心して遊ぶ。
・友達のしていることに興味を持ち、自分もやってみようとする。
・戸外で遊ぶ心地良さを感じる。
・**簡単な製作や描画に取り組み、楽しさを感じる。**
・身近な自然に興味を持ち、見たり遊びに取り入れたりして親しむ。

前週に見られた子どもの姿を思い出し（記録も振り返りながら）、今週のねらいと指導内容を考えます。指導内容をもとに、どんな環境を用意し、援助するかを下の枠に書き込みます。それらをすると、上に書かれたねらいが達成される…というしくみがわかりやすい記述です。

具体的な環境(◆)と保育者の援助(○)

○ オタマジャクシや散った花びらなど、子どもと共に見たり触れたりしながら、気づいたことや思ったことを伝えようとする姿を受け止めていく。
○ 自然物を見たり触れたりした体験を表現活動に生かしたり、遊びに取り入れたりして、自然とかかわる楽しさを感じられるようにする。
（オタマジャクシ：歌、描画、表現　など
花びら、実：アクセサリーにする、砂のケーキに飾る　など）
◆ **砂場は、適度に湿らせたり掘り起こしたりして、子どもが遊びやすいようにしておく。また、砂場の遊具とともに、戸外用のテーブルやイスも用意しておき、繰り返し型抜きをしたり、丸めた団子を並べたりするなど、興味を持ったことを十分に楽しめるようにしていく。**
○ 避難訓練の意味や内容、約束などを事前にわかりやすく伝えるとともに、年長児の訓練を見せることで訓練の雰囲気や具体的な動き方を感じ取れるようにしていく。また、訓練以外でも防災ずきんをかぶる機会をつくり、扱いに慣れるようにしていく。

◆ **こいのぼり作りでは、簡単に取り組める材料を用意し、自分のものができたうれしさを感じられるようにしていく。** また、でき上がったこいのぼりを持って走り、春風の心地良さを感じられるようにする。
（色画用紙、色紙、紙テープ、シール　など）
○ 園庭や公園、ホールなど広い場で走る心地良さを味わい、体を動かす楽しさを感じられるようにしていく。その際、人数に応じた広さや動線を考え、安全面に配慮する。
（かけっこ、保育者を追いかける、○○までヨーイドン
♪：『はしってはしって』　など）
○ やりとりやイメージのある鬼遊びを取り入れ、保育者や友達といっしょに声を出したり、動いたりして遊ぶことを楽しめるようにしていく。
（わらべうたあそび：『あぶくたった』『むっくりくまさん』など）
○ 唱和を楽しめる絵本や紙芝居、簡単なリズムなどを取り入れていく。
（📖：『まあるいまあるい』、♪：『ホ・ホ・ホ』　など）

反省・評価のポイント

★ みんなといっしょに活動する中で、それぞれの子どもが楽しいと感じることができたか。
★ いろいろな遊びに興味を持って取り組めるように、教材の提示や投げかけ、かかわり方を工夫できたか。

6月 1週の計画 4歳児

6月4日(月)～9日(土)

わかる！書ける！
朱書き ＝書き方解説をチェック！

P.86-87・6月の月案も参照してください。

前週の幼児の姿

- ◆ 砂や土、水を使って遊びながら、感触を楽しんだり開放感を味わったりしているようすが見られる。
- ◆ みんなでいっしょにリズムに合わせて踊ることや、走ったり跳んだりすることを楽しんでいる。

今週の園生活

- ○日ざしが少しずつ強くなり、気温や湿度が高くなる。
- ○**苗植えした野菜の花が咲く。**
- ○**種まきしたアサガオやヒマワリが生長する。**
- 歯の衛生週間　衣替え　時の記念日

> 5月中に、子どもたちと土作りをし、生長が早くて変化がわかりやすい植物（ゴーヤ、ナス、ミニトマト、インゲン、ピーマン　など）を植えていました。園生活の中で子どもの活動にかかわることがあれば、記入しましょう。

ねらいと内容

ねらい
- ○興味を持った遊びや活動に自分から取り組む。
- ○友達とふれあって遊ぶことを楽しむ。

内容
- ・汗の始末や着替えを自分で行なう。
- ・砂や土、水を使って遊びながら、感触を楽しんだり開放感を味わったりする。
- ・自分なりに作ったり、作った物を使って遊んだりする。
- ・栽培物のようすに興味を持ち、見たり触れたりする。
- ・時計や時間に興味や関心を持つ。　・歯の健康の大切さを知る。

具体的な環境（◆）と保育者の援助（○）

- ◆ 砂や土、泥、水を使って遊ぶことを十分に楽しめるように必要な遊具や用具を用意しておく。
（バケツ、タライ、ジョウロ、カップ、足ふきマット　など）
- ○ 保育者もいっしょに遊びながら、砂や土、水の感触を味わいながら試したり発見したりして遊ぶことを楽しめるようにする。
- ○ 遊んだ後の汗の始末や、着替えを自分から行なう姿を認めるとともに、子どものようすに応じて具体的な方法を個別に知らせるようにする。
- ◆ 遊びのイメージが膨らんでいくような絵本を取り上げる。
（📖：『クマさんのドーナツ』『おべんとくん』）
- ◆ イメージを引き出したり、見たてたりできるような素材や用具を用意しておく。
（空き箱、空き容器、カップ、ロール芯、粘土、画用紙、広告紙、フラワーペーパー　など）
- ○ 自分なりのイメージを持って作っている姿を認めながら、モデルとしての保育者の動きを通して、見たてて作ることや作る技法を楽しめるようにしていく。
（ごっこ遊びに用いる物：剣、お面ベルト、動物のお面、ベルト、バッグの製作　など）
- ◆ **野菜の苗やアサガオ、ヒマワリの生長のようすを見たり水やりをしたりしやすいように場作りをする。**
- ◆ 歯の健康の大切さをわかりやすく伝えるために歯に関する絵本や紙芝居を用意したり歯みがき指導の機会をつくったりする。
- ◆ 時の記念日について知り、時計や時間に興味や関心を持つことができるような機会をつくる。
（時計や時間に関する保育者の話、製作　など）

反省・評価のポイント

- ★ いろいろな遊びの中で友達とふれあって楽しむことができたか。
- ★ 自分の興味を持った遊びをじっくりと楽しむことができるように、環境の構成や援助を工夫することができたか。

6月 2週の計画 4歳児
6月 11(月)～16(土)

わかる！書ける！ 朱書き＝書き方解説をチェック！

P.86-87・6月の月案、P.127・6月の日案も参照してください。

CD-ROM　4歳児 ▶ P.106-125_週案 ▶ 6月_1・2週案.doc

前週の幼児の姿

- ◆遊びに必要な身じたくをしたり、衣服を着替えたりすることを自分から行なう姿が見られる。
- ◆自分なりに作ったり、作った物を使って遊んだりすることを楽しんでいる。
- ◆栽培物の生長のようすを見たり水やりをしたりすることを楽しんでいる。

今週の園生活

- ○梅雨になり、雨の日が多くなる。
- ○飼育しているオタマジャクシが生長してカエルになる。
- ○アジサイの花が咲いている。　○園庭でカタツムリやダンゴムシなどを見つける。
- 父の日

ねらいと内容

ねらい
- ○自分の興味を持った遊びや活動に自分から取り組み、遊びの楽しさを味わう。
- ○いっしょに過ごしたい友達とかかわりを持って遊ぶ楽しさを感じる。

内容
- ・雨の日のいろいろな自然事象にふれる。
- ・天候に応じた生活のしかたを知り、できることを自分で行なう。
- ・身近な素材や用具を使って、描いたり作ったりして遊ぶ。
- ・保育者や友達といっしょに飼育物のようすを見たり世話をしたりする。

具体的な環境（◆）と保育者の援助（○）

- ◆雨天時も室内で体を動かして遊ぶことを楽しめるように場を作ったり遊び方を提案したりする。また、気持ちの発散ができるような遊びや活動の流れや内容も工夫する。
  （巧技台、マット、フープ、ポリ袋や段ボールで作ったお化けや怪獣、新聞紙ボールを使った遊び　など）
- ○雨が降っているようすや水たまりなどに触れて子どもたちが感じたことや発見したことに共感したり、気づきを引き出すような言葉をかけたりする。
- ◆季節を感じたり、飼育物に興味や関心を持ったりできるような絵本や図鑑、歌を取り入れる。
  （📖：『ぞうくんのあめふりさんぽ』、生き物の図鑑
  ♪：『ながぐつマーチ』『かたつむり』『あめ』　など）
- ○飼育物にエサをやることやようすを見ることを保育者もいっしょに楽しみながら、飼育物への親しみの気持ちを持てるようにする。

- ◆作りながら用具の使い方を知る活動を取り上げたり、作った物を使って遊べるような場や飾る場を準備したりする。
  （アジサイやカタツムリ、父の日のプレゼントなどの製作、作った物を飾る壁面、池や草むらに見たてた場）
- ◆落ち着いて遊びを楽しめるように、ゴザやサークルついたてなど、遊びのスペースを区切れるものを用意しておく。
- ○友達と同じような物を身に付けたり自分なりにイメージした物を作ったりして楽しんでいる姿を大切にし、友達とかかわって遊べるようにしていく。
- ○遊びの中で、ひとりひとりの子どもの思いや動きを保育者がていねいに受け止めるとともに、同じ場にいる友達に思いや動きが伝わっていくように言葉を補うなどの援助をする。

どう援助するかを記入するのが指導計画です。援助の内容を具体的に書きます。

反省・評価のポイント

- ★興味を持った遊びや活動に自分から取り組もうとしていたか。
- ★いっしょに過ごした友達と落ち着いて楽しめるような環境を工夫できたか。

わかる！書ける！　朱書き＝書き方解説をチェック！

6月 3週の計画
4歳児
6月 18〜23（月）（土）

P.86-87・6月の月案も参照してください。

前週の幼児の姿

◆いっしょに過ごしたい友達と同じ場で遊ぶことや、友達と同じような物を作ったり用いたりして遊ぶことを楽しんでいる。

◆2〜3人の友達と遊ぶ中で、自分なりの気持ちや遊びのイメージを言葉や動きで表すようになってきている。

> 前週の姿を受けて、今週のねらいは"みんなで"を中心に据えました。子どもの姿や発達を踏まえて書きましょう。

今週の園生活

○蒸し暑い日や梅雨寒の日など、日によって気温差がある。

| 水族館への遠足 | 誕生会 | 身体計測 |

ねらいと内容

ねらい
○興味を持った遊びや活動に自分から取り組み、遊びの楽しさや開放感を味わう。
○みんなで経験することや、みんなでいっしょに活動することを楽しむ。

内容
・身近な素材や用具を使って描いたり作ったりして遊ぶ。
・遠足で経験したことを遊びや活動で表現する。
・友達との遊びの中で、思いを自分なりの言葉や動きで表す。
・みんなでいっしょに動く中で声や動きをそろえたり、自分なりに動いたりする。

具体的な環境（◆）と保育者の援助（○）

○新しい活動に興味を持って取り組み、開放感や自分なりに表現することを楽しめるように援助する。
　（にじみ絵、はじき絵　など）
○自分の興味を持ったことや、したいことを楽しんでいる姿に共感し、遊びの楽しさを十分に味わえるようにする。
○ひとりひとりの子どもの動きや言葉から遊びのイメージを受け止め、それに応じた遊び方や必要な物を提示する。
　（お店屋さんごっこ、乗り物ごっこ　など）

◆子どもたちが自分の興味や必要に応じて取り出して使ったりかたづけたりしやすいように、素材や用具、遊具の置き方、分類、表示を工夫する。
○遊びの中で友達とのトラブルが生じた際には、それぞれの子どもの思いを十分に受け止め、友達に思いを伝えるための具体的な言葉を知らせる。

○遊びの中で必要な言葉や、交代や順番の必要性を、場面に応じて知らせたり確かめたりする。
○曲や保育者の言葉や合図に応じてみんなでいっしょに動いたり自分なりの表現をしたりすることを楽しめるような活動を取り入れる。
　（雨などの身体表現、楽器遊び、引越し鬼　など）

◆遠足に期待を持てるような絵本や歌などを取り入れる。
　（水族館の写真、📖：『うとうとまんぼう』『スイミー』
　　♪：『バスごっこ』『きれいなさかな』　など）
○水の中のいろいろな生き物のようすに興味や関心を持って見学することができるように、子どもたちのつぶやきを取り上げたり、保育者の感じたことを伝えたりする。
○遠足で経験したことを、遊びやみんなでする活動の中で表現して楽しめるようにする。
　（描画、水の中の生き物の身体表現、魚釣りごっこ　など）

反省・評価のポイント

★みんなでいっしょに遠足に出かけたり、活動したりすることを楽しめたか。
★身近な素材や用具を使って描いたり作ったりすることを楽しめるように、環境の構成や援助を工夫していたか。

6月 4週の計画

4歳児　6月25(月)～30(土)

わかる！書ける！
朱書き＝書き方解説をチェック！

P.86-87・6月の月案も参照してください。

CD-ROM　4歳児 ▶ P.106-125_週案 ▶ 6月_3・4週案.doc

前週の幼児の姿

- ◆身近な素材や遊具を使って自分なりに描いたり作ったりすることや、新しい素材を使った活動をすることを楽しむ姿が見られる。
- ◆水族館への遠足で経験したことを表現することを楽しんでいる。
- ◆遊びの中で、自分の思いを自分なりの動きや言葉で表そうとしてきている。

今週の園生活

- ○日ざしが強い日、気温や湿度の高い日が多くなってくる。
- ○栽培している野菜が実を付け始める。

〔避難訓練〕〔プール開き〕

ねらいと内容

ねらい
- ○みんなで経験することやみんなでいっしょに活動する中で自分なりの動きを表すことを楽しむ。
- ○友達とかかわりを持って、いっしょに遊ぶことを楽しむ。

内容
- ・プール遊びの身じたくのしかたやプールでの約束を知る。
- ・いろいろな水遊びを通して、自分なりに試したり開放感を味わったりする。
- ・栽培物の生長に興味や関心を持ち、世話をしたり収穫したりする。
- ・友達との遊びの中で、自分の思いを自分なりの言葉や動きで表す。

具体的な環境（◆）と保育者の援助（○）

- ○水遊びやプール遊びの約束や身じたくのしかたについて保育者の話や絵表示などによって具体的に知らせるようにする。
- ◆**みんなでいっしょに着替える際に、自分の所持品がわかりやすいような着替えの方法を工夫し、着替えをしやすい場を確保する。**
- ◆水遊びを通して、繰り返し試すことや水の感触、開放感を楽しめるように材料や用具を用意しておく。
  （シャボン玉遊び、障子紙の染め紙、舟作り　など）
- ○絵の具遊びや色水遊びでは色の変化に気づいたり不思議さを感じたりすることを楽しめるように援助する。
  （にじみ絵、合わせ絵、絵の具・マーブリング液・クレープ紙などを使った色水遊び　など）
- ○避難訓練ではあらかじめ内容を知らせ、指示や避難の際の約束をはっきりとわかりやすく伝えるようにする。

> 子どもが自分で着替えやすいように、絵表示を見せたり話したりするだけでなく、より具体的に書き込みます。

- ○保育者が子どもといっしょに水やりや収穫を行ないながら、野菜の色や形、香り、大きさ、触れたときの感触に興味や関心が持てるように言葉をかける。
- ○音楽や簡単なストーリーに合わせて表現しながら、みんなで声や手拍子、動きを合わせることや、自分のなりたいものになって動いたり、やりとりの言葉を言ったりすることを楽しめるようにしていく。
  （♪:『みんなの広場』、📖:『とりかえっこ』　など）
- ○ひとりひとりの子どもの動きや言葉を保育者が受け止め、いっしょに遊んでいる友達に知らせることによって、互いに刺激し合い、友達とのかかわりを楽しめるようにする。
  （忍者ごっこ、探検ごっこ　など）

反省・評価のポイント

- ★プール遊びの身じたくを自分からしたり、プールでの約束を守ろうとしたりしていたか。
- ★いろいろな水遊びの中で、自分なりに試したり動きを楽しんだり開放感を味わったりできるように援助していたか。

6月 3・4週　4歳児

わかる！書ける！朱書き＝書き方解説をチェック！

P.92-93・9月の月案も参照してください。

9月1週の計画　4歳児　9月3日（月）～8日（土）

週の初めの幼児の姿

◆久しぶりに全員そろって生活することに期待を持ち、喜ぶ姿が見られる。中には、久しぶりの登園で不安な気持ちを持つ子どももいる。
◆園での生活のしかたを思い出し、自分なりに行なおうとする子どもが多い。一方、生活のリズムを取り戻すのに時間がかかる子どももいる。

今週の園生活

○残暑が厳しい日が続く。
○地域で防災訓練が行なわれる。

始業式（幼稚園）　防災訓練（引き渡し訓練）　プール納め

ねらいと内容

ねらい
○生活に必要なことを思い出し、自分で行なおうとする。
○友達とかかわったり、好きな遊びをすることを楽しもうとする。

内容
・生活のしかたを思い出し、自分で行なう。
・自分なりに好きな遊びを見つけて楽しむ。
・プールの中でできるようになったことを繰り返し楽しむ。
・災害時の避難の意味やしかたがわかり、約束を守って行動する。

> 子どもの育ち、活動に対する環境構成・援助として、防災訓練のことはていねいに書きましょう。詳しくは別紙に記述するなどして、全職員で十分に共通理解するようにしましょう。

具体的な環境（◆）と保育者の援助（○）

◆休み前や前月の保育で遊んでいた遊具や用具を用意し、やりたいことを見つけて遊びだせるようにしておく。
◆夏に経験したことを再現して遊べるような場や素材を用意しておく。
（キャンプ・お祭り・海などのごっこ遊び、経験画を描く、虫や花火の製作物作り　など）
○ひとりひとりの状態を把握し、会話や遊びやスキンシップでかかわり、保育者との関係を取り戻せるようにする。
○生活のしかたを思い出し、自分で行なおうとする姿を認め、必要に応じて言葉をかけたり手伝ったりしていく。

◆天気や気温に応じて、プールでこれまで経験した遊びが楽しめるように遊具や用具を用意する。
（水鉄砲、フープ、宝取りの魚や貝、ジョウロ　など）
○プール遊びの経験の差を考慮しながら、自分なりにできるようになったことや挑戦してみたいことを繰り返し楽しむひとりひとりの姿を認めていく。
◆プール納めでは、年長児のようすを見る機会を持ち、来年への期待を持てるようにする。

○災害時に、自分の命を守ることの大切さや、避難をする意味を理解し、避難する方法がわかるように、具体的に視覚教材などを用いて伝える。その際、恐怖心を過度にあおらないように注意し、約束を守って身近な大人といっしょにいれば安全であることを伝えていく。
○保護者の迎えを待ったり、保護者といっしょに約束を守って安全に家まで帰ったりすることの必要性を伝える。家庭でも防災について考え、備える機会となるようにする。

反省・評価のポイント

★園での生活リズムを取り戻し、保育者や友達との生活を楽しめたか。
★災害時に約束を守って安全に避難することの意味や方法を、わかりやすく指導することができたか。

わかる！書ける！
朱書き＝書き方解説をチェック！

P.92-93・9月の月案も参照してください。

9月2週の計画
4歳児
9月10(月)～15(土)

CD-ROM　4歳児　P.106-125_週案　9月_1・2週案.doc

前週の幼児の姿
◆気の合う友達とかかわったり、やりたい遊びを見つけて遊びだしたりしている子どもがいる一方で、なかなか遊びだせずにいる子どももいる。
◆プール遊びを楽しみ、できるようになったことを繰り返し楽しんだり、友達や年長児の姿に刺激を受けて新たなことに挑戦したりしている。

9月1・2週　4歳児

今週の園生活
○草花の種や花が取れたり、台風で若いドングリや木の葉が落ちたりする。
○園庭にトンボが飛んだり、草むらにバッタなどの虫が見られたりする。

[身体計測]

ねらいと内容
ねらい
○友達とかかわりながらいっしょに遊ぶ楽しさを味わう。
○戸外で体を動かして遊ぶ楽しさを味わう。

内容
・友達や保育者と、場や物を作りながら遊ぶ。
・遊びの中で、それぞれのイメージを動きや言葉で表現する。
・友達や保育者といっしょに、戸外で思い切り体を動かして遊ぶ。
・草花を摘んだり種取りをしたりして、遊びに取り入れる。

> みんなでもっと集めてみたくなるような環境を工夫したいものです。いつでも見られるのは、子どもの意識づけ、意欲づけになるでしょう。このように、具体的に記します。

具体的な環境（◆）と保育者の援助（○）

◆自分たちで遊びの場作りができるような遊具や材料を用意しておく。（間じきり、低くて軽いついたて　など）
◆イメージを表現したり、遊びに必要な物を作ったりできるよう、素材や用具を準備しておく。
（色画用紙、お面ベルト、空き箱、リボン　など）
○遊びに必要な物を自分たちで作ったり、作りながらイメージを膨らませたりする姿を受け止める。保育者もいっしょに遊びながら、必要に応じて、アイデアを知らせ、作った物を遊びに取り入れる姿を見せていく。
○友達とふれあっていっしょに遊ぶ楽しさを味わえるような遊びを取り入れる。
（ふれあい遊び：『げんこつやまのたぬきさん』『なべなべそこぬけ』『あくしゅでこんにちは』　など）
◆体を動かしたくなるような場や遊具を用意していく。
（かけっこのライン、ボール、巧技台　など）
○保育者も積極的に戸外に出て、いっしょに体を動かして遊び、心地良さや楽しさを共感していく。

○全員で戸外で体を動かして遊ぶ。
（かけっこ、おいかけっこ、ダンス、体操　など）
◆草花や種を入れる容器（カップ）、遊びに使う用具（色水用のすり鉢、すりこ木）を用意しておく。
◆**集めてきた草花の種を種類ごとに分類・整理して、いつでも見て関心を持てるような環境を準備しておく。**
（写真や絵の表示、種類別の容器、図鑑　など）
○保育者も草花や種に関心を持ってかかわり、いっしょに草花や種を集めたり、遊びに取り入れたりしていく。
○保育者も草花や種の色や形、大きさ、模様、数などに心を動かしながら、子どもの発見や驚きに共感していく。
○絵本やお話を通して種からまた芽が出ることを伝え、来年の発芽に期待を持てるようにする。
○秋の全国交通安全運動に向けて園外に散歩に行くときのルートを工夫し、秋の草花にふれられるようにしたり、交通安全の指導を行なったりする。

反省・評価のポイント
★身近な草花や種に関心を持ってかかわったり、遊びに取り入れたりして楽しんでいたか。
★友達とかかわって遊ぶ楽しさや、体を動かして遊ぶ楽しさが味わえるような、活動や環境を工夫できたか。

115

わかる！書ける！ 朱書き＝書き方解説をチェック！

P.92-93・9月の月案、P.128・9月の日案も参照してください。

9月3週の計画 4歳児
9月17～22（月）～（土）

前週の幼児の姿
- ◆友達といっしょに遊びの場や遊びに必要な物を作って遊ぼうとしている。
- ◆友達や保育者といっしょに、体を動かして遊ぶことを楽しんでいる。
- ◆草花の種や花に関心を持ってかかわったり、遊びに取り入れたりする姿が見られる。

今週の園生活
- ○暑さが落ち着き、朝夕は少し気温が下がり過ごしやすくなってくる。
- ○草むらにバッタやカマキリが見られる。虫の声が聞こえるようになる。

　敬老の日　｜　秋の全国交通安全運動　｜　秋分の日

ねらいと内容

ねらい
- ○友達といっしょに体を動かして遊ぶ楽しさを味わう。
- ○友達と遊ぶ中で、自分の思いを出し、やりとりを楽しむ。
- ○祖父母や地域の高齢者とかかわり、親しみを持つ。

> 徐々に次月の運動会が近づいてきたとしくも、このように静と動をバランスよくねらいとして、記入しましょう。

内容
- ・友達や保育者といっしょに、いろいろな体を動かす遊びを楽しむ。
- ・祖父母や地域の高齢者とかかわり、ふれあいを楽しむ。
- ・身近な秋の虫にかかわったり、関心を持って見たりすることを楽しむ。

> おおぜいで遊ぶことを十分に経験できるようにしたいと思います。この例のように、みんなで声をそろえる楽しさ、繰り返す楽しさが経験できる遊びを考えて、具体的に記します。

具体的な環境（◆）と保育者の援助（○）

- ◆ひとりひとりが自分のペースで体を動かして遊び、いろいろな動きが楽しめるような場や必要な道具を用意する。（巧技台のサーキットコース、玉入れ　など）
- ○思い切り体を動かしたり、繰り返し取り組んだり、挑戦したりしている姿を認め、楽しさに共感する。
- ○巧技台や玉入れなどの遊具や用具の安全な使い方を繰り返し知らせ、約束を守って遊べるようにする。
- ○音楽に合わせて踊る楽しさやみんなで動いたり声を合わせたりする楽しさを味わえるような曲を選び、みんなで踊って動きや声が合う楽しさを味わう機会をつくる。
- ◆友達や保育者とストーリーやイメージを持って楽しめる鬼遊びを取り入れる。
  （オオカミさん今何時、あぶくたった、引っ越し鬼　など）
- ○みんなで鬼遊びをする機会を持ったり、好きな遊びの中で保育者も仲間に入って繰り返し遊んだりし、イメージやルールを共有しながら友達といっしょに動く楽しさが味わえるようにする。

- ○祖父母や地域の高齢者とふれあう会では、簡単な手遊びやふれあい遊びを通して、祖父母とのかかわりを楽しめるようにする。（手遊び：『お寺のおしょうさん』、ふれあい遊び：『あくしゅでこんにちは』、折り紙、お手玉　など）
- ◆虫に関心を持って見たり触れたり、取ったり、世話をしたりできるような道具を用意しておく。（バッタ、カマキリ、コオロギ　など）（ペットボトルで作る虫カゴや、水切りネットを使用して作る虫取り網、飼育ケース、虫の図鑑や虫の出てくる絵本『かまきり』『だんまりこおろぎ』　など）
- ○虫を見つけたり、かかわったりする繰り返しの経験を大切にし、子どもの感じたことを受け止めていく。虫の世話をしようとする姿を認めたり、保育者もいっしょに虫にとって快適な飼い方を考えたりしていく。また、保育者が死んでしまった虫をいたむ気持ちを表すなど、虫へのかかわり方を態度で示しながら気づかせていく。
- ○遊びの中で、自分の気持ちを伝えたり、友達の気持ちを聞いたりしながら、かかわり合って遊べるようにする。

反省・評価のポイント
- ★祖父母や身近な高齢者とのかかわりを楽しみ、互いに親しみを感じることができたか。
- ★友達といっしょに体を動かして遊ぶ楽しさを味わえるような援助や環境の構成ができたか。

9月4週の計画 4歳児

9月 24(月)～29(土)

わかる！書ける！
朱書き＝書き方解説をチェック！

P.92-93・9月の月案も参照してください。

CD-ROM　4歳児 ▶ P.106-125_週案 ▶ 9月_3・4週案.doc

前週の幼児の姿

- ◆戸外で体を動かして遊ぶ子どもが増え、みんなで行なう体を動かす遊びに喜んで参加する姿が見られる。
- ◆祖父母や地域の高齢者といっしょに遊ぶことを楽しみ、親しむことができた。
- ◆虫取りをしたり、捕まえた虫の世話をしたりすることを楽しんでいる。

今週の園生活

- ○澄んだ空やいろいろな形の雲が見られるようになる。
- ○満月が近づき、月がきれいに見えるようになる。

誕生会　中秋の名月（9月30日）

ねらいと内容

ねらい
- ○みんなでいろいろな運動遊びや表現遊びを楽しむ。
- ○身近な自然にふれて遊ぶ中で、季節の変化を感じる。

内容
- ・思い切り走ったり、音楽に合わせて踊ったりする心地良さを味わう。
- ・みんなで合図やルールを知っていっしょに動いたり、競ったりする楽しさを味わう。
- ・中秋の名月（十五夜）や月見について知り、月に興味を持つ。
- ・風や空、雲の変化を見たり感じたりする。

具体的な環境（◆）と保育者の援助（○）

- ○楽しみながらいろいろな動きを経験できるような内容を工夫する。保育者もいっしょに動き、楽しさを共有する。
（ジャングルの冒険をイメージしてのサーキット　など）
- ◆**踊りたい気持ちが高まったり、イメージが膨らんだりするような身に付ける物を準備しておく。**
（ポンポン、簡単な衣装、面　など）
- ◆ダンスや体操を繰り返し楽しめるよう、CDなどの音楽のソフトや機器を自分たちで扱えるように用意しておく。
- ○保育者も楽しそうに踊り、楽しさを共感していく。振り付けは子どもの姿を見て柔軟にアレンジしていく。
- ○並ぶ、歩く、移動するなど、みんなで動くことを楽しみながら経験できるようにしていく。ひとりひとりの動きを認め、楽しさの中で身につくようにしていく。
- ○ひとりひとりのペースで体を動かす遊びに喜んで取り組めるよう、できるようになったことをひとりひとり認めたり、いっしょに遊びながらひとりひとりの関心を広げたりしていく。

- ◆静と動のバランスを考慮して、体力的に無理なく過ごせるよう、1日の流れを工夫する。
- ○みんなで鬼ごっこなどのルールのある遊びを繰り返し楽しみ、声を合わせたり動きが合ったりする楽しさを十分に味わえるようにする。
- ◆十五夜や月見について紙芝居を見たり、ススキや果物を飾ったり、団子を作って食べたりする機会を持ち、月や中秋の名月の行事に興味を持てるようにする。
（📖：『つきをあらいに』、♪：『つき』　など）
- ○十五夜の前には、家庭でも月に関心を持って見たり話題にしたりできるように、園便りや掲示などを通して伝えていく。
- ○園庭や近所への散歩で、涼しい風や澄んだ空、雲のようす、虫の声など、季節の変化に保育者も**心を動かし感じたことを表したり、子どもたちの気づきを受け止めたりしていく。**

> 自然事象の気づきや虫とのかかわりなど、保育につながることを見通していきましょう。このように書けるくらい、保育を具体的にイメージできるようにしていきましょう。

反省・評価のポイント

- ★遊びや生活の中で、秋への季節の変化を感じることができたか。
- ★みんなでいっしょに体を動かす楽しさを味わえるような運動遊び、表現遊びの工夫ができたか。

11月 1週の計画 4歳児

11月 5（月）〜10（土）

わかる！書ける！
朱書き＝書き方解説をチェック！

P.96-97・11月の月案も参照してください。

前週の幼児の姿

- ◆戸外で体を動かす遊びなど、保育者や友達とかかわって楽しんでいる。
- ◆身近な木の実や落ち葉を使って遊ぶことを楽しんでいる。
- ◆クラスのみんなで歌や楽器遊びをする中で友達の声や動きを合わせて表現する心地良さを感じている。

今週の園生活

- ○晴天が続き、空が澄み渡る。
- ○カキなどの果物が熟す。
- ○木の葉が色付き、落ち葉が見られる。

避難訓練

ねらいと内容

ねらい
- ○自分の思いやイメージを表しながら、友達とかかわって遊ぶことを楽しむ。
- ○友達といっしょに体を動かして遊びながら、いろいろな動きを楽しむ。
- ○生活に必要なことがわかり、自分から当番活動を行なう。

内容
- ・思いや遊びのイメージに合わせて身近な材料や自然物を使って物や場を作る。
- ・友達との遊びの中で自分の思いやイメージを言葉や動きで表す。
- ・体をのびのびと動かし、友達とルールのある遊びをする。
- ・グループの友達と食事をしたり、交代で当番活動をしたりする。

> 9月・第3週のねらいにも入っていますが、下の援助ではっきりと「〜クラスのみんなでする活動」と9月との違いを示しています。子どもの発達の実態に合わせて、適切な文言を記入します。

具体的な環境（◆）と保育者の援助（○）

- ◆遊びのイメージを膨らませたりイメージに応じて必要な物を作ったりできるように、さまざまな材料や用具を準備したり遊びのようすに応じて提示したりする。
  （空き箱、空き容器、モール、ストロー、リボン、木の実、片段ボール、画用紙　など）
- ○遊びのイメージや動きが広がる物や場を子どもたちといっしょに作ったり、遊びのイメージに合わせた動きを楽しんでいる姿を保育者が言葉で具体的に表したりする。
  （お店屋さんごっこ、うちごっこ、基地ごっこ…　段ボールのついたて、戸棚、冷蔵庫、レンジ、武器、身に付ける物　など）
- ○材料を自分なりに見たてている姿や工夫して作ろうとしている姿に共感する。また、作りたい物が実現できるように作りやすい材料や必要な技法を知らせる。
- ◆園庭の落ち葉などに触れて遊ぶことができるように、場を作ったり、落ち葉を使った遊びを知らせたりする。
  （落ち葉はき、落ち葉を集める場所、構成遊び、落ち葉を使ったごちそう作り　など）
- ○遊びの中で互いのイメージや気持ちが伝わるように、必要な言葉を知らせたり、保育者が言葉を補ったりする。
- ○ルールのある遊びをクラスのみんなでする活動で取り上げ、ルールや遊び方を知らせるとともに、遊びの中で保育者が共に繰り返し遊びながら、体を動かす心地良さや友達と遊ぶ楽しさを味わえるように援助する。
  （助け鬼、しっぽ取り鬼、転がしドッジボール　など）
- ○雲梯や縄遊びなどに取り組み、いろいろな体の動かし方を試し、力を出しているようすを受け止める。
- ◆生活グループのメンバー構成や当番活動の順番、内容が子どもにわかりやすいように表示しておく。
- ○食事の準備やかたづけ、飼育物の世話などの中で、子どもが取り組みやすい内容を選び、当番の仕事として知らせる。
- ○必要感や自分で進める喜びを感じられるように、当番への取り組みのようすを認めることばがけをする。

反省・評価のポイント

- ★思いやイメージを表現することや、友達とイメージを共有して遊ぶことを楽しめたか。
- ★のびのびと体を動かすことや自然物にかかわることを楽しめるような環境の構成ができたか。

11月2週の計画　4歳児　11月12(月)〜17(土)

CD-ROM　4歳児 ▶ P.106-125_週案 ▶ 11月_1・2週案.doc

わかる！書ける！
朱書き＝書き方解説をチェック！

P.96-97・11月の月案、P.129・11月の日案も参照してください。

前週の幼児の姿

- ◆自分の思いやイメージを表すことや、イメージに応じてさまざまな物や場を作って遊ぶことを楽しんでいる。
- ◆ルールのある遊びなどの中で、体を動かして遊ぶ心地良さを感じている。
- ◆グループでの食事や交代での当番活動を楽しんでいる。

今週の園生活

- ○落ち葉が多く見られる。
- ○朝夕の気温が低くなる。

身体計測　遠足

ねらいと内容

ねらい
- ○自分たちで作った物や遊びの場を使いながら、友達とイメージを共有して遊ぶことの楽しさを感じる。
- ○身近な秋の自然にかかわり、遊びに取り入れることを楽しむ。

内容
- ・見たことや感じたことをさまざまな方法で表現する。
- ・友達と遊びに必要な物や場を作り、使いながらイメージを表して遊ぶ。
- ・落ち葉や木の実の色や形、使って遊ぶことに関心を持つ。
- ・みんなでいっしょに遠足に行き、動物のようすを見たり、動物に触れたりする。

> 文末を「〜工夫する」「〜援助する」にするにしても、できればこれぐらい具体的に書くとわかりやすいでしょう。どんな言葉をかければよいか、どんな音を工夫できるかなど、見通しを持つことができます。

具体的な環境（◆）と保育者の援助（○）

- ◆作った物の置き方や分類のしかたを工夫し、自分の物や友達と共有する物を出し入れしやすいようにする。
- ◆遊びや活動の中で描いたり作ったりすることを楽しんだ物を子どもの作品展に生かしていけるように、作品展の内容や場の構成など見通しを持って考えておく。（お店屋さんごっこ、自然物にかかわる描画や製作、お話作り　など）
- ○ごっこ遊びの中で感じたり見たてたりしていることを受け止め、保育者のことばがけや物の提示などによってイメージを具体的に表すことを楽しめるようにしていく。また、遊び方を確かめたり整理したりして、友達とイメージを共有して遊ぶ楽しさを感じられるようにする。
- ○園庭や園外で拾い集めた木の実や落ち葉など身近にある材料を組み合わせてドングリ転がしのゲームや飾り、食べ物などを作って遊ぶことを楽しめるようにする。
（ドングリ転がし、けん玉、ペンダント、人形、クッキーやケーキ作り　など）

- ○動物や自然物の身体表現をみんなで楽しむ機会を持つ中で、ひとりひとりがなったつもりの動きや音に応じた動きを楽しめるようにイメージを想起することばがけや動きにふさわしい音を工夫する。
- ◆季節を感じる歌やみんなで遠足に行くことや動物を見ることに期待を持つことができるような絵本や図鑑、歌などを取り入れる。
  - 📖：『えんそくバス』『りっぱなうんち』『動物の図鑑』、♪：『ぞうさんのぼうし』『秋の山』　など
- ○集団行動の決まりや園外での安全な過ごし方について事前に、子どもに具体的にわかりやすく伝えておく。
- ○いろいろな動物を間近で見ながら、動物の特徴や動きについて、気づいたことや感じたことを表す姿に共感したり子どもの興味や関心を高める言葉をかけたりする。
- ○動物に触れることに抵抗感がある子どもに対しては、保育者が抱いてみせるなど無理なく動物とのかかわりを楽しめるようにする。

反省・評価のポイント

- ★身近な秋の自然物や遠足の経験を遊びに取り入れて楽しんでいたか。
- ★作った物や場を使って友達とイメージを膨らませて遊ぶ楽しさを感じられるように援助できたか。

11月 3週の計画 4歳児 11月19日(月)〜24日(土)

わかる！書ける！ 朱書き＝書き方解説をチェック！

P.96-97・11月の月案も参照してください。

前週の幼児の姿

◆木の実や落ち葉などの身近な自然物やさまざまな材料を使って遊びに使う物を作ることを楽しんでいる。
◆遊びの場を友達と共に作り、イメージを膨らませながら遊ぶことを楽しんでいる。
◆遠足で動物の色や形、大きさなどに興味を持ち見たり触れたりする姿が見られる。

今週の園生活

○栽培しているブロッコリーやダイコンなどの野菜の葉の生長が見られる。
○水栽培の球根の根が伸びてくる。
○イチョウの黄葉が見られる。　○風が冷たく寒い日がある。
｜誕生会｜勤労感謝の日｜

ねらいと内容

ねらい
○経験したことを遊びの中で再現したり、さまざまな方法で表現したりすることを楽しむ。
○友達とやりとりをしたり、友達の動きに対応して動いたりすることを楽しむ。
○楽器遊びやルールのある遊びなどをみんなでする楽しさを味わう。

内容
・見たことや感じたことを自分なりに工夫して表現する。
・経験したことを遊びに取り入れ、イメージを膨らませて遊ぶ。
・友達の言葉や動き、音を意識して動いたり表現したりする。

> 友達との一体感を味わう、友達の動きや表現に対応するなどの相手を意識しながら活動する楽しさを味わえるのが、11月らしい姿です。ですので、このような記述になります。

具体的な環境（◆）と保育者の援助（○）

◆遠足で経験したことや興味を持ったことなどを遊びに取り入れて楽しむきっかけをつくったり、さまざまな方法で表現できるような環境を構成したりする。
（うちごっこ、動物ごっこ、動物や乗り物の製作　など）
○さまざまな材料を見たてて、自分のイメージを表現して作ることを楽しんでいる姿を十分に認めていく。
○遊びや活動の中で、いろいろな表現方法や技法を経験できるようにしていく。
（ローラー遊び、木の葉のスタンピング　など）
◆子どもが作った物を置く場を作ったり描いたものを壁面に構成したりなど、作品を子どもたちが大切に扱えるように環境を構成する。また、その場からイメージして遊びを広げたり、壁面を背景にして作り加えたりできるように見守っていく。
（秋の森のイメージ、クラスの動物園のイメージ　など）
○遊びの中で友達のしていることに関心を向け、やりとりをしながら友達とのつながりを感じられるように、保育者が

やりとりをつなぐなどの援助をする。
○ルールのある遊びの中で、友達の動きをよく見て動いているようすをとらえ、認めることばがけをする。
◆クラスのみんなでする活動で、**友達と声を合わせたり相手を意識して音や動きに対応したりすることを楽しめるような内容を取り上げる。**
（♪：『ともだちできたら』『アルプス一万尺』『やまびこごっこ』　など）
○カスタネットや鈴など使って曲想に合わせてリズム遊びをすることを楽しめるように援助する。
（♪：『アイ・アイ』『たべもの列車』『山の音楽家』　など）

反省・評価のポイント

★友達の表現を意識して活動したり、一体感を味わったりすることができたか。
★経験したことを生かして自分なりの表現を楽しんだり、友達とかかわって遊ぶことを楽しんだりできるように援助できたか。

11月4週の計画 4歳児

11月26(月)〜12/1(土)

P.96-97・11月の月案も参照してください。

CD-ROM：4歳児 ▶ P.106-125_週案 ▶ 11月_3・4週案.doc

前週の幼児の姿

- ◆遠足などで経験したことを遊びの中で再現したり、さまざまな方法で表現したりすることを楽しんでいる。
- ◆友達とやりとりをしたり、遊びのイメージに応じた動きをしたりすることを楽しんでいる。

今週の園生活

- ○寒い日が多くなってくる。
- ○作品展を楽しみにしている。

｜作品展｜保育参観｜

ねらいと内容

ねらい
- ○友達と思いや考えを出し合いながら遊ぶ楽しさを感じる。
- ○ルールのある遊びなどを友達と楽しみ、体を思い切り動かす心地良さを感じる。
- ○友達といっしょに、生活に必要なことを進んで行なう。

内容
- ・遊びのイメージに応じて友達といっしょにやりとりをしたり、役のつもりで動いたりする。
- ・自分の作品を家の人といっしょに見たり、家の人と作ったりすることを楽しむ。
- ・友達といっしょにルールのある遊びをする。
- ・かたづけや飼育栽培物の世話のしかたがわかり、友達といっしょに行なう。

> 子ども自身が自分の表現のプロセスを振り返る意味もあります。大事にしたいのはできばえでなくプロセス（過程）です。そのことを意識して書きましょう。

具体的な環境（◆）と保育者の援助（○）

- ○それぞれの遊びに関心を持ったり、友達といっしょにしている遊びを意識したりできるように、遊びの内容に応じて表示や看板、身に付けるものを提示する。
- ○遊び方を保育者が言葉で確かめ、周りの子どもに知らせるなどして、互いの遊びの交流が楽しめるようにしていく。
- ○友達とのやりとりの中で、言葉による伝え合いが不十分な場面や、互いの主張がぶつかる場面では、ひとりひとりの気持ちを受け止めながら、友達の気持ちやしたいことをわかりやすく伝えるようにする。
- ○保育者も子どもといっしょに思い切り体を動かすことを楽しみながら、保育者の動きや言葉でルールを確かめるようにする。（転がしドッジボール、助け鬼　など）
- ◆かたづけや飼育栽培物の世話に必要な用具を子どもたちが取り出しやすいように用意しておく。
- ○飼っているモルモットやカメなどに親しみを持ってエサをやったり、ヒヤシンスの水栽培の生長に興味や関心を持って見たりしているようすに共感し、言葉をかける。

- ◆作品展では展示のコーナーとともに子どもたちの作品や作った場を使って遊ぶことを楽しめるコーナーを構成する。また、親子で身近にある材料や自然物を使って作る機会をつくり、家庭でも作った物で遊ぶ楽しさを味わえるようにしていく。
  （ドングリのお話の絵、絵の具で描いた動物、お店屋さんごっこ、ドングリ転がしゲーム、乗り物ごっこ、自然物を使った飾り、空き箱製作　など）
- ◆**遊びの中で作品にかかわって楽しんだ姿や作品を作る過程を写真などを用いて掲示し、保護者にも具体的に伝わるように工夫する。**
- ◆友達の作品を見たり、年長児の作品にふれたりする機会をつくる。

反省・評価のポイント

- ★作品展の中で、親子で作品を見たり作ったりすることを楽しめていたか。
- ★友達と思いや考えを出し合ったり、イメージに応じてやりとりしたりできるように援助できたか。

1月1週の計画

4歳児 1月4日(金)～12日(土)

わかる！書ける！ 朱書き＝書き方解説をチェック！
P.100-101・1月の月案も参照してください。

週の初めの幼児の姿

◆友達や保育者に会うこと、休み中の話をすることを楽しみにしている。
◆友達といっしょに正月遊びや、ルールのある遊びをすることを楽しみにしている。

今週の園生活

○門松などの正月飾りが、飾られている。
○新年のあいさつを交わし、正月の雰囲気が感じられる。

新年子ども会　七草　始業式（幼稚園）　鏡開き

ねらいと内容

ねらい
○園生活のリズムを取り戻し、友達とかかわって遊ぶ。
○正月遊びに興味を持ち、友達といっしょに楽しむ。

内容
・身じたくや手洗い、うがい、かたづけなどを自分から行ないながら、園生活のリズムを整えていく。
・休み中に経験したことを話したり、友達の話を聞いたりする。
・友達といっしょにこま回しやすごろくなどの正月遊びを楽しむ。
・新年子ども会や七草などを通して、<mark>正月の伝統的な行事や食文化に興味を持つ。</mark>

> 生活の近くにあるはずの伝統的な行事、食文化、習慣は、各家庭で経験する機会が減ってきています。園での取り組みは、ますます重要になっています。園で経験できるよう、考えて書きます。

具体的な環境（◆）と保育者の援助（○）

◆正月飾りなど、園内の環境を工夫し、正月の雰囲気や季節感を感じられるようにする。
◆鏡もちを子どもに見やすい所に飾ったり七草を用意したりして、<mark>日本の伝統的な習慣や食文化に興味を持てるようにする。</mark>
○休み中の出来事を話したい気持ちを受け止め、保育者が話を聞くことで聞いてもらううれしさが感じられるようにする。また、そのことを通じて友達の話にも関心を持てるように言葉を添えるなどの援助をする。
○生活習慣について、必要に応じてヒントを伝えるなどしながら、自分でやろうとする姿を認め、生活のリズムが整うようにしていく。
◆休み前に楽しんでいた遊びや、関心のある遊びにじっくり取り組めるよう、素材や用具を用意しておく。
（ままごと道具やついたて、ゴザ、製作用の空き箱、鬼ごっこ用のライン、大縄　など）

◆友達といっしょに正月遊びを楽しめるよう、道具や用具（こま、カルタ、すごろく、羽子板と羽根　など）を使いやすいように用意したり、コーナーを作ったりする。
◆こま回しや羽根突きでは、動線を考えて場所を作り、安全な遊び方を知らせていく。
○さまざまな友達と正月遊びを楽しむ中で、刺激を受けたりルールを教えようとしたりする姿を認め、友達関係が広がるように見守る。
○新しい遊びに挑戦しようとする気持ちを認め、繰り返し遊ぶ中でできるようになった喜びが感じられるようにする。
○こま回しでは、個人差に応じて巻き方や回し方を具体的に知らせていく。
○鏡開きを通して、<mark>日本の伝統行事や食文化に関心を持てる</mark>ように話をしたり、季節感を味わえるようにしたりする。

反省・評価のポイント

★園生活のリズムを整え、自分から活動することができたか。
★正月の行事や遊びに興味が持てるような環境の構成ができたか。

1月2週の計画　4歳児　1月14(月)〜19(土)

わかる！書ける！
朱書き＝書き方解説をチェック！

P.100-101・1月の月案も参照してください。

CD-ROM　4歳児　▶ P.106-125_週案　▶ 1月_1・2週案.doc

前週の幼児の姿

- ◆友達といっしょに、正月遊びやルールのある遊びを楽しんでいる。
- ◆休み中に経験したことを話したり、遊びの中で再現したりしている。

今週の園生活

○風や空気が冷たく、吐く息が白い。

成人の日　防災訓練

ねらいと内容

ねらい
- ○自分なりに工夫して作った物を使って遊ぶ楽しさを味わう。
- ○自分の思いや考えを伝えながら、友達とかかわって遊ぶ。
- ○災害時の身の守り方や避難のしかたがわかり、行動しようとする。

内容
- ・自分の思っていることを言葉で表現し、また友達の話も聞こうとする。
- ・友達の遊びに興味を持ったり、刺激を受けたりしながら遊ぶ。
- ・放送や保育者の指示を聞いて、安全に避難する。

＜朱書き＞学校・園での防災訓練における基本事項についてふれています。

具体的な環境（◆）と保育者の援助（○）

- ◆たこやこま、羽子板などを自分で作って遊べるように、材料を用意しておく。また、作り方の手順をわかりやすく知らせたり、見本を用意したりしておく。
  - （カラーポリ袋、竹ひご、ストロー、たこ糸、切った牛乳パック、セロハンテープ、油性フェルトペン、木工用接着剤　など）
- ◆自分で作った物をいつでも使えるよう、保管場所を用意しておく。
- ○ひとりひとりの子どもの工夫や、楽しんでいるところを認めていく。また、周囲の友達にも知らせることで、友達のよさに気づくようにしていく。
- ○保育者もモデルとなりながらいっしょに遊ぶことで、楽しさが味わえるようにする。
- ○正月遊びや、ごっこ遊びなど友達といっしょに遊ぶ中で、自分の思っていることを言葉で表せるようにする。トラブルになったときは、保育者が仲介しながら互いの思いを代弁していく。

- ◆災害（地震や火災　など）のときの身の守り方や避難のしかたを、紙芝居などの視覚的な教材を用いてわかりやすく伝える。
- ○非常時の行動について、自分の命は自分で守ることや、「〜のときはどうする？」など、具体的に投げかけることで、子どもが自分で考え、行動できるようにする。

反省・評価のポイント

- ★自分なりに工夫して作ったり、使って遊んだりする楽しさを味わえたか。
- ★非常災害時の安全な行動のしかたを、自分で考え行動できるように伝えることができたか。

1月 3週の計画 4歳児

わかる！書ける！朱書き＝書き方解説をチェック！

P.100-101・1月の月案、P.130・1月の日案も参照してください。

1月 21(月)〜26(土)

前週の幼児の姿

◆自分で作ったこまやたこで遊ぶことを楽しんでいる。
◆友達と誘い合ってルールのある遊びやごっこ遊びを進めようとしている。

今週の園生活

○冷たい風が吹き、寒さが厳しくなる。
○インフルエンザなどの感染症が流行し始める。

[保育参加] [誕生会] [身体計測]

ねらいと内容

ねらい
○友達に自分の思いを伝えたり、相手の話を聞こうとしたりする。
○友達と誘い合って、戸外でルールのある遊びを楽しむ。
○健康に関心を持ち、手洗いやうがいを自分からしようとする。

> 感染症の予防のためだけの指導にせず、子どもの何が育ってほしいのかの視点で書きます。環境では、広く「冬の健康的な過ごし方」として、子どもが必要性を感じて自分から取り組めることをねらっています。

内容
・自分の思いを表現したり、友達の思いを受け止めたりして遊ぶ楽しさを知る。
・戸外に出て、十分に体を動かして遊ぶことを楽しむ。
・手洗い、うがいの必要性を知り、自分から行なおうとする。

具体的な環境(◆)と保育者の援助(○)

◆遊びの中での友達とのやりとりを見守り、いっしょに遊ぶ楽しさが十分に味わえるような環境をつくっていく。
○トラブルになったときには互いの思いを整理して伝えるなど、保育者が仲立ちしていく。その中で、相手の思いに気づき、話を聞くことができるようにしていく。

◆戸外に出て友達と誘い合って遊びを楽しめるよう、鬼ごっこの陣地や中当てのコートなどのラインを用意しておいたり、ボールや縄など、必要な用具がいつでも取り出せるようにしておいたりする。
○集団での遊びを通して、いっしょに遊ぶ楽しさが味わえるようにするとともに、いろいろな友達とかかわるきっかけづくりを行なっていく。
○子どもたちがルールを教え合ったり、遊び方を考えたりしながら自分で遊びを進めていけるよう、仲立ちをしていく。

◆保育参加では、親子でいっしょに楽しめるような遊びのコーナーを用意しておく。
（こま回し、カルタ、大型積み木、鬼ごっこの陣地、中当て、縄　など）
○保護者にも遊びの手本を見せてもらうなど、子どもといっしょに楽しめるようにする。

◆継続して正月遊びが楽しめるようなコーナーを用意しておく。
○カルタやすごろくを通して、文字や数字への興味を持った姿を認め、楽しく遊びが進められるようにする。

◆感染症の予防や、冬の健康的な過ごし方について絵本や紙芝居などでわかりやすく伝えていく。
○身体計測をきっかけにして、健康や体のしくみに興味を持てるよう、話をしていく。
○戸外で遊んだ後や食事の前などに手洗い、うがいを忘れずに行なえるように声をかけ、自分からできるようにしていく。

反省・評価のポイント

★子どもたちが互いに思いを伝え合ったり聞いたりしながら遊びを楽しんでいたか。
★戸外で体を動かしたりルールのある遊びを楽しんだりできるような環境を整えることができたか。

1月4週の計画 4歳児

わかる！書ける！
朱書き＝書き方解説をチェック！

P.100-101・1月の月案も参照してください。

CD-ROM ▶ 4歳児 ▶ P.106-125_週案 ▶ 1月_3・4週案.doc

1月 28（月）〜2/2（土）

前週の幼児の姿

◆鬼ごっこなどのルールのある遊びを、友達といっしょに戸外で楽しんでいる。
◆友達と誘い合って、ごっこ遊びなどを楽しんでいるが、思いを伝え合う中ではトラブルも見られる。

今週の園生活

○寒い日には、氷や霜柱が見られる。
○雪の降る日がある。

節分（2月3日）

ねらいと内容

ねらい
○友達と誘い合って遊ぶ中で、イメージを表すことを楽しむ。
○冬の自然事象に関心を持ち、ふれることを楽しむ。

内容
・友達といっしょに、イメージを出し合い、表現しながら遊ぶことを楽しむ。
・霜柱や氷を見つけたり触れたりしながら冬の自然に親しむ。
・節分を通して、伝統行事について知り、関心を持つ。

具体的な環境（◆）と保育者の援助（○）

○友達といっしょに遊ぶ中で互いにイメージを出し合える機会をつくり、共有したり遊び方を決めたりできるようにしていく。

◆鬼の面や劇ごっこにつながる小道具を作ったり、言葉のやりとりを楽しんだりしながら、友達とイメージを出し合って遊べる場を作る。

○簡単なストーリー展開や、繰り返しのおもしろさを感じながら、役になり切って遊ぶことの楽しさを味わえるようにする。
（📖：『桃太郎』『こぶとりじいさん』『おおかみと7匹のこやぎ』『三びきのやぎのがらがらどん』　など）

◆いろいろな素材や材料を製作コーナーに用意し、自分の発想を表現する経験ができるようにする。
（画用紙、紙皿、毛糸、紙テープ、お面用のベルト、輪ゴム、クラフトテープ　など）

> 4歳児は、リズミカルなやりとりを繰り返し楽しむ時期です。ここでも繰り返しのストーリーのものが選ばれています。クラスの子どもの実態に合わせて取り上げ、記しましょう。

◆節分に向け、鬼の登場する絵本（『いなくなった小鬼』『泣いた赤鬼』）や紙芝居（『こぶとりじいさん』『だいくとおにろく』）を用意したり、歌（♪：『まめまき』『オニはうちでひきうけた』）を取り入れたりする。

○節分に関する絵本からだけでなく、子どもの発想も取り入れながら話をしていく中で、伝統行事や文化について関心を持てるようにする。

◆冬の自然事象に興味・関心を持てるように図鑑や絵本などを用意しておく。

◆氷や霜柱を集めたり作ったり、遊びに取り入れたりできるように、透明カップなどの容器や絵の具を用意しておく。
（かき氷屋さん、雪ウサギ作り　など）

○自然事象にふれたり遊びに取り入れたりする中で、子どもの発見や気づきに共感したり、いっしょに調べたりしながら、周囲の子どもたちにも自然のおもしろさを伝えていく。

反省・評価のポイント

★氷や霜柱など、冬の自然事象にふれて遊ぶことを楽しんでいたか。
★いっしょに遊ぶ友達とイメージを出し合って遊ぶことの楽しさが味わえるような援助ができたか。

わかる！書ける！ 朱書き＝書き方解説をチェック！

CD-ROM　4歳児　▶ P.126-130_日案　▶ 4月_日案.doc

P.82-83・4月の月案、P.106-109・4月の週案も参照してください。

4/19（木）の計画　4歳児

※適所、幼保共通の指導計画としてご覧ください。

ねらい
- 身近なものや場にかかわり、保育者や友達と遊ぶことを楽しむ。
- クレヨンの扱い方を知り、自分なりに描く楽しさを感じる。
- クラスのみんなと歌ったり手遊びをしたりすることを楽しむ。

指導内容
- 自分の好きな場や遊具などに興味を持ってかかわり、安心して遊ぶ。
- 保育者や友達のしていることに興味を持ち、自分もやってみようとする。
- クレヨンを使った活動に興味を持って取り組み、扱い方を知ったり描く楽しさを感じたりする。
- みんなといっしょに声を出したり、自分の動きを出したりする楽しさを感じる。

環境を構成するポイント	予想される幼児の活動	保育者の援助
○前日や当日の遊びのようすに応じて、扱えるものを増やしたり、遊び方を変化させたりしていく。遊びが広がっていくことを想定し、遊具や材料は、数や種類を考慮して準備しておく。 （さまざまな形に切った紙、紙テープ、広告紙を丸めた棒、買い物カゴ、シート　など） ○クレヨンの活動では、あらかじめ、画用紙に皿やフォークなどを印刷しておき、描きたい気持ちを引き出すようにする。 ○描き方や描くスピードが子どもによって違うので、ひとりに対して数枚の紙を用意したり、名前を書いておいたりして、それぞれの子どもが、落ち着いて十分に描くことを楽しめるようにしていく。 ○昼食後しばらくは、絵本や描画用ノート、塗り絵などを用意し、休息を兼ねて静かに過ごせるようにする。	○登園する。 ・所持品の始末や身じたくをする。 ○好きな遊びをする。 （室内…ごっこ遊び、粘土、電車、ブロック、中型積み木の構成、製作　など 園庭…砂場、ブランコ、滑り台、スクーター　など） ○かたづける。 ○クラスのみんなで集まる。 ・♪『みんながあつまった』を歌う。 ・保育者の話を聞く。 ・クレヨンで「クルクルスパゲティー」を描く。 ○手洗い、うがいをする。 ○昼食の準備をする。 ○食事をして休息を取る。 ○好きな遊びをする。 ○クラスのみんなで集まる。 ・♪『バスにのって』を歌って遊ぶ。 ・📖：『ぼくのクレヨン』を見る。 ○降園する。	○所持品の始末では、自分で行なおうとする姿を認め、できたことを褒めたり、必要に応じて手順や方法を伝えたりする。 ○子どもの始めた遊びを認め、保育者もいっしょに遊びながら楽しさに共感していく。ひとりひとりの言動に応じつつ、遊具の扱い方やいろいろな遊び方を知らせたり、友達とかかわるきっかけをつくったりしていく。 ○かたづけは、保育者もいっしょに行ないながら、きれいにする気持ちよさや明日に続きができる楽しみ、次の活動への期待などを感じて取り組めるようにする。 ○クレヨンの活動では、ふたの扱いや使ったらもとに戻すことなど、保育者が行ないながらわかりやすく知らせる。 ○描くことに不安を感じる子どももいるので、ひとりひとりの描くようすや描いた絵を十分に認め、安心して取り組めるようにしていく。

※ ここでいったん「幼稚園における教育課程にかかる教育時間」は終わり、と考えます（14時）。

↕ 上の枠と少し異なりますが、昼食後から17時ごろまでのクラス保育を想定しています。

長時間保育（保育園では）

○着替えから午睡、おやつなど、子どもが生活を進めやすいような物の配置、動線を工夫する。 ○**コーナーの区切りを減らしてゆったりとした空間をつくったり、ひとりひとりで遊びに取り組めるスペースを確保したりするなど、ひとりひとりが落ち着いて遊べるように環境を再構成していく。** ○午前中に楽しんだ遊びもできるように、材料や遊具などを用意しておく。	○昼食後、着替えて午睡をする。 ○おやつを食べる。 ○好きな遊びをする。 （室内…ブロック、積み木、パズル、クレヨン画、絵本　など 園庭…砂場、ブランコ、滑り台　など） ○かたづける。 ○降園する。	○ひとりひとりのようすをよく見ながら、体調を把握する。疲れから泣く子どももいるので、個別のかかわりを増やしたり、保育者のそばで遊べるものを用意したりして、安定できるようにしていく。 ○遊び方や遊具の置き方などに目を配り、けがのないように注意を払う。危ないことは子どもに繰り返し伝え、保育者もいっしょに動きながら適切な方法を知らせていく。

新しい環境で過ごす緊張や疲れから、長時間保育になると、疲れが出る子や泣く子もいることを予想して書きます。環境を変える（再構成する）ことは重要です。

反省・評価のポイント
- ★クレヨンの活動に興味を持って取り組み、描く楽しさを感じていたか。
- ★ひとりひとりの子どもが興味を持ったことにかかわって遊べるように、援助のしかたや環境の構成を工夫できたか。

6/12 (火) の計画　4歳児

わかる！書ける！
朱書き＝書き方解説を**チェック！**

P.86-87・6月の月案、P.110-113・6月の週案も参照してください。

CD-ROM ▶ 4歳児 ▶ P.126-130_日案 ▶ 6月_日案.doc

ねらい
- 自分の興味を持った遊びをする楽しさを味わう。
- 身近な素材や用具を使って作ったり、作った物を用いて遊んだりすることを楽しむ。
- いっしょに過ごしたい友達とかかわって遊ぶ楽しさを感じる。

指導内容
- 遊びやみんなでする活動の中で、自分なりに作ったり体を動かしたりする。
- 友達との遊びの中で、自分のしたいことや気持ちを言葉や動きで表す。
- 素材や用具の扱い方を知る。

※適所、幼保共通の指導計画としてご覧ください。

環境を構成するポイント	予想される幼児の活動	保育者の援助
○遊びのイメージを引き出したり、イメージに応じて見たてたりできるような素材や用具を用意しておく。 （空き箱、空き容器、カップ、ロール芯、画用紙、広告紙、お面ベルト　など） ○アジサイを生けた花瓶や飼育しているカタツムリを見やすいような所に置き、興味や関心を持てるようにする。 ○アジサイ作りの材料や用具は、子どもが作りやすいように置き方や分類のしかたを工夫する。また、子どもが活動しやすいように製作する机を配置する。 （色画用紙、色紙、のり、ハサミ　など） ○作った物を飾ることができるように壁面の基本構図をあらかじめ作っておく。 ○でき上がった壁面を使って遊びの中で製作した物（カタツムリのペープサート　など）を用いて遊ぶことを楽しめるように場を構成する。	○登園し、朝のあいさつをする。 ・所持品の始末や身じたくをする。 ○好きな遊びをする。 （砂遊び、製作（カタツムリのペープサート）、ボール、引っ越し鬼、探検ごっこ、家ごっこ、楽器遊び、踊り　など 雨天時…巧技台や新聞紙ボールを使った遊び　など） ○かたづける。 ○クラスのみんなで集まる。 ・歌をうたう。（♪:『あめ』） ・保育者の話を聞く。 ・アジサイの製作物を作る。 ○手洗い・うがいをする。 ○昼食の準備をして、食べる。 ○好きな遊びをする。（色紙、絵本　など） ○クラスのみんなで集まる。 　（♪:『ながぐつマーチ』 　📖:『あめのもりのおくりもの』） ○降園する。	○所持品の始末など、することがわかって自分から進んで行なっている姿を認める。 ○自分から興味を持った遊びに取り組み楽しんでいるようすに共感したり、遊びのイメージに応じて自分の動きを十分に楽しめるように援助したりする。 ○友達に自分のしたいことや気持ちを表しているようすを認めながら、保育者が不足している言葉を補ったり、場面に応じて具体的な言葉を知らせたりする。 ○保育者もいっしょに遊びながら、砂や土、水の感触やいろいろな体の動きを楽しめるようにする。 ○作るための準備や手順、用具の扱い方を保育者の動きや言葉、製作の見本などでていねいに知らせる。 ○クラス全体へ作り方をわかりやすく説明するとともに、個人差に応じて具体的に伝えていく。
長時間保育（保育園では） ○午睡前にしていた遊びが楽しめるように環境の構成をするとともに、雨の日には、保育室内やテラスで体を動かして気持ちを発散して遊ぶことを楽しめるように場を構成したり遊び方を提示したりする。	○昼食後、着替えて午睡する。 ○おやつを食べる。 ○**好きな遊びをする。** （**粘土、パズル、製作、砂遊び、固定遊具、巧技台を用いた遊び　など**） ○かたづける。 ○降園する。	○雨の日の安全な遊び方について、場面をとらえて具体的に伝えたりクラス全体で確認したりする。 ○自分で作ることの楽しさや、作った物を使って遊ぶことの楽しさを感じている姿、でき上がった満足感を味わっている姿などを十分に認める。

昼間の時間の好きな遊びとは異なるものもプラスしています。遊びにバリエーションがあると、子どもは遊びを楽しめるでしょう。いろいろな場合を想定して記入します。

反省・評価のポイント
★身近な素材や用具を使って自分なりに作ったり、作った物で遊んだりすることを楽しむことができたか。
★興味を持った遊びや友達といっしょの遊びを十分に楽しめるような、環境の構成ができたか。

日案 4/19　6/12　4歳児

9/21（金）の計画　4歳児

わかる！書ける！　朱書き＝書き方解説をチェック！

P.92-93・9月の月案、P.114-115・9月の週案も参照してください。

CD-ROM　4歳児　▶ P.126-130_日案　▶ 9月_日案.doc

ねらい
- ○友達といっしょに、いろいろに体を動かして遊ぶことを楽しむ。
- ○園庭の身近な虫とのかかわりを楽しみ、見たり感じたりしたことを表して楽しむ。

指導内容
- ・友達や保育者と同じ場で、思い切り走ったり、いろいろな動きをしたりする。
- ・クラスのみんなと虫の世界のイメージを共有しながら、曲に合わせて動く。
- ・身近な虫を見つけて取ったりかかわったりして、気づいたことを言葉や動きで表す。

※適所、幼保共通の指導計画としてご覧ください。

環境を構成するポイント	予想される幼児の活動	保育者の援助
○昨日までの遊び場や物を再び自分たちで用意できるよう、環境を整えておく。（ついたて、中型積み木、面、身に付ける物、虫取りの道具　など） ○園庭でサーキットコースを子どもと保育者とでいっしょに作り、興味を持った子から取り組めるようにする。動く遊びが多く展開されるので、動線に配慮して遊びの場を作る。 ○製作コーナーには、遊びに必要な物を作れる素材や材料を、**扱いやすいように用意しておく。**（虫取りカゴや虫取り網を作るための半分に切ったペットボトル、水切りネット、広告紙、お面ベルト、ごっこ遊びの食べ物を作るためのカラーポリ袋やフラワーペーパー　など） ○昨日作った「秋の虫」の製作物を、秋の野原の運動会のイメージで構成して壁面に飾っておく。 ○虫の図鑑や、虫取りに必要な物などを、使いやすいように用意しておく。	○登園する。 ○朝のしたくをする。 ○好きな遊びをする。 （園庭…虫取り、巧技台のサーキットコース、かけっこ、引っ越し鬼　など／室内…製作遊び、虫や動物の家ごっこ　など） ○かたづける。 ○クラスのみんなで集まる。 （ダンス『ムシキングサンバ』をする） ○手洗い、うがいをする。 ○昼食の準備をして食べる。 ○好きな遊びをする。 ○クラスのみんなで集まる。 （📖：『とんぼのうんどうかい』／♪：『はしるのだいすき』） ○降園準備をする。 ○降園する。	○自分たちで遊びの場や遊びに必要な物を作ろうとする姿を認めたり、実現できるよういっしょに考えたりしていく。 ○保育者も進んで戸外で体を動かして遊び、体を動かす楽しさを伝えたり共感したりしていく。 ○巧技台遊びでは、遊びの中で安全な遊び方を繰り返し伝え、保育者間で連携を取り安全面に配慮する。 ○園庭の虫や空の色など、保育者が感じたことを気づかせたり、子どもが**気づきや感動を動きや言葉で表現しようとする姿を受け止めたりする。** ○ダンスでは、虫の世界の**イメージを膨らませるような言葉をかけながら、**保育者もいっしょになって表現し、ひとりひとりの動きを十分に認め、楽しさに共感していく。

（左側注釈）**子どもに扱いやすい素材で環境を整えています。**

（右側注釈）子どもの姿を認めたり受け止めたりし、イメージが膨らむような言葉（固定観念を植え付けない）をかける援助が、このときの子どもの実情に合うので、このように記入しています。

長時間保育（保育園では）

○製作やごっこなど、午前中の遊びの続きができる場と、ひとりひとりでゆったり過ごせる場とを、用意しておく。 ○天気がよければ、みんなで戸外に出て、鬼ごっこなど、体を動かして遊べる時間をつくる。	○昼食後、着替えて午睡をする。 ○おやつを食べる。 ○好きな遊びをする。 （製作遊び、粘土、ブロック、ごっこ遊び、絵本　など） ○園庭に出て遊ぶ。 （鬼ごっこ、かけっこ　など） ○かたづける。 ○降園する。	○ひとりひとりの状態を見ながら、やりたい遊びを見つけて遊べるような環境をつくっていく。 ○鬼ごっこなど、ふだん繰り返し楽しんでいる体を動かす遊びを保育者もいっしょに楽しみ、体を動かす心地良さを共感していく。

反省・評価のポイント
- ★友達といっしょに、音楽に合わせて踊ったり、さまざまに体を動かして遊んだりすることを楽しむことができたか。
- ★身近な自然に関心を持つような環境の構成や援助ができたか。

わかる！書ける！
朱書き＝書き方解説をチェック！

P.96-97・11月の月案、P.118-121・11月の週案も参照してください。

CD-ROM ▶ 4歳児 ▶ P.126-130_日案 ▶ 11月_日案.doc

11/13 火 の計画　4歳児

※適所、幼保共通の指導計画としてご覧ください。

ねらい
- 思いや考えを言葉や動きで表しながら友達とかかわって遊ぶことを楽しむ。
- 身近な自然物や材料を使って作ったり、描いたりすることを楽しむ。
- <mark>クラスのみんなでする活動に取り組み、</mark>活動の楽しさや友達とのふれあいを楽しむ。

指導内容
- 遊びやクラスのみんなでする活動の中で、自分の思いや考えを言葉や動き、描画で表す。
- 友達といっしょに遊びに必要な物や場を作ったり、使って遊んだりする。
- 友達とイメージを共有して動いたり、やりとりをしたりする。
- <mark>遠足にかかわる歌や保育者の話をみんなで楽しみ、期待感を持つ。</mark>

日案 9/21 11/13 4歳児

環境を構成するポイント	予想される幼児の活動	保育者の援助
○園庭のそれぞれの遊びの動きが楽しめるように、助け鬼の陣地などを構成する場に配慮する。 ○園庭で拾い集めた木の実や身近にある材料を遊びの中で使いやすいように分類して、置いておく。 ○見たてたり組み合わせたりして作ることを楽しめるようにさまざまな形や大きさの空き箱、空き容器、ロール芯などを用意しておく。 ○折り紙の手順は、掲示したり、大きな色紙で保育者が折って示したりする。 ○描いたものを友達同士で見ることができるように、掲示する壁面のスペースをあらかじめ取っておく。 ○子どもが描きながら考えたお話や描いたものを見て思いついたお話を聞き取り、みんなに伝える時間を持つ。	○登園し所持品の始末をする。 ○好きな遊びをする。 　（砂遊び、製作、助け鬼、縄遊び、うちごっこ、楽器遊び、踊り　など） ○かたづける。 ○飼育栽培物の世話をする。 ○クラスのみんなで集まる。 ・歌をうたう。（♪：『秋の山』） ・色紙でドングリを作る。 ・画用紙にドングリをはり、絵を描く。 　（ドングリはころころ転がって、どこに行った？　何をしている？） ○手洗い、うがいをする。 ○昼食の準備をする。 ○昼食をとる。 ○好きな遊びをする。 　（製作、絵本　など） ○<mark>クラスのみんなで集まる。</mark> ・<mark>歌をうたう。（♪：『ぞうさんのぼうし』）</mark> ・<mark>遠足の話を聞く。</mark> ○降園準備をし、降園する。	○登園時の所持品の始末、うがい、手洗いなど、することがわかっていねいに行なっている姿を認める。 ○遊びの中で、物や場にかかわりながらイメージを持って遊んでいる姿を受け止め、保育者の言葉や表情で認める。 ○遊び方を確かめたり整理したりし、友達とイメージを共有して遊ぶ楽しさを感じられるようにする。 ○活動の準備や手順、することの内容について保育者の話で具体的に知らせる。ドングリの人形を用いて話し、興味を持って活動に取り組めるようにする。 ○ドングリになり切ってお話を考えたり考えたことを描き表したりすることを楽しめるように、ひとりひとりの描いているものを十分に認める。 ○<mark>必要な約束や目的地について知らせながら遠足への期待を高めていく。</mark>

> 遠足（動物園）の前日の日案です。ふだんの継続的な活動や遊びが中心ですが、翌日の遠足とのつながりを考えて記入しましょう。ねらいは、大きくとらえて書きます。

長時間保育（保育園では）

○午睡前にしていた戸外で体を動かす遊びが楽しめるように必要なラインを引いたり遊具を準備しておいたりする。天候によっては、室内での製作などがじっくり楽しめるように材料やコーナーを準備しておく。	○昼食後、着替えて午睡する。 ○おやつを食べる。 ○好きな遊びをする。 　（粘土、パズル、製作、砂遊び、助け鬼、大縄跳び　など） ○かたづける。 ○降園する。	○保育者も遊びの仲間に入りながら、他クラスや年長児とのふれあいや思い切り体を動かすことを楽しめるようにする。 ○夕方の空やようすなどを子どもと見たり、子どもの気づきを取り上げたりする。

反省・評価のポイント
★遊びや活動の中で、自分なりの表現や、遊びのイメージに応じた友達とのかかわりを楽しむことができたか。
★<mark>遠足についての話やみんなでする活動を通して、明日への期待感を高めることができたか。</mark>

わかる！書ける！ 朱書き＝書き方解説をチェック！

1/22 火 の計画 4歳児

CD-ROM　4歳児 ▶ P.126-130_日案 ▶ 1月_日案.doc

P.100-101・1月の月案、P.122-125・1月の週案も参照してください。

ねらい
○寒さに負けず、戸外で体を動かして遊ぶことを楽しむ。
○ルールのある集団遊びを友達といっしょに楽しむ。

指導内容
・戸外で体を動かして遊ぶ。
・中当てのルールを知り、友達といっしょに遊ぶ楽しさを味わう。
・ボールを投げたりボールから逃げたりする楽しさを味わう。

> 初めての「中当て」という設定にしています。転がすのではなく、投げるやり方です。初めてなので、しっかりルールを伝えます。具体的に記入し、楽しさを味わう経験ができるようにします。

※適所、幼保共通の指導計画としてご覧ください。

環境を構成するポイント	予想される幼児の活動	保育者の援助
○子どもがどんな遊びに興味を示しているかを把握し、じっくり遊びに取り組めるような環境を構成する。 ○中当てのコートを用意しておき、今日の活動に期待が持てるようにしておく。 ○中当ての場所は、ボールが遠くまで転がりすぎず危なくない所を選ぶ。 ○子どもの人数やボールを投げる力を考慮してコートの大きさや形、ボールの種類（手作りボール　など）などを決めていく。 ○食事の後は順次座って静かな遊びができるように、絵本や色紙、描画材料などを用意し、スペースを作る。	○登園し、朝のあいさつをする。 ・所持品の始末や身じたくをする。 ○好きな遊びをする。 　（正月遊び、製作、ごっこ遊び、鬼ごっこ、縄遊び　など） ○かたづける。 ○クラスで園庭に出る。 ・体操をする。 ・中当てをする。 　（ボールが当たったら、外に出る。コート内が少数になったところで、保育者の合図で一度区切る。） ○保育室に戻り、手洗い、うがいをする。 ○昼食の準備をする。 ○昼食をとる。 ○降園準備をする。 ・集まって歌をうたう。 　（♪：『はしるの大すき』『たこの歌』） ○降園する。	○友達と誘い合ったり、遊び方を伝えたりする姿を認め、関係を広げていく。 ○保育者がいっしょに楽しむことで、遊びの楽しさを伝える。 ○寒い日には体が冷えて動きが硬くなることがあるので、準備体操をするなどして十分に体を温め、けがを予防する。 ○中当てのルールは、実演しながらわかりやすく伝える。また、危険な動きについては特にていねいに知らせる。（押さない、顔にボールを当てない　など） ○時間を区切り何回も繰り返し楽しめるようにするなど、もっと遊びたいという思いを受け止める。 ○戸外遊びの後には、手洗い、うがいを忘れないように促す。

> 5歳児のように最後の人が当たるまでやると、ボールがこない外野の子はつまらなく感じてしまいます。4歳児向けの楽しめる遊び方を記入します。

長時間保育（保育園では）

○午睡時間はひとりひとりのリズムや体調に合わせ、目覚めた子から順次、自分のペースで静かに過ごせるように教材などを用意しておく。 ○午前中の遊びの続きができるように、楽しんだ遊びの材料や遊具などを用意しておく。	○午睡をする。 ○好きな遊びをする。 ○おやつを食べる。 ・自分の持ち物をまとめる。 ○好きな遊びをする。 　（室内…粘土、積み木、ブロック、折り紙、描画、絵本　など 　園庭…氷鬼、縄遊び、中当て　など） ○降園する。	○保育者は子どものそばにつき、落ち着いて午睡ができるようにする。 ○寒い日の戸外遊びでは体が動きにくくなることがあるので、特に危険のないように見守る。 ○疲れの出てくる時間なので、子どものようすに合わせて遊びの内容に配慮する。

> 昼間の時間に集団で遊んだので、個に戻れる遊びを用意しています。静と動、個と集団などの活動のめりはりと、体力や疲れなどに配慮して記入します。

反省・評価のポイント
★ルールのある遊びを楽しみながら、集団としての活動に参加できたか。
★戸外で思い切り体を動かして遊ぶ楽しさを味わえるような援助ができたか。

5歳児

- 年の計画 …………………… P.132〜
- 月案（4月〜3月）………… P.136〜
  〈書き方解説つき!〉
- 週案（4・6・9・11・1月）…. P.160〜
  〈書き方解説つき!〉 基本的に各期（年の計画参照）の最初の月を例示しています。
- 日案（4・6・9・11・1月）…. P.180〜
  〈書き方解説つき!〉 基本的に各期（年の計画参照）の最初の月を例示しています。

就学前の1年間として大切にしたいこと

- 基本的生活習慣の形成
- 身体を存分に動かして活動する
- 友達との共同性のはぐくみ
- 心を揺さぶる体験
- 直接体験、自然体験
- 創造性豊かな活動
- 数量への関心
- 多様な表現活動
- 話す、聞く、伝える
- 規範意識
- 安全教育

などについて、幼児期から小学校へ入学するまでの期間をていねいに行ないます。

5歳児の発達は…

基本的な運動や生活習慣が身につき、生活や遊びを仲間と協調的に進めていくことができる。友達と協同的な集団活動を展開できるようになり、自分の思いを言葉やさまざまな方法で表現できるようになる。

5歳児の年の計画

P.136～の月案・週案・日案の基となっていることを読み取りましょう。

年間目標	○ 友達といっしょに園生活を十分に楽しみ、意欲的に遊びや生活に取り組むとともに、主体的に行動して充実感を味わう。	
子どもの姿と育てたい側面	○ 年長組になったことの喜びや期待が見られ、年中児クラスからのつながりのある友達といっしょに遊ぼうとする。中には緊張感や不安感を持つ子どももいるので、ひとりひとりの心に添った援助をしながら年長児としての自覚を育てていきたい。 ○ 戸外で活動することを好み、活動量も多くなる。進んで体を動かす心地良さを十分に味わわせ、健康な体作りにつなげていきたい。 ○ 友達といろいろな遊びや運動を楽しんでいる。友達とのつながりを深めていきたい。 ○ 身近な自然や動植物に親しみ、世話をすることの楽しさを味わわせたい。 ○ 年下の子どもの世話をしようとする姿を大切にして、年下の子どもへのかかわりや、自分が頼られる喜びを味わわせたい。	
発達の節	I 期	
月	4	5
ねらい	○ 新しい生活や環境に慣れ、友達との遊びや生活を楽しむ。 ○ 年長児としての意識を持ち、保育者や友達といっしょに張り切って生活する。 ○ 身近な動植物に触れながら、愛情を持って世話をし、親しみを持つようになる。	

指導内容の視点

心と体の健康
- ○ 十分に体を動かして遊び、進んで食事をすることを楽しむ。
- ○ 園生活での決まりを確認し、進んで守る。
- ○ 新しい場や年長児としての生活のしかたや習慣を身につける。
- ○ 安全に気をつけて、遊具や道具を正しく使う。
- ○ 友達と過ごす楽しさを味わう。

人とのかかわり
- ○ 友達と楽しく生活する中で、決まりの大切さに気づく。
- ○ 生活の中で必要なことに気づいて自分でしようとする。
- ○ 年下の子どもの世話をし、親しみを持つ。
- ○ 人の役にたったことを認められ、そのうれしさを味わう。
- ○ 年長児になったうれしさを十分に味わう。

環境とのかかわり
- ○ 身近な自然に接し、美しさや季節の変化に興味を持つ。
- ○ 身近な動植物に親しみ、触れたり世話をしたりする。
- ○ 自然物を利用して遊ぶことを楽しむ。

言葉の育ち
- ○ 保育者や友達の話を注意して聞き、内容を理解する。
- ○ 自分の気持ちを相手にわかるように言葉で伝えようとする。

表現する力
- ○ いろいろな素材の性質を生かして、自分のイメージに合わせて作ろうとする。
- ○ 感じたことを自由に描く、作るなどして表現を楽しむ。
- ○ 友達といっしょに歌ったり、身体表現をしたりすることを楽しむ。
- ○ お話の展開に興味を持って聞き、保育者や友達と心を通わせる。

環境構成の要点

- ○ 子どもたちと共に生活の場を作っていくことを大切にし、その過程を通して年長組になった実感が持てるようにしていく。
- ○ のびのびと安定した気持ちで生活ができるように活動の流れに沿って時間や場を構成し、ゆとりが持てるようにする。
- ○ 園全体の保育者が気持ちを合わせて見守りながら、年少・年中児や年長児との気持ちの良い関係が持てるような雰囲気を大切にしていく。
- ○ 預かり・延長保育では、ひとりひとりがゆっくりと過ごせるようにひとりひとりで楽しめる玩具を用意したりして、家庭的なくつろげる空間になるよう配慮する。

☆保育者のかかわり・援助（養護含む）

- ☆ 年長組になった喜びと不安に揺れ動く気持ちをとらえて、ひとりひとりにていねいに応じて援助する。
- ☆ 年長組になり張り切って何かに挑戦したいと思っている気持ちや、役にたちたい気持ちを認めて、言葉や態度、具体的な活動を通して支える。
- ☆ 年度初めは、担任や職員の入れ替わりがあるので、職員同士、円滑なコミュニケーションを取り合い、子どもひとりひとりの特徴や性格、背景などをしっかり把握して、安心して園生活が送れるようにする。
- ☆ 年長組になり、張り切って生活している姿を見守りながらも、長時間保育の中で、甘えを受け止め、安心してくつろげる環境をつくり、落ち着いて生活できるようにしていく。
- ☆ 安心、安全、安定に支えられた園生活を基盤に、ひとりひとりの子どもの心のケアをしていくとともに、年長児として自分で考え、判断して行動できるよう、ひとりひとりとていねいにかかわっていく。

家庭や地域との連携（保育園・幼稚園・小学校との連携も含む）

- ○ 近隣の小学校の施設を利用したりして、小学生と交流を持つきっかけをつくる。
- ○ 年長児クラスで張り切って生活する姿を知らせ、親子で期待を膨らませていけるようにする。
- ○ 災害・緊急時の連絡方法や避難場所を確認する。
- ○ 家庭のようすを聞いたり、園での姿を伝えたりしながら、保護者のひとりひとりとの信頼関係を築いて、保護者同士のつながりをはぐくんでいく。
- ○ 保護者に、子どもが自分でやろうとしている気持ちを支えて、成長の節となるように、認めることの大切さを提案していく。

- クラスの友達とのかかわりを通して社会生活における必要な態度を身につけ、みんなで協力したり役割を分担したりしながら（共同性）、目的をなし遂げる喜びを味わう。
- 生活の中で必要な言葉を身につけ、自分の気持ちを表現するとともに、伝わる喜びや伝え合う心地良さを味わう。

- 指示に対する理解が早くなるとともに、自分から進んでやってみようとする意気込みが見られる。環境からの刺激を取り入れて、新しいことに挑む勇気を育てていきたい。
- 何人かがいっしょになって遊びを進めようとする気持ちが強くなるが、互いに主張がぶつかったり、考えが伝わらなかったりして、十分に楽しめない状態が見られる。互いの考えに気づき受け入れようとする態度を育てたい。
- 相手の思いや考えに気づきながらも自己主張する姿がある。その葛藤のプロセスを大事にしながら、自分をコントロールしようとする気持ちを育てたい。
- 身の回りの自然事象や事物に対して興味や関心が高まり、友達といっしょによく見たり考えたりするようすが見られる。自然体験、直接体験を豊かにし、ほかの子どもの考えにふれ、試したり工夫したりして、新しい考えを生み出す喜びや楽しさを味わい、みずから考えようとする気持ちを育てたい。

II 期

6	7	8

- 友達とのつながりを深め、互いの思いを伝え合いながら遊びを進める。
- 自然や身近な環境にふれ、見たり試したり考えたりして遊ぶ。
- 自分の力を十分に発揮して運動や遊びに取り組む。

- 進んで戸外や水の遊びに参加して十分に楽しみ、適切な休息の取り方に気づく。
- 自分から気づいて、汗の始末や衣服の調節をする。
- 自分の体に関心を持ち、健康な生活に必要な習慣や態度を身につける。
- 健康な生活のリズムを身につけ保育者や友達と楽しく食事をする。
- いろいろな運動に興味を広げ、十分に体を動かし、ルールのある遊びにも進んで参加する。
- 災害時の危険を知り、合図や指示に従って行動する。
- 自分なりに目的を持ち、挑戦していこうとする。
- 遊びの中での意見や感情の行き違いの中で、相手の気持ちや考えをわかろうとする。
- 夏ならではのいろいろな遊びを友達と楽しむ。
- 生活に必要な決まりを自分たちで考え、理解して行動する。
- 身近に起こるいろいろな事象に関心を持ち、疑問に思ったことなどを試したり調べたりする。
- 動植物の世話を通して、命あるものの存在に気づき大切にする。
- 栽培物の生長に関心を持ち、収穫を楽しんだり、食する喜びを味わったりする。
- 公共の場での行動のしかたを理解してみんなで気持ち良く生活できるようにする。
- 身近な用具の使い方に慣れ、安全に使う。
- 大型積み木、砂などを使って行なうさまざまな活動の中で、そのものの特徴や性質がわかって遊びを楽しむ。
- 自分の言いたいことをわかるように話すとともに、友達の話すことにも関心を持ち、よく聞く。
- 見たこと、考えたことを、いろいろな材料を使って、工夫して表現する。
- 歌詞やその世界を思い浮かべたりして、歌うことを楽しむ。
- 友達といっしょに、曲に合わせてリズミカルな動きや合奏を楽しむ。
- 絵本や物語などに親しみ、興味を持って聞き、想像する楽しさを味わう。

- 気候や気温の状態に応じて、子どもの健康に配慮した遊びを行なえるような環境を構成していくようにする。
- 友達といっしょに活動を楽しめるよう、物的・空間的な環境の構成と時間の配慮をする。
- 身近な自然物とふれあう中で、自分たちの興味や疑問を追究したり、継続して成長を見守ったりすることができる環境を工夫し、生命の大切さに気づくことにつながるさまざまな体験ができるようにする。
- 幼稚園の夏期保育（預かり保育も含む）では、夏ならではの遊びの環境を工夫し、午睡や休息に配慮した空間になるよう配慮する。

- ☆ 友達関係を深めるために仲間になったりアイディアを提供したり、相手の気持ちを感じ取ることができるように配慮したりして、状況に応じた援助をする。
- ☆ 子ども同士の気持ちの行き違い、葛藤に十分につき合い、子どもが自分で気持ちの切り替えをできるように援助する。
- ☆ いろいろな遊びの中で、基本的な動きや技能を十分に経験できるように配慮し、ひとりひとりの発達や生活を見通して援助する。
- ☆ 自分の健康や体について関心を持ち、食べ物、運動、生活リズムの大切さなどに子ども自身が気づいて理解するよう援助する。
- ☆ 気温や湿度が高いので、室温や通風に配慮し、水分の補給に十分に心がける。
- ☆ 水遊びでは、水に十分に親しませるとともに、水の危険性についても伝えていく。
- ☆ 夏の疲れを感じるときなので、ひとりひとりの休息の取り方に柔軟に対応し、夏を健康に過ごせるようにする。子どもたちの体調については、家庭と連絡を密に取り合う。
- ☆ 夏季期間中は、職員の入れ替えがあるので、日々の子どもたちのようすやアレルギーなどの配慮事項をていねいに伝え合い、安心して過ごせるようにしていく。

- 園便りや写真などでタイムリーに子どもの楽しいようすを伝え、成長を保護者がうれしく感じられるようにする。
- 夏休みには子どもなりに仕事を分担できることを知らせるとともに、家事を手伝う場を作るなど、家族の一員として生活していくことが大切なことを話していく。
- 子どもが試行錯誤しながら育っていくようすを伝え、温かく見守りながら励ますことの大切さを理解してもらう。
- 幼稚園では降園後の交流が深くなってくることから、友達の家でのトラブルや親同士の人間関係などで悩む保護者の気持ちを十分に受け止めていく。同時に、困ったときは園に相談できるという信頼関係を大切にしていく。

→次頁に続きます。

5歳児の年の計画

P.136～の月案・週案・日案の基となっていることを読み取りましょう。

年間目標	○ 自然や身近な事象に興味や関心を持ち、生活に取り入れて、好奇心や探究心を高めていく。 ○ さまざまな表現を楽しみ、意欲的、創造的に遊びや行事などに取り組む。			
子どもの姿と育てたい側面	○ 力いっぱい体を動かすことを好み、自分なりの課題を持ってがんばろうとする気持ちが高まっている。また、みんなでひとつの目的を持って何かをやり遂げようとする姿が見られる。いろいろな運動遊びを通して、進んで物事に取り組む意欲と達成感をはぐくみたい。 ○ 生活経験が広がると同時に友達同士の会話が盛んになり、言葉の表現が豊かになる。自分が話すだけでなく、人の話を聞く態度を育てたい。 ○ 季節感を味わいながら、自然とじっくりかかわる体験を通して、感じる心を豊かにしたい。 ○ 地域の人々や高齢者と、日常的な生活の中でゆったりとかかわり、心を通わせる経験を大切にしたい。		○ 遊びの内容が豊かになり、また、友達の思いや考えを受け入れようとする姿が見られる。共通の目的を持ってグループの友達と考えたり工夫したりすることを楽しむ。みんなで取り組む喜びと、協力してやり遂げる充実感を味わわせたい。 ○ 知的好奇心や探究心が高まり、さまざまなことに積極的にかかわろうとする姿が多くなる。思ったこと、感じたことを表現する意欲やイメージを実現する楽しさ、自然にかかわって感動する気持ち、知識を獲得する喜びを十分に味わわせたい。 ○ ひとりひとりが大切な存在であることを知り、互いに尊重し合う大切さに気づかせたい。 ○ よいこと、悪いことについて、自分で考え、判断できるようにしていきたい。	
発達の節	Ⅲ 期		Ⅳ 期	
月	9	10	11	12
ねらい	○ 戸外で体を十分に動かし、友達といっしょに遊びや生活を進める楽しさを味わう。 ○ 身近な自然や事象を見たり接したりして、考えたり感動したりする。 ○ 感じたこと、考えたことをさまざまな方法で表現する。		○ 遊びや生活の中で、共通の目的を持ち、工夫しながら活動に取り組む。 ○ 自分たちで考えたことを遊びの中で実現したり表現したりする楽しさを味わう。	
指導内容の視点　心と体の健康／人とのかかわり／環境とのかかわり／言葉の育ち／表現する力	○ いろいろな運動に興味を持ち、進んで行なう。 ○ 自分の力を出し、競い合ったり応援したりして、全身を動かして遊ぶ満足感を味わう。 ○ 友達といっしょに遊びや生活を進める楽しさを知る。 ○ グループの友達と役割を分担したり、力を合わせたりして、遊びや生活を進める。 ○ 友達と積極的に体を動かす活動に取り組み、いっしょに遊ぶ充実感を味わう。 ○ 友達と十分にかかわり、自分たちで遊びを進めていく。 ○ 高齢者や身近な人々とのふれあいを楽しむ。 ○ 友達とのかかわりの中で、相手の気持ちに気づき受け入れる。 ○ 園生活の流れがわかり、おおまかな見通しを持って行動する。 ○ 遊具や用具を理解し、安全に使う。 ○ 身近な動植物に触れ、遊んだり観察したりして興味を持って親しむ。 ○ 日常生活の中で数量・図形・位置・時間に関心を持ち、生活の中で使って遊ぶ。 ○ 体験したり、感じたりしたことを言葉で表現することを楽しむ。 ○ 遊びに必要な物を、適切な材料を考えて使い、工夫して作ったり飾ったりすることを楽しむ。 ○ 友達といろいろな歌をうたったり楽器を使ったりして、曲の感じやリズムの変化を楽しむ。 ○ 災害時の身の守り方がわかり、保育者や友達といっしょに機敏に避難する。		○ 戸外遊びに意欲的に取り組み、友達といっしょに遊びを発展させる。 ○ 健康な体作りに関心を持ち、好き嫌いを減らすなど健康な生活の習慣を身につける。 ○ 遊びの進め方を友達と話し合い、協力したり決まりを守ったりして遊びに取り組む。 ○ 身近な自然の美しさや季節の移り変わりに親しむ。 ○ 自然物を使ってさまざまな遊びを楽しみ、素材の感触や物の質などに気づいたり調べたりする。 ○ 自分の生活にかかわりの深い情報や、地域の人々に関心を持ってかかわり、親しみを持つ。 ○ 身近な機器や用具の適切な使い方を知り、遊びに生かす。 ○ 生活の中の言葉や文字・記号に関心を持って使う。自分たちの表現したいことを伝える手段として、取り入れて遊ぶ。 ○ 友達とやりとりを十分にし、思いを伝え合う。 ○ 身近な生活の中から想像を巡らし、話したり絵に描いたり遊びに取り入れたりする。 ○ さまざまな素材や用具を利用してイメージを実現しようとする。 ○ リズミカルに表現したり、表現を工夫して動いたりすることを楽しむ。 ○ 自分たちで遊びの場を整え、身近に使う物を大切にていねいに扱う。 ○ いろいろな美しい音、曲に耳を傾け、想像を豊かにしたり、自分たちで音を試したり楽しんだりする。 ○ 絵本や物語などに親しみ、想像を豊かに膨らませたり表現したりする楽しさを味わう。	
環境構成の要点	○ 興味や活動意欲の高まりを受け止めて、十分に力を発揮できるように、園の内外の場や地域の施設などの活用を考える。 ○ 移動遊具や固定遊具などについては、保育者が安全点検し、扱い方を正しく指導して、安全に配慮する。 ○ 力いっぱい運動に取り組み、おいしく食事をとれるようにする。 ○ 運動会に向けての活動量を考慮し、延長・預かり保育ではそれまでの心身に負担感のない遊びができる環境や、休息を取れる場を作る。 ☆ 活動意欲の高まりとともに出る競争心、達成感を認め、自信が持てるようにする。 ☆ 日々のさまざまな出来事についてひとりひとりの気持ちに添いながら、場面や機会をとらえて内容によっては周囲の仲間に伝えたり、クラスで考えたりする。 ☆ 遊びの中で、体のさまざまな動きが体験できる活動が生まれるような環境の構成や援助に努める。 ☆ 夏の生活からリズムを立て直し、健康で安全な園生活を送れるようにする。 ☆ 子どもたちと相談したり、協力したりできるよう、十分な時間を確保し、自分たちで生活を組み立てられるようにする。 ☆ 子どもひとりひとりの成長のようすを見逃さず、背景にあるものを踏まえながら安定して心地良く過ごせるようにしていく。		○ ひとりひとりの活動への多様な取り組み方を受け止め、知的好奇心や探究心が満足できるように、豊かな環境を用意する。 ○ 体全体で自然にふれ、自然の中での遊びが満喫できるような場や機会をつくる。また、身近な動物とのふれあいなどから、生命の大切さに気づくさまざまな体験を大事にしていく。 ○ 自分たちで遊びに必要な場作りをし、目的に向かって考えたり工夫したりしながら充実感が持てるようにする。 ○ 地域の資源を活用していろいろな活動を楽しみ、子どもの心を豊かにする。 ○ 就学時健診や小学生との交流を通して小学校生活を身近に感じ、期待を持つようにする。 ☆ クラスの中でひとりひとりのよさを認め合い、子ども同士のつながりがさらに深まるような援助をする。 ☆ ひとりひとりから出てきたイメージや膨らんだイメージをまとめて実現できるように援助して、自分たちで取り組んだという充実感が味わえるようにする。 ☆ 地域に出かけて行くときは、人数の確認、行き先との連絡、調整に配慮する。 ☆ 1日の生活の流れに見通しが持てるようになった子どもたちが、自分たちで考えて進めていく活動を支え、実現できるように援助し、自信を持てるようにしていく。 ☆ 感染症予防・手洗い・うがいの大切さなどを伝え、健康に過ごせるようにしていく。	
家庭や地域との連携	○ 小学校の行事に参加しながら、小学生との交流を図る。 ○ 運動会などの機会を通して、子どもと共に保護者も楽しみながら子どもたちがたくましく成長している姿を共に実感し、確かめ、喜び合えるようにする。 ○ 保護者と共に子どもの成長の変化を確認しながら連携を深める。		○ 園や家庭の情報を交換し、互いに子育てのネットワークを大切にし、子育てを通して保護者同士の関係を深める。 ○ 年末年始にいろいろな人と出会うことで、ふだん体験できないあいさつのしかたやマナーなどをはぐくんでいけるよう、保護者に伝える。	

- ○ さまざまな体験を通して心情を豊かにし、表現することの楽しさを味わう。
- ○ 健康な生活リズムを身につけ、友達と体を十分に動かし、進んで運動する。

- ○ もうすぐ入学という期待を持ちながら自分たちの遊びを十分に楽しみ、年長児らしい積極的な行動が取れるようになっている。友達とのつながりや生活を共にする喜びを十分に味わわせ、自覚と自信のある行動が取れるようになってほしい。
- ○ 生活や活動の見通しがつくようになる。また、物事に積極的に取り組み、グループ同士交流し、それぞれ友達と相談したり工夫したりして活動を発展させるようになる。この中で互いを認め、助け合いながら自分たちで自主的に生活を進めようとする態度をはぐくみたい。
- ○ 身近な自然事象や社会事象に対する関心が強くなり、身近なこととかかわって疑問を持ったり、知りたがったりすることが多くなっている。自分たちで話し合ったり、調べたり考えたりする態度を育てていきたい。

Ｖ　期

1	2	3

- ○ それぞれが自分らしさを大切にしながら、協力して遊びや生活を進めていく充実感を味わう。
- ○ 身近な事物や事象に関心を持ち、興味を持ってかかわったり、考えたりして、生活を広げていく。
- ○ 友達といろいろな活動に楽しんで取り組みながら、自分の思いや感じたことを豊かに表現し合い、互いの成長を喜び認め合う。

- ○ 園生活の中で、場面に応じた行動ができる。やっていいこと、悪いことを自分で考えて行動する。
- ○ 寒さに負けず、十分に体を動かし、いろいろな運動遊びに取り組む。
- ○ 自分たちでルールを決めたり、遊び方を考えたりしてみんなで楽しむ。
- ○ クラスやグループの中で役割を受け持ち、目的を持って遊びや生活を進める。
- ○ 園生活の中で生活に見通しを持ち、時間を意識して行動する。
- ○ 入学への喜びや期待を膨らませ、意欲的に生活する。
- ○ 冬の身近な事象に関心を持ち、それを取り入れて遊んだり、動植物のようすから春の訪れに気づいたりする。
- ○ 自分たちの生活の場をみんなで協力して作り出し、使いやすく整えたり飾ったりする。
- ○ さまざまな出来事の中で、イメージを膨らませ、感動したことを伝え合う。
- ○ 考えたことや感じたことを相手にわかるように話す。また、相手の話の内容を理解し、注意して聞く。
- ○ 簡単な標識や文字などに関心を持ち、日常生活に取り入れて使う。
- ○ 材料や用具を目的に合わせて選び、のびのびと表現し、作品を大切に扱うとともに友達の表現にも関心を持つ。
- ○ 音楽に親しみ、感じたこと、考えたことなどを、音や動きで表現する。
- ○ 友達との対話を楽しみ、気持ちの伝わっていく心地良さを味わう。
- ○ 生活の中でリズミカルな言葉を使ったり、言葉の楽しさや美しさに気づいたりする。
- ○ 生活を共にしてきた友達や年下の子どもや身近な人々と心を通わせ、大きくなった喜びを味わい、感謝の気持ちを持つ。

- ○ 友達やクラス全体で、創作や表現を楽しめるような活動を取り上げ、協同する楽しさや充実感を味わえるような機会を設けたりする。
- ○ 自然とふれあうチャンスを大切にし、試したり発見したり考えたりする楽しさを十分に味わいながら、科学性の芽生えを培う環境を工夫する。
- ○ 年長児として自分たちが誇りに思ってやってきた役割を、年中児にわかるように伝達したり頼んだりする場を計画する。

- ☆ 卒園までの時間を大切にし、園生活を振り返り、気の合った仲間といる楽しさやクラス全体がつながっている心地良さを子どもたちと共に味わう。
- ☆ クラスのひとりひとりが大切な仲間であり、かけがえのない存在であることを感じ取らせる。
- ☆ 生活習慣が身についているか、自分たちでできるようになっているかを見直していく。
- ☆ 園生活を通じて培われた力や、ひとりひとりが自信と誇りを持って就学を迎えられるようにする。
- ☆ 就学に向けて安心して小学校生活に移行できるよう、ひとりひとりの子どもの実態に即して、早寝・早起きの習慣や午睡などに配慮し、1日の園生活のリズムを整えていくようにする。

- ○ 小学校の生活や学習の滑らかな接続を意識して、小学校との連携をていねいにする。
- ○ 小学校の体験入学などに参加して、入学への期待を膨らませる。
- ○ 初めて入学を迎える保護者の不安が少なくなるよう、子どもの成長を伝え、また小学校と連携して具体的なようすや、どんな準備をしたらよいかを知らせる機会を保護者会などを利用して設定していく。
- ○ 子ども自身に伝達する力がはぐくまれるように、園生活に必要な物を自分で用意し、園に持参する経験などをしながら、少しずつ生活を自分でできるように園と家庭が協力する。
- ○ 園生活を通じて培われた人間関係は、保護者にとっても子どもにとっても大切な宝であることを確かめ、共に卒園を祝う。

4月 5歳児 クラス作り

P.160-163・4月の週案、P.180・4月の日案も参照してください。

※幼稚園・保育園両方で参考にしていただけるよう、検討・立案しています。

朱書き ＝ わかる! 書ける! 書き方解説をチェック!

進級したうれしさや期待にあふれる気持ちを<mark>周りの大人から認められて</mark>、遊びや生活に向かう意欲につなげていく。また、年長組の新しい生活のしかたや遊び方などをみんなで確認したり相談したりしながら、<mark>子どもたちが自分たちで生活や遊びを考えてつくっているという気持ちが持てるようにしたい。</mark>

- "しだいに"の意味合いのときは、"～していく"の文体にしています。
- 乳児のころから成長を見守っていた保育者からの応援です。単に"受け止めて"とするより深い意味合いになります。
- 5歳児の生活では、共同性のことを意識して記します。

今月初めの幼児の姿

生活・健康
- ○年長になった喜びや期待にあふれ張り切って生活している。中には保育環境が変わったことで落ち着かない子もいる。
- ○引き継いだ当番活動を意欲的に行なおうとしている。

興味・関心
- ○今まで楽しんでいた遊びを友達としたり、年長になって使える遊具や場で遊んだりしている。
- ○虫が出てきたことにいち早く気づいて、プランターを動かしたり、植え込みの中を夢中で探したりしている。

人間関係
- ○年中児クラスからの仲のよい友達と誘い合って遊んだり、進級したことを喜び合ったりしている。
- ○兄弟姉妹がいたり、知っている子がいたりすると気にかけ、自分からかかわろうとしている。

ねらい

- ○進級した喜びを味わい、意欲的に生活に取り組む。
- ○友達と誘い合って、興味のある遊びを十分に楽しむ。
- ○春の自然や身近な動植物にかかわり、興味や関心を持つ。

※「共につくり出す」という言葉には、5歳児に経験させたい、"共につくる"生活、"創造性をはぐくむ"こと、"いっしょにする"ことが込められています。

※平成23年4月に文部科学省が発表した「幼児期運動指針」では、運動することを楽しいと感じる子どもを育てることを示しています。指針も理解しておきましょう。

※"簡単なルールのある遊びで"など、限定せず、広い範囲のことを内容には記しましょう。

幼児の経験する内容（指導内容）

- ○張り切って登園し、新しい担任や友達とふれあうことを楽しむ。
- ○生活のしかたや遊び場、遊具の使い方などを友達や保育者といっしょに考えたり、確認したりする中で、<mark>共につくり出す</mark>喜びを味わう。
- ○新しい場や遊具に興味を持ち、使って遊ぶことを楽しむ。
- ○新入園児や年下の子どもに親しみを持ってかかわったり、世話をしたりする。
- ○当番活動の内容や、やり方がわかり、友達といっしょに取り組む。
- ○<mark>戸外で遊ぶ心地良さを味わう。</mark>
- ○<mark>体を十分に動かして遊び</mark>、友達とかかわる楽しさを味わう。
- ○友達といっしょに興味を持った遊びを楽しむ。
- ○友達や保育者に自分の思いや気持ちをわかるように伝えようとする。
- ○クラスの友達と歌ったりゲームをしたりして、いっしょに楽しむ。
- ○身近な動植物を見たり触れたり遊んだりして、関心を持つ。
- ○友達や保育者といっしょに親しみを持って、動植物の世話をする。

家庭・地域との連携（保護者への支援も含む）

★子どもたちが年長になって張り切っている気持ちや園でのようすを、具体的に伝え、保護者も共に喜びが感じられるようにしていく。そして、家庭でも具体的な行動や手伝いなどを通して、成長を認めたり褒めたりしてもらい自信につなげていけるようにする。

★年長児の成長や1年間の見通しを伝えたり、家庭での子どものようすを保護者から聞いたりするなどして、園と家庭が協力して子どもの育ちを見守っていけるようにする。

幼稚園における預かり保育への配慮	保育園における延長保育への配慮	健康・食育・安全への配慮
☆年長になって張り切った気持ちと緊張感を持って生活している子どもの姿などを伝え合い、保育者間の連携を密にしていく。ゆったりとした環境の中で落ち着いて過ごせるような遊びのコーナーを作る。	☆クラス担任が長時間保育の担当者に子どものようすや、連絡事項などの申し送りをていねいにし、必要なことは保護者に伝えるようにする。好きな遊びをしながら落ち着いて過ごせるよう、家庭的な雰囲気をつくる。	●気持ちが高揚している子もいるので、遊具の使い方や生活のしかたなどをみんなでいっしょに考え、決まりや約束を確認し合って安全に生活していく大切さを知らせていく。

環境の構成と保育者の援助

進級した喜びを感じ、期待を持って生活できるように

○自分たちで意欲的に生活や遊びに取り組めるようにするために、生活のしかたや遊び場を子どもたちと相談しながら決めていくようにする。

○進級がうれしくて張り切る子や、緊張や不安感を抱く子などさまざまな子どもの気持ちに寄り添い、ひとりひとりをていねいに受け止め、安心して生活できるようにしていく。

○年下の子といっしょに遊んだり、生活の中でふれあう機会が持てるようにしたりしていく。

○新入園児へのプレゼントを作ったり、お祝いの言葉を考えたりする中で、年長になったうれしさを味わい、進んで取り組めるようにしていく。

新しい環境を取り入れて自分たちの遊びを十分に楽しめるように

○友達と好きな遊びをじっくりと楽しめるように、1日の生活の流れを考え、ほかのクラスと連携を取りながら遊び場を確保したり、時間を十分に取ってゆとりを持たせたりしていく。

○子どもたちと話し合いながらルールを確認したり、遊具の置き場所を決めたりして、自分たちで進めていこうとする姿を大切にしていく。

○歌をうたったり、ゲームをしたりしてクラスの友達と楽しめる時間を設ける。つながりが感じられるように全体で楽しめる遊びを取り入れていく。

○子ども同士がかかわっている姿を見守りながらトラブルが起きたときには、互いの気持ちが伝わるよう必要に応じたことばがけをしていく。

春の自然に親しみ、変化に気づいて興味が持てるように

○春の自然にふれて遊ぶ機会をつくり、子どもたちの気づいたことや感じたことなどを受け止め、共感していく。

○飼育物や栽培物の世話を保育者もいっしょにしながらやり方の手本になる。必要な物を用意し、自分たちでやってみようとする姿を見守っていく。

> これが5歳児らしさです。春の自然の変化に出会い、"おや？ 何だろう？ 見てみよう"と気づく、科学性の芽生えを援助することが大切です。

> 保育の振り返りでは、ねらいに即して"意欲的に"の観点で評価します。

反省・評価のポイント

★進級した年長児クラスの生活を楽しみ、ひとりひとりが意欲的に生活することができたか。
★新しい環境の中で、遊び方を工夫して友達と好きな遊びを楽しめていたか。
★春の自然にかかわり、興味・関心を持つことができたか。

朱書き ＝ わかる！書ける！書き方解説をチェック！

5月 5歳児 クラス作り

※幼稚園・保育園両方で参考にしていただけるよう、検討・立案しています。

友達といっしょに大型積み木や巧技台などを使ってダイナミックに遊ぶことを、楽しめるようにしたい。自分の思いを伝えたり、相手の思いに気づいたりしながら==友達とのつながりを感じられる==ようにしていきたい。また、戸外で体を動かしてのびのびと遊び、身近な自然にふれる中で、新しいことに気づいたり、==発見したりする喜び==やおもしろさを味わわせていきたい。

> 自分で発見することだけでなく、友達といっしょにすることが5歳児らしさです。発達を踏まえて記しましょう。

前月末の幼児の姿

生活・健康
- 年長としての生活に慣れ、当番活動に張り切って取り組んだり、年下の友達の世話をしたりして、みんなの役にたつことを喜んでいる。
- 園庭の固定遊具やルールのある遊びで体を動かして遊ぶことの心地良さや楽しさを味わっている。

興味・関心
- 年長になって使えるようになった場所や遊具で遊ぶことを楽しんでいる。
- 身近な草花を使って遊んだり、アゲハチョウ、オタマジャクシなどを飼育したりすることを楽しんでいる。

人間関係
- 気の合う友達を誘っていっしょに遊ぶことを楽しむ姿が見られるとともに、新しい遊具や場に集まって新たなかかわりで遊ぶ姿も見られる。
- 自分の思いや考えが優先してしまい、なかなか相手に言葉では伝わりづらい面がある。

ねらい

- ==自分から進んで戸外遊びに取り組み、全身を使って遊ぶ心地良さを味わう。==

> 運動することを楽しいと感じることができるようなねらいをたてましょう。

- 自分の思いや考えを出したり、相手の思いに気づいたりしながらいっしょに遊ぶ楽しさを味わう。

- 身近な動植物に親しみ、触れたり世話をしたりする中で生長のようすに興味や関心を持つ。

幼児の経験する内容（指導内容）

- 雲梯や鉄棒などの固定遊具に自分の目標を持って挑戦する。
- 短縄跳びや大縄跳びに繰り返し取り組む。
- ルールのある遊びを通して友達とのかかわりを広げていく。
- 大型積み木や巧技台を安全に使う。
- 砂や土、水、泥などの感触を十分に味わい、自分なりに試したり工夫したりして遊ぶ。
- 風のさわやかさや木陰の気持ち良さを味わう。
- 音楽に合わせてみんなといっしょに踊ることを楽しむ。
- ゴールまで思い切り走る楽しさを味わう。
- 自分の思いや考えを言葉で表し相手に伝えようとする。
- 友達の思いを聞こうとしたり、友達のしていることに気づいたりする。
- 自分と友達の思いや考えの違いに気づく。
- 友達といっしょに遊びの場を工夫して作る。
- 草花や野菜の生長を楽しみにしながら、世話をする。（アサガオ、ミニトマト、オクラ　など）
- 昆虫や生き物の変化や生長に気づき、関心を持つ。
- 自分が気づいたことや考えたことを保育者や友達に知らせたり、絵本や図鑑で調べたりする。

家庭・地域との連携　保護者への支援も含む

★ 参観や懇談会を通して、保護者にひとりひとりが興味・関心を持っていることや友達とのかかわりを通して成長している姿などを具体的に知らせ、共に子どもの成長を喜んでいくことができるようにする。
★ 汗をかいたり、汚れたりしたときに、自分で気づいて着替える習慣が定着するよう、保護者と連携を図っていく。
★ 小学校の担当者と連絡を取り合い、小学校の運動会の練習を見学したり参加したりして保幼小の連携を深める。
★ 非常災害時の連絡方法について保護者会で周知する。

CD-ROM ▶ 5歳児 ▶ P.136-159_月案 ▶ 5月_月案.doc

幼稚園における預かり保育への配慮

☆連休明けは疲れが出てくるころなので、ひとりひとりの健康状態を把握し、ゆったりと過ごせる環境づくりを心がける。また、それぞれが好きな遊びを楽しめるようにコーナーを構成して自分で選べるようにする。

保育園における延長保育への配慮

☆年長児としての自覚を持って動こうとする気持ちを大切にし、年下の子どもの世話をしている姿を認めたり、活躍できる機会を設けたりする。連休明けの疲れなどの体調を把握し、のんびりと過ごせるスペースを用意する。

健康・食育・安全への配慮

●夏野菜を自分たちで育てていくことを通して野菜への興味・関心を高める機会とする。遊んだ後には水分補給と十分な休息を取るように体調面に配慮する。安全指導面では、大型遊具の取り扱い方について遊びの中で繰り返し指導する。

環境の構成と保育者の援助

> 5歳児になり、運動意欲もおう盛です。その視点を、常に大切に、変化のある環境を工夫します。

自分なりの目的を持ち、体を動かして遊ぶ楽しさが味わえるように

○小学校の運動会へ参加するときには、友達とリズムに合わせて同じ動きをしたり、競い合って走ったりする楽しさに共感する。
○運動用具を取り出しやすい場所に準備し、自分から体を動かして遊べるようにしていく。
○大型積み木や巧技台の安全な扱い方をみんなで考える場を設けたり、いっしょに遊びながらポイントを伝えたりする。
○砂場や土の遊びでは、友達といっしょにダイナミックに繰り返し取り組めるようにいろいろな遊具や用具を準備しておく。
○繰り返し試したり工夫したりすることで自分なりに気づいたり考えたりしたことを見逃さずに受け止める。
○保育者もいっしょに体を動かして遊び、楽しさや汗をかいたときの爽快感などに共感していく。
○折り返しリレーや鬼遊びなど、ルールのある遊びを取り入れ、みんなで遊ぶ楽しさを味わえるようにする。クラスで繰り返し取り組みながらルールを確認したり、必要に応じてルールを考えたりしていく。
○自分たちで始めた遊びが十分に楽しめるように動線を知らせたり、保育者間で連携を取って、遊びの場が重ならないように配慮したりして、園庭を有効に活用できるようにする。

> 保育者も仲間になって取り組むことを考えて記入します。

自分の思いや考えを出しながら遊びを進められるように

○友達同士のやりとりや、周りの遊びへの興味が広がるような環境づくりに配慮する。
○遊びに必要な物をいっしょに考えたり、新しい素材を提示したりして、自分の考えたことや思いが実現していくことの喜びを味わわせていく。
○友達の思いに気づいて言葉に出したり、いっしょに遊んだりする姿に共感する。
○友達との思いの違いでトラブルになったときには両方の思いを受け止め、足りない言葉を知らせたり、言葉にして伝えたりしながら、友達の思いに気づくようにしていく。

身近な動植物に親しみが持てるように

○草花の種や野菜の苗を植えるときには子どもたちが手に取り直接触れて、形や大きさ、色の違い、においなどに気づく機会にする。
○アゲハチョウやオタマジャクシなどの飼育を通して気づいたことや驚いたことに共感する。
○昆虫や植物の生長や特徴に気づけるように絵本や図鑑を用意しておく。

> 夏野菜の苗植えなど、あらかじめ土作りの準備が必要です。見通しを持って計画をたてましょう。

反省・評価のポイント

★自分なりの目的を持ち、全身を使って遊ぶことを楽しんでいたか。
★自分の思いや考えを友達に伝えて遊ぼうとしていたか。
★身近な動植物に親しみを持ち、触れたり世話をしたりしていたか。

朱書き＝わかる！書ける！書き方解説をチェック！

6月 5歳児 クラス作り

P.164-167・6月の週案、P.181・6月の日案も参照してください。

※幼稚園・保育園両方で参考にしていただけるよう、検討・立案しています。

友達と互いに自分の思いを出せるようにし、自分と相手との思いの違いに葛藤しながらも、友達といっしょに遊ぶことの楽しさやうれしさを感じられるようにしていきたい。また、梅雨期ならではの自然事象や動植物とのかかわりを通して、身近な事象への興味を広げ、発見したり試したりすることの楽しさを感じられるようにしていきたい。

前月末の幼児の姿

生活・健康
- 心地良い気候の中、全身を使ってのびのびと遊ぶことを楽しんでいる。
- 年長としての生活のしかたがわかってきて、昼食準備や飼育当番などの当番活動は、友達を誘って自分たちで進めている。

興味・関心
- 大型積み木や巧技台を使った遊びや砂場で、ダイナミックに試したり工夫したりしている。
- はん登棒や鉄棒などの固定遊具や縄跳びなどに挑戦している。
- 友達といっしょにルールのある遊びを楽しんでいる。
- アゲハチョウや自分たちの植えた夏野菜などの身近な動植物に関心を持って見たり、世話をしたりしている。

人間関係
- <mark>いろいろな遊びへの関心が広がり友達とのかかわりが活発になる反面、自分の言葉で思いを伝えきれなかったり、思いがぶつかったりすることがある。</mark>

ねらい

- 自分の思いや考えを友達に伝えたり相手の話を聞いたりしながら、友達とかかわって遊びを楽しむ。

> 生活に見通しを持って行動することのできる時期です。発達を意識して記入しましょう。

- 梅雨期の自然事象や身近な動植物のようすに興味を持ち、発見したり試したりする。

> このように子どもの姿を具体的に書くことにより、援助のあり方もわかります。ひとりひとりの子どもの思いを大切に保育者がつなぎます。

幼児の経験する内容（指導内容）

- 自分の思いや考えを相手にわかるように伝えようとする。
- 相手の話に関心を持って聞こうとする。
- 自分の思いをわかってもらえたうれしさを味わう。
- 身近な素材や材料から必要な物を選び、自分の作りたい物を実現していくことを楽しむ。
- 水遊びの準備を<mark>自分たちで進めながら</mark>、水での遊びをいっしょに楽しむ。
- 水や砂、泥の特性や感触の違いがわかって、友達といっしょに試したり工夫したりして遊ぶ。
- ルールのある遊びを友達といっしょに楽しむ。
- みんなと声を合わせて歌う心地良さを味わう。
- 友達と物語や絵本に親しみ、想像する楽しさを味わう。
- 雨降りや雨上がりのようすなどの自然事象に興味や関心を持ち、よく見たり調べたりする。
- アジサイやカタツムリなど身近な動植物の生長や変化に興味を持ち、調べたり試したりする。
- 自分たちの植えた夏野菜の世話をし、生長のようすや変化に気づき、収穫を楽しみにする。
- 体や身の回りを清潔にすることの大切さがわかり、進んでしようとする。

家庭・地域との連携（保護者への支援も含む）

★ 梅雨期を安全に快適に過ごせるように、衣服の調節、手洗いやうがい、食中毒の予防など、健康管理について、園便りなどで伝えていく。

★ 友達との遊びの中で子どもたちが学んでいることや、葛藤体験の必要性を、クラス便りや保護者会・降園時の連絡で伝えていく。ひとりひとりの育ちや経験していることを保護者に伝えながら、必要なときはいつでも気軽に相談できるような雰囲気をつくっていく。

CD-ROM　5歳児 ▶ P.136-159_月案 ▶6月_月案.doc

幼稚園における預かり保育への配慮

☆新入園の3歳児・4歳児の降園時間が延びて、いっしょに過ごす時間が増えるので、異年齢で楽しめる遊具も準備し、それぞれが無理なく楽しめるようにする。

保育園における延長保育への配慮

☆雨天が続くので、室内遊びを十分に楽しめるように環境を整えたり、安全に体を動かせる場を用意したりする。
☆1日の生活の組み立てに変化を持たせるなど、工夫をしていく。

健康・食育・安全への配慮

- よくかんで食べる、ていねいに歯をみがくなど、歯に対する意識を高める。
- 自分たちで育てた野菜を収穫したり調理したりする機会をつくる。
- 遊具や用具の使い方や整理・整とんのしかたを知らせていく。

> このころから、どうやったらみんなで気持ち良く過ごせるかという意識を持てるようにするために記入しています。

環境の構成と保育者の援助

友達とかかわって楽しく遊べるように

> ただ遊ぶのではなく、友達と楽しく遊ぶ経験が大切、という意味を持っています。

○子どもたちの発想が実現できるよう、さまざまな材料を用意し、選んで使えるようにする。
○ひとりひとりの思いが十分に出せるようにし、しっかり受け止めていく。
○うまく伝えられない思いに共感したり、伝え方をいっしょに考えたりする。
○トラブルが起きたときは、思いどおりにならないことやいろいろな考えがあることに気づき葛藤している姿に共感したり見守ったりし、気持ちの安定を図るようにする。
○子どもたちの楽しい発想や方法に気づいたとき、「みんな、見て！」と伝えたり、「○○くんといっしょで楽しかったね」と、友達といっしょにできたうれしさに共感したりしていく。
○ルールのある遊びをみんなで楽しめるように、繰り返し遊んできたドンジャンケンなどのゲームや助け鬼などができるように環境を用意したり、クラスのみんなでする活動に取り入れたりする。
○誕生会でみんなで楽しめる出し物をするなど、簡単な目的に向かって友達といっしょにできたうれしさを感じられるような機会をつくる。

> "イメージ"よりもふさわしい文言にしました。アイディアや思いつきを大切にします。

> 単なる出し物では、この時期の子どもの姿に合いません。この文言を加えることでこの時期にふさわしい文章になります。

梅雨期の自然への関心を高められるように

○身近な動植物の変化や生長に目が向けられるように保育者もいっしょに見るなどする。気づいたことを調べられるように図鑑や絵本などを置いておく。
○時には雨降りや雨上がりの戸外に保育者もいっしょに出て、子どもたちの発見に共感する。
○野菜の生長や、葉の形、実のなり方などに気づけるよういっしょに見たり、写真や絵を掲示したりする。
○気づいたことや調べたことに共感しながら、友達に知らせられるような場面もつくっていく。

心地良く生活するための行動ができるように

○水遊びや砂遊びの準備を自分たちでしていけるように、材料や用具を用意しておいたり、経験を生かして自分たちで進める姿を認めたりする。
○汗の始末や衣服の調節をしたり、汚れた衣服を着替えたりして、心地良く生活するために自分で考えて行動できるような声をかけていく。

> これまでの経験から、みんなで気持ち良く生活するために、ひとりひとりが理解して行動する大切さを重視し、記しています。

反省・評価のポイント

★自分の思いや考えを友達に伝えながら、相手の思いにも気づくことができたか。
★友達とかかわって遊ぶ楽しさを味わえたか。
★梅雨期の自然事象や身近な動植物に興味を持って、かかわることができたか。

7月 5歳児 クラス作り

朱書き＝わかる！書ける！書き方解説をチェック！

※幼稚園・保育園両方で参考にしていただけるよう、検討・立案しています。

友達の遊んでいるようすに関心を持ち、互いに影響し合って、試したり工夫したりすることで、遊びがさらにおもしろくなっていくことを味わえるようにしたい。水遊び、プール遊びでは、水の心地良さを全身で味わいながら、自分なりの目当てを持って<mark>繰り返し楽しめるようにしたい。</mark>

> "繰り返し取り組めるように"この機会の中で、挑戦したり、失敗したり、試したりする経験を大切にします。

前月末の幼児の姿

生活・健康
- 汗や泥などで衣服が汚れたことに気づき、着替えなどの始末を自分でしている。
- 体を動かす遊び（助け鬼や手つなぎ鬼　など）を楽しんでいる。

興味・関心
- 育てている野菜の生長を観察したり、実や花の変化に気づいたりしながら、収穫を楽しみにしている。
- 梅雨期の自然物に興味を持ち、図鑑で調べたり、友達と話したりしている。

> 子どもの育ちのよい面を記述しておき、今月のねらい・内容に反映させましょう。

人間関係
- <mark>友達といっしょに活動する輪が広がっている。</mark>
- 自分の考えをそれぞれが主張し合い、思いがうまく伝わらず、遊びが続かないこともある。
- <mark>友達に思いが通じたときは、サッと数人で遊びが始まる。</mark>

> 6月末ごろには、このような姿が見られました。それを受けて今月を計画します。

ねらい

- 自分の思いを伝えながら、相手の思いも知って友達といっしょに遊ぶことを楽しむ。

> 仲間のひとりとして自覚や自信を持つ時期です。友達と共に取り組むことが楽しさにつながるように考えて書きましょう。

- 自分なりの目当てを持って夏の遊びを楽しむ。
- 夏の自然事象や身近な動植物の生長や変化などに興味や関心を持つ。

幼児の経験する内容（指導内容）

- 自分の思いを伝えるとともに、友達の思いや気持ちをわかろうとする。
- 友達と知恵を出し合い、力を合わせて遊びを進める。
- 砂・土・水などで、いろいろな遊び方を試したり工夫したりしながら遊ぶ。
- いろいろな材料を使い、動かすことができるように工夫する。
- 作った物を使って、<mark>友達といっしょに遊びを楽しむ。</mark>
- 水の中で体を動かし、水の心地良さを全身で味わう。
- 自分なりの目当てを持ち、プール遊びを楽しむ。
- 約束を守り、水遊びやプール遊びを十分に楽しむ。
- 汗の始末や水分補給など、自分から気づいて行なう。
- 飼育物の生長を観察したり、大切に世話をしたりする。
- 自分たちで世話をしてきた野菜の収穫を楽しむ。
- <mark>夏のさまざまな自然事象に興味を持ち、友達と伝え合ったり、疑問に思ったことを調べたりする。</mark>

> 見たことをさらに深めたり、関心を広げたりする内容です。

家庭・地域との連携（保護者への支援も含む）

★水遊びやプール遊びを安全に行なえるよう、健康チェック表への記入をお願いする。また、クラス便りや写真などを通して、子どもたちが楽しんでいるようすを適時に知らせていく。

★暑さや夏の遊びで疲れやすいので、栄養や睡眠を十分に取ることの大切さを家庭に知らせていく。

幼稚園における預かり保育への配慮

☆水遊びやプール遊びなど開放的な活動で疲れている子どももいるので、横になるなどゆったり過ごせる環境を用意する。
☆涼しい時間帯を利用して虫取りや草花摘み、色水などができるようにする。

保育園における延長保育への配慮

☆気温・湿度が高い日は、風通しやエアコンの適切な利用で快適に過ごせるよう、また水分補給もこまめにする。
☆暑さや日中の活動による疲れが出やすいので、ゆったりと遊べる場や玩具を用意しておく。

健康・食育・安全への配慮

●自分たちで育ててきた夏野菜を収穫し、食への関心を高める。
●水の危険性について知らせ、水遊びでの約束を自分から守れるようにする。
●水分補給や汗の始末をすることの大切さを知らせる。

環境の構成と保育者の援助

> この時期にふさわしく、いっしょに遊びたい友達と、夏ならではの遊びを楽しむことについてふれています。

友達といっしょに遊びを進める楽しさを味わうために

○友達に刺激を受け工夫して遊んでいる姿を認め、みんなの前で紹介する機会を設けるなどし、楽しさがクラス全体に伝わるようにしていく。
○意見が食い違うような場面では、子どもたちのようすを見守り、必要に応じて言葉を補うなどの援助をしていく。
○子どもの気づきを大切にとらえながら、時には保育者も遊びに加わって、いっしょに考えたりヒントを与えたりしていく。
○七夕や動かせる舟作り、お化け屋敷ごっこに向けて、話し合う場を設け、それぞれが自分の思いやアイディアを出し合えるようにしていく。子どものアイディアを認め、実現できるように、内容をよく聞き、必要な材料をいっしょに準備する。（段ボール、発泡スチロール、布、ポリ袋、ひも　など）

> 自分なりに試したり工夫したりできるようになる時期です。科学性の芽生え、探究心をはぐくむ遊びを考えて記します。

夏の遊びを楽しむために

○水遊び、プール遊びでの約束事を子どもたちといっしょに確認し、ひとりひとりが安全に注意して遊べるようにする。
○プール遊びでは、自分なりの目当てに近づけるよう励ましたり援助したりし、できるようになったときを逃さずに認めて、自信につなげていく。友達にも伝え、いっしょに喜び合えるようにする。
○砂・土・水などの自然物の性質に気づき、試したり工夫したりして遊べるような材料を用意しておく。（バケツ、ペットボトル、ストロー、絵の具、色紙　など）

夏の自然を感じられるように

○育ててきた夏野菜を自分たちの手で収穫する機会をつくって、収穫の喜びを共に味わえるようにする。

> "機会をつくって、どうなってほしいか"まで書きましょう。

○七夕や天の川などに関連する写真をはるなどして興味・関心が高まるようにする。また気になったことをすぐに調べられるように図鑑や絵本を準備しておく。
○夕立や入道雲など、その瞬間にしか見られない体験を大切にし、自然の美しさや不思議さを保育者もゆったりといっしょに味わう。
○飼育物の世話の手順などを、絵に描くなどしてていねいに知らせ、大切に育てていけるようにする。

> "高まるように"としたわけは、七夕をきっかけに星座や宇宙にも子どもたちの関心が高まるからです。

反省・評価のポイント

★自分の思いを伝えたり、相手の思いを聞いたりしながら、いっしょに遊ぶことを楽しんでいたか。
★自分なりの目当てを持って、水の気持ち良さを味わいながら夏の遊びを楽しんでいたか。
★身近な夏の自然事象や飼育物・栽培物への興味が高まったか。

> 子どもにどのような興味・関心が高まったのか評価の観点にも載せ、見ていきます。

8月 5歳児 クラス作り

朱書き＝わかる！書ける！書き方解説をチェック！

※幼稚園・保育園両方で参考にしていただけるよう、検討・立案しています。

夏の遊びを存分に楽しむ中で、自分なりの目当てに向かって繰り返し挑戦し、できるようになった満足感を味わわせたい。**夏の期間は新たな友達とのかかわりや異年齢児とのかかわりを楽しませていきたい。**身の回りの自然事象や事物に対しての興味や関心を高め、友達といっしょによく見たり考えたりする力を育てたい。

> 以前に比べて、保育園でお盆期間だからと休む子どもは減りましたが、出席数によっては、別のクラスや異年齢児と過ごす機会があるので、今月は特にこの経験を大切にします。

前月末の幼児の姿

生活・健康
- 夏の生活のしかたやプール遊びの準備など手順がわかり、自分たちで進んで行なっている。
- プール遊びでは、友達の泳ぎに関心を高め**意欲的に**取り組んでいる。

興味・関心
- カブトムシやアゲハチョウの幼虫、カイコなどの飼育物や夏野菜の栽培を通して生長や変化に気づき、友達と話題にしたりいっしょに調べたりしている。
- 水、砂、泥遊びでは全身でその感触を楽しんだり、大小のペットボトルや牛乳パックなどを工夫したり使ったりして楽しんでいる。

人間関係
- 自分の思いを主張し、トラブルが起こることもあるが、友達の思いに気づき、耳を傾けられるようになってきている。
- 年下の子のプール準備（着替えやプールバッグのかたづけ　など）の手伝いを喜んでやっている。

ねらい

- 自分の力を**試したり発揮したりしながら**、夏ならではの遊びを存分に楽しむ。

> 前月（7月）の姿を受けて、今月ねらいたいことに入れました。どんな経験をすれば、どんな環境と援助があればねらいを達成できるか…というふうに書いていきます。

- クラスの友達や異年齢児と新たなかかわりを通して**いっしょに楽しむ。**

> "かかわりを楽しむ"8月の保育は、異年齢の子どもが遊びを楽しむチャンスです。

- 自然事象や身近な動植物にふれ、自然の不思議さや**命の大切さを知る。**

幼児の経験する内容（指導内容）

- プール遊びや水遊びを全身で思う存分楽しむ。
- 水、砂、泥などの特性に気づき、遊びの中で試したり取り入れたりしていく。
- 自分なりの目当てに向かって取り組み、達成した喜びを味わう。

> 今月ならではの例示を書くなら、週案に書きましょう。

- **いろいろな材料や用具を使い、工夫したり試したりして作った物で遊ぶ。**

> 作った物で遊ぶ楽しさを味わえるのは、5歳児ならではです。工夫やアイディアも生まれます。

- 水分補給や休息の大切さを知り、自分からしようとする。
- 夏祭りなど自分の経験したことを思い出しながら友達といっしょにアイディアを出し合い再現して楽しむ。
- 自分の思いや経験したことを友達や保育者にわかるように話す。また、友達の話を聞いてわかろうとする。
- 生活や遊びの場で、かかわりの少なかった友達と接し親しみを持つ。
- 年下の子どもの世話をする。
- 栽培物の世話や収穫を通して、その生長や色、形、数量、感触などに気づき関心を深める。
- 身近な小動物や昆虫などの世話を通して親しみを持ち、たくさんかかわりながら**命を感じる。**
- 天候の変化に気づくなど自然事象に興味を持つ。

家庭・地域との連携（保護者への支援も含む）

★ 児童館の催し物や地域の夏祭りへの参加や図書館へ行くなど地域とのかかわりを広げていく。
★ 地域の乳幼児親子への園開放や水遊びをいっしょに楽しむ機会をつくったり、ボランティアの受け入れをしたり、さまざまな人たちと交流が持てるよう計画していく。
★ 暑さや遠出などで体調を崩しやすいときなので、子どもたちの体調については、家庭と連絡を密に取り合い、夏を健康に過ごせるようにする。

CD-ROM ▶ 5歳児 ▶ P.136-159_月案 ▶ 8月_月案.doc

幼稚園における預かり保育への配慮

☆夏期保育中の生活のしかたを保護者と子どもにていねいに伝える。ひとりひとりへの配慮など保育者の連携を密にし、安定して過ごせるようにする。
☆地域の行事への参加など夏の生活を楽しめる工夫をする。

保育園における延長保育への配慮

☆夕方は、疲れがピークに達するころなので、水分補給をしたり、部屋を涼しくしたりしながら、ゆったりと過ごす。
☆クラスで遊んでいた遊びの続きができるような場や、好きな遊びが楽しめるようなコーナーを構成する

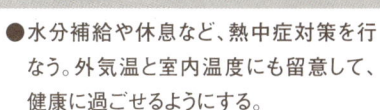

健康・食育・安全への配慮

●水分補給や休息など、熱中症対策を行なう。外気温と室内温度にも留意して、健康に過ごせるようにする。
●給食の材料の皮むき(トウモロコシ、エダマメ など)の手伝いをして食への関心を深める。

環境の構成と保育者の援助

夏の遊びを存分に楽しめるように

○プール遊びでは、自分なりの目当てに向かってがんばっている姿やできるようになったときなど、機会をとらえて褒めたり、友達にも知らせていっしょに喜んだりしながら、達成感を味わわせて自信につなげていく。

> プール納めなど、1日だけのことなら月案に入れませんが、このように書くと、ひと月かけてやっていくことになります。

○水や泥などを使ったダイナミックな遊びが存分に楽しめるよう、玩具や遊び場の点検を行なうなど安全に配慮しながら環境を整えていく。
○子どもたちのやりたい遊びやイメージしたことを友達といっしょに、試したり作ったりできるよう要望を受け止めながら材料や用具を用意し、場を構成していく。
○子ども同士のトラブルが発生したときは、必要に応じて言葉を添えていく。

友達とのかかわりを楽しめるように

○登園児が少ない日は、保育者同士で連絡を取り合い、各保育室のコーナー遊びを充実させていく。これまでかかわりの少なかったクラスの友達や異年齢児と好きな遊びを楽しみながら、友達の意外な一面を発見し、よさに気づいたりしてかかわりが広がっていくよう、見守っていく。
○年下の子の世話やいっしょに遊びを教えている姿を認め、年長児としての自信につなげていく。
○遊びの中で、友達と意見が行き違い、思いどおりにいかない悔しさを受け止めながらも、相手の気持ちを伝えて、仲立ちをしていく。

自然事象や事物への興味や関心が高まるように

○飼育している小動物や昆虫などが育つ場所や生長の変化や命があることに気づけるよう、保育者もいっしょに世話をし、ていねいにかかわっていく。
○虫取りが得意な子どもに居場所や採取方法を教えてもらい、友達や保育者も加わり、友達もいっしょになって虫取りを楽しませていく。
○雲や夕立、にじなど夏の自然事象は機会を逃さずとらえ、子どもの驚きや疑問に共感しいっしょに調べながら、自然の不思議さに興味や関心を持てるようにしていく。
○栽培物の収穫でその色や形、感触を楽しみ比べたり、収穫数を毎日記録できる表を作ったり、絵を描いてみたりするなどして、より身近に感じられるようにし、関心を深めていく。

> 7～8月は、身近な栽培物や飼育物に触れる機会がたくさんあります。ねらい、指導内容、保育者の援助に出しています。

反省・評価のポイント

★自分の力を発揮しながら、夏ならではの遊びを存分に楽しんでいたか。
★友達や異年齢児とのかかわりが広がり、いっしょに遊びを楽しんでいたか。
★さまざまな動植物や自然事象にふれ、関心を持ち大切にしようとしていたか。

9月 5歳児 クラス作り

朱書き＝わかる！書ける！書き方解説をチェック！

P.168-171・9月の週案、P.182・9月の日案も参照してください。
※幼稚園・保育園両方で参考にしていただけるよう、検討・立案しています。

夏に経験したことや今までの遊びの経験を生かしながら、友達と共通の楽しみを見つけ、自分の思いを出しながらいっしょに遊ぶ楽しさを感じさせたい。また、いろいろな運動遊びに繰り返し取り組む中で、戸外で思い切り体を動かす心地良さや友達と共に運動遊びをする楽しさを味わえるようにしたい。

今月初めの幼児の姿

生活・健康
- 友達や保育者との再会を喜び、園生活を楽しみにする。
- 夏の間のさまざまな経験から自信をつけ張り切っている姿が見られる反面、生活のリズムが崩れているような姿も見られる。

興味・関心
- 1学期の遊びや、夏に経験したことを遊びに取り入れて、楽しんでいる。
- 園庭の自然の変化に気づいて、興味を持っている。

人間関係
- 友達を誘いいっしょに遊んだり、夏に経験したことを互いに話したりして、いっしょにいることを楽しんでいる。

ねらい

- 友達と考えを出し合い、いっしょに遊びを進めていく楽しさを味わう。

> 友達とかかわる中で、自分なりの表現を大事にしたい時期なので内容に取り上げます。

- いろいろな運動遊びに進んで取り組み、体を動かす楽しさを味わう。
- 空や風などの身近な自然や季節の変化に興味や関心を持つ。

> その月ならではの行事、例えば敬老の日など、高齢者との交流の機会を生かすようにしましょう。

> 9月は空の高さ、雲の変化がわかりやすい季節です。晴天の日に観察してみましょう。

> 指導内容では、子どもが具体的にどんな経験をするかを書きます。"その経験をすると、ねらいが達成される"という関係になるように書きます。

幼児の経験する内容（指導内容）

- 友達といっしょに園生活を楽しく進める。
- **体験したことや感じたことを言葉で表現することを楽しむ。**
- **自分の気持ちや考えを相手に伝えていっしょに**遊びを進めていく。
- 相手の気持ちや考えに気づいて、受け入れようとする。
- 友達と遊び方を考え、遊びに使う物や場所などを工夫して作り、いっしょに楽しむ。
- 遊び方やルールがわかり、友達と競ったり、力を合わせたりする楽しさを味わう。
- **高齢者や身近な人とのふれあいを楽しむ。**
- 運動遊具や用具の安全な使い方がわかって、使って遊ぶ。
- 友達といっしょに曲やリズムに合わせて体を動かしたり踊ったりする心地良さを味わう。
- 草花や野菜の生長や変化に気づき、**遊びに取り入れたり、観察したりして興味を持つ。**
- 身近な自然にかかわり、種や実などを集めたり比べたりして数量や形、大きさに関心を持つ。
- バッタやコオロギなど身近な虫に興味を持ち、よく観察したり、世話をしたりする。

家庭・地域との連携 保護者への支援も含む

★ 夏休み中の記録を参考にしたり、生活のようすを保護者に聞いたりして、2学期の遊びや生活に生かしていく。
★ 保護者会やクラス便りなどを通して、生活のリズムを取り戻し、健康に生活するために大切なことを伝える。
★ 近隣の小学校の校庭や公園などを活用し、広い場所で体をのびのび動かして遊べるようにする。
★ 緊急時の避難や引き渡しの方法を保護者と確認していく。
★ 月見や敬老の日などの季節の行事を生かして、地域の高齢者と交流し、いろいろな人とふれあう経験ができるようにする。

幼稚園における預かり保育への配慮

☆気温が高く、体を動かして遊ぶことが増える時期なので、午前中の活動量を考慮し、休息を取れるようにする。

☆季節の行事を生かし、地域の行事に出かけたり、月見団子を作ったりして家庭的な雰囲気をつくっていく。

保育園における延長保育への配慮

☆9月前半は暑いことが予想されるので、涼しくなった園庭で日暮れまで存分に体を動かせるように遊んだり、室内ではゆったりとくつろいだりできる場を用意するなど、静と動の時間配分を考慮していく。

健康・食育・安全への配慮

- 水分補給、汗の始末などの大切さを知らせ、自分でできるようにする。
- 防災の日を機に、身の守り方や避難方法などを子どもと共に再確認する。
- 運動用具を自分たちで安全に使えるよう意識づける。

環境の構成と保育者の援助

友達といっしょに遊びを進める楽しさを味わえるように

○ひとりひとりの子どもが自分のやりたい遊びやイメージしたことを友達と実現できるよう、子どもの考えを受け止めながら材料やアイディアを出していく。

（キャンプごっこ、縁日ごっこ、祭りごっこ、1学期に楽しんだ遊び　など）

○ひとりひとりの子どもが発想した考えを見逃さず認めて、みんなでそのうれしさや楽しさに共感する。

○子ども同士で遊びが進めていけないときには、互いの考えや思いを出し合えるよう援助し、いっしょに遊んで楽しかったという気持ちが持てるようにする。

体を動かす楽しさを十分に味わえるように

○さまざまな運動遊びが経験できるように、運動遊具や用具、音響機器類などを用意して自分たちで楽しめるようにする。

（巧技台や固定遊具の活用、短・長ロープ、リレーの用具、玉入れの用具、ポンポン、ダンスのための音楽CDやテープ　など）

○友達ががんばって取り組んでいる姿に注目できるようにし、互いに認め合えるクラスの雰囲気や自分もやってみようとする挑戦への気持ちにつなげていく。

○繰り返し楽しむ中で、集団遊びのルールやチームの人数調整のしかたなど、自分たちで遊び方を考えていけるように援助していく。

夏から秋への季節を感じられるように

○身近な自然を遊びに取り入れていくために、環境の工夫をしたり必要な物を用意したりする。

（園庭に雑草を残した場所をつくる、色水作りや種取りができるような植物を育てる、すりこ木、ジョウゴ、種を種類別に分ける容器　など）

○バッタやコオロギなど園庭で見つけた虫の種類など、子どもが気づいたことを話題にし、夏から秋への自然の変化に関心を持てるようにする。

（虫取り網、ペットボトルで作った虫カゴ、いろいろな種類の図鑑　など）

○空や雲、風の変化などをいっしょに観察したり、月見の話をしたりして、天空への関心をはぐくむようにする。

> ここでは、自然の変化のこと、天空への関心のことに絞っています。

> 園の状況に応じ、遊びなどをこのように記入することもあります。

反省・評価のポイント

★自分の考えを相手に伝え、友達といっしょに遊びを進めることを楽しんでいたか。
★運動遊びに繰り返し取り組み、体を動かすことを十分に楽しんでいたか。
★身近な自然の変化に興味や関心を持てたか。

> ねらいを達成できたかどうかは、この観点から検証します。

朱書き = わかる！書ける！書き方解説をチェック！

10月 5歳児 クラス作り

※幼稚園・保育園両方で参考にしていただけるよう、検討・立案しています。

思い切り体を動かして遊ぶことを楽しみ、自分の力を発揮する満足感を味わえるようにしたい。運動会に向けた活動に友達といっしょに進んで<mark>取り組む意欲を持ちながら</mark>、クラスの仲間とのつながりを深めていきたい。友達と考えを出し合ったり、友達の思いに気づいたりして遊びや生活を進める楽しさを感じられるようにしたい。

> 5歳児の10月は、運動意欲もおう盛です。"取り組みながら"からもう少し踏み込んで、"取り組む意欲を持ちながら"という表現にします。

前月末の幼児の姿	ねらい	幼児の経験する内容(指導内容)
生活・健康 ○運動用具の使い方がわかり、友達と用具の準備をして自分たちで取り組もうとしている。 ○汗の始末や水分補給など自分で気づいて行なっている。	○体を思い切り動かして遊び、自分の力を十分に発揮する充実感を味わう。 > ひとりひとりの成長に目を向け、運動会で十分に力を発揮できるようなねらいを書きます。	○いろいろな運動遊びで体を思い切り動かす心地良さを味わう。 ○自分なりの目当てを持って、運動遊びや競技などに取り組む。 ○自分の力を出し競い合ったり応援したりして、うれしい、悔しいなどさまざまな気持ちを感じる。 ○ルールや遊び方を考え、自分たちで遊びを進めていくことを楽しむ。
興味・関心 ○いろいろな運動遊びに興味を持ち、ルールのある遊びを友達といっしょに楽しんでいる。 ○園庭にいる虫をよく観察したり、種や実などの数量や形、大きさを比べたりして遊んでいる。	> "進んで"行なうだけではなく、自己有能感につなげます。 ○運動会に向けて、友達と競い合ったり、力を合わせたりしながら<mark>クラスみんなでの達成感を味わう</mark>。 > 集団のことを書いています。クラスで協力する経験を大事にします。	○友達のがんばりやよいところに気づいたり認めたりして、力を合わせて競技を進めていく。 ○<mark>運動会の係活動で自分の役割を持ち、自信を持って取り組む</mark>。 ○活動の見通しを持ちながら生活し、<mark>クラスみんなで運動会に向かう気持ちを持ち合っていく</mark>。 ○自分の思いを相手に伝えたり、相手の気持ちや考えを受け入れたりしていく。 ○音楽やリズムに合わせて表現し、動きがそろったときの楽しさを味わう。
人間関係 ○自分の思いを出したり、相手の思いを聞こうとしたりしながら遊びを進めようとしている。 ○<mark>力を合わせて活動する楽しさが増して、いっしょに取り組もうとしている</mark>。 > 9月末の運動性の高まりをとらえます。	○季節感を味わいながら、秋の自然とじっくりかかわる体験を楽しむ。 > 単に"楽しさを味わう"でなく、みんなでやり遂げた満足感につなげます。	○雲の形、木の葉の色から季節の変化を感じる。 ○土の感触やにおいを味わいながら、イモ掘りをして収穫の喜びを味わう。 ○虫や落ち葉などに触れ存分に遊ぶ楽しさを感じる。 ○自然物を使い、試し、工夫して製作をする。

家庭・地域との連携 保護者への支援も含む

★運動会へ向けての子どもたちの取り組みのようすを懇談会や手紙などで保護者に伝え、当日までの過程や活動のねらい、子どもたちの成長などを理解してもらうようにする。
★寒暖差のある時期になるので、家庭と連携を取って必要に応じて子どもたちが汗をふいたり衣服を調節したりできるようにする。
★子どもが興味を示した本をいっしょに楽しむなど、ふれあいの時間を兼ねて親子で絵本を見る時間の意味を知らせる。

幼稚園における預かり保育への配慮

☆日中の運動量によるひとりひとりの疲れ方に配慮して、落ち着いてゆったりと過ごせる場を用意する。
☆ひとりひとりに、挑戦する遊びへの関心が高まっているので、友達と時間をかけて取り組める場を作る。

保育園における延長保育への配慮

☆日が短くなり、室内で長時間過ごすようになるので、友達とじっくり楽しめる遊びを用意する。
☆疲れた子がほっとできるような絵本コーナーやゆっくりと座って遊べる場などを構成する。

健康・食育・安全への配慮

●体を動かして運動遊びを楽しんだ後、おなかがすいていておいしく食事をする楽しさを味わえるようにする。
●園庭の整備や準備運動などを適宜行ない、競技中のけがなどが起きたりしないようにする。

環境の構成と保育者の援助

目当てを持ち、思い切り体を動かして遊べるように

○速く走りたい、勝ちたい、○○ができるようになりたいなどの気持ちを受け止め、認めたり励ましたりする。
○運動遊びに必要なスペースを考慮して、園庭の使い方を工夫する。
○用具や遊具の点検を行ない、安全に使用できるようにする。（綱引き用ロープ、玉入れの用具、鈴割りのボール　など）

仲間といっしょにつくり上げる運動会に向かって

○競技の勝ち負けなどで、うれしい、悔しいなどの気持ちをクラスで共有したり、保育者も共感したりして、みんな仲間といつ気持ちを感じ合えるようにする。
○リレーの順番や係活動の分担などを、子ども同士が話し合って決める場を作る。
○自分の考えや思いを伝えたり、相手の考えを聞いたりし、互いの思いに気づきながら話し合いが進められるよう見守る。
○競技以外にも運動会を進めるための役割を年長児が分担し、ひとりひとりが自信を持って取り組める場を作る。
○係ごとに色分けしたリボンを用意し肩に付けるなど、事前に実際に係の活動をやってみる機会をつくり、自分たちの動きが把握できるようにする。
○運動会までの日程がわかるように表にして掲示するなど活動に見通しが持てるように援助する。

○リレーやチームでの遊びなどを取り入れて、競って遊んだり、力いっぱい取り組んだりする場を継続してつくる。（開戦ドン、ドッジボール、靴鬼　など）

> 友達のよいところを認めたり、苦手なところをわかってカバーしたり、応援したりしていく状況にしていくための援助です。

秋らしさを感じる心を大切に

○青空や雲のようす、木の葉の色の変化など、子どもたちや保育者が気づいたことを話題に取り上げる。
○イモ掘りやイモ畑、その周辺など、身近な自然にじっくりとかかわる時間をつくり、さまざまな発見や気づきができるようにする。

> 5歳になると、自分の役割を意識して、みんなで協力して取り組めるようにすることが大切です。

> イモ掘りそのものだけでなく、畑の中や園から畑への道中にも、環境は豊富にあるものです。秋の自然や収穫物にふれる環境を積極的に取り入れて、子どもの感性を刺激しましょう。

反省・評価のポイント

★体を思い切り動かして運動し、ひとりひとりが力を十分に発揮したり、競い合ったりして楽しんでいたか。
★思いや考えを出し合いながらクラスの友達と同じ目的に向かい、力を合わせて活動していたか。

朱書き ＝ わかる！書ける！書き方解説をチェック！

11月　5歳児　クラス作り

P.172-175・11月の週案、P.183・11月の日案も参照してください。

※幼稚園・保育園両方で参考にしていただけるよう、検討・立案しています。

"友達と共通のイメージ"を持つことは、簡単なことではありません。より子どもの実態に沿った文章にします。

作品展に向けて期待を持って生活する中で、<mark>友達と共通の思い描いた目的を持ち、</mark>協力してひとつのものを作り上げていく楽しさを味わわせたい。また、自分たちで遊びや生活を進めていく中で、時にはトラブルや葛藤なども経験しながらも相手の思いに気づいて、耳を傾けたり、自分の気持ちに折り合いをつけたりして互いに相手のよさを知り、友達とのかかわりを深められるようにしたい。

前月末の幼児の姿

生活・健康
- みんなで力を合わせて運動会をやり遂げたことで、達成感や満足感を味わい、意欲が高まっている。
- 自分の力を発揮して運動会に向かって取り組めたことで、ひとりひとりが自信を持っている。

興味・関心
- 友達といっしょに遊ぶ中で、自分たちの思い描いたことを実現していこうとして作ったり描いたりして遊んでいる。
- ドングリなどの身近な自然物に関心を持ち、じっくりと触れたり調べたり、試したり、使って遊んだりしている。

人間関係
- 気の合う友達といっしょに遊びを進めようとするが、自分たちだけでは考えがまとまらないことがある。
- ルールを伝え合いながら、チームで競い合う遊びを楽しんでいる。

ねらい

- 友達と考えや思いを出し合い、目的に向かって遊びや生活を進める楽しさを味わう。

【本物らしくしたいと思う5歳児の気持ちにふれています。】

- 思い描いたものを作り上げていく楽しさや満足感を味わう。

【季節が深まり、叙情的な内容の絵本、紙芝居、童話、歌なども、子どもの生活に取り組める季節です。その季節に合った内容を計画し、記入します。】

- 身近な自然の変化を感じ取り、かかわる中で、興味や関心を深める。

幼児の経験する内容（指導内容）

- 遊びの進め方や思い描いたことについて、友達に自分の考えを伝える。
- 友達の考えを聞いたり取り入れたりする。
- 自分の役割がわかり、友達と協力して活動を進めていく楽しさを感じる。
- 目的に向かって、考えたり工夫したりして取り組み、友達といっしょに最後までやり遂げるおもしろさを味わう。
- <mark>細かなところまで気づき、描いたり作ったりすることを楽しむ。</mark>
- 材料や表現方法を工夫して思い描いたものを作り上げていくことを楽しむ。
- 素材や材料の組み合わせを考えて試したり、選んだりする。道具や用具を選んで使い、工夫して描いたり作ったりする。
- <mark>秋の歌や絵本などにふれ、リズムや言葉の美しさを感じる。</mark>
- 木の実や落ち葉などの自然物に興味・関心を持ち、じっくり見たり、調べたり、試したり、それらを使って工夫して作ることを楽しむ。
- 風の冷たさや紅葉の美しさなど、季節の移り変わりを感じる。
- 季節の果物や野菜などに興味を持ち、本などで見たり、味わったり、育てたりする。

家庭・地域との連携（保護者への支援も含む）

★ 作品展に向けての取り組みのようすや活動の予定などを知らせ、子どもたちの経験していることやがんばっていることを伝え、家庭でも関心を高められるようにする。

★ 就学時健診について園からも知らせ、ひとりひとりの成長を喜び合えるようにする。また、健診日を把握して落ち着いて行けるように活動時間や内容の配慮をする。

★ クラスで行なっている食育についてのお便りなどで、季節の食材や食事のバランスの大切さを知らせていく。

| CD-ROM | 5歳児 ▶ P.136-159_月案 ▶ 11月_月案.doc |

幼稚園における預かり保育への配慮
☆クラスでの活動内容を担当者に伝えていき、ひとりひとりの気持ちをしっかりと受け止めてもらうようにする。
☆やりたい遊びにじっくりと取り組めるようなコーナーを設け、遊びの種類や動線を工夫した環境構成をする。

保育園における延長保育への配慮
☆子どもたちのやりたいことや延長保育に入る前の遊びをそのまま続けることができるように、職員間の連携を密にし、場を整えていく。

健康・食育・安全への配慮
● 戸外で体を動かして遊んだ後は、手洗い・うがいの習慣が身につくようにしていく。
● バランスのよい食事や食べ方を伝え、秋の収穫物を話題にしながら、食生活への関心を高めていく。

環境の構成と保育者の援助

友達といっしょに遊びを進めていく楽しさを味わえるように

○ 子どもたちが思い描いたことを出し合い、膨らませながら友達と共通の目的に向かって作ったり描いたりできるように、子どもたちの興味や経験したこと（動物園や遊園地への遠足やふだんの遊び　など）、物語などの中から、作る活動へとつなげていく。

○ 思いや考えを伝え合いながら、友達と共に製作を進めることを楽しめるように適切な人数に配慮する。●

○ 子どもたちの目的がどこまで共通になっているか、ひとりひとりが考えを出しているかなど、それぞれの取り組み方を把握し、声をかけ相談に乗っていく。

○ 子どもひとりひとりのアイディアや取り組みのようすを認め、必要に応じてみんなにわかるように伝えていくことで、友達の考えのよさに気づいたり、認め合ったりできるようにしていく。

○ 同じ目的に向かって友達と遊びを進めることを楽しめるように、グループの友達と今日したことを確かめたり、明日することを決めたりしてみんながよくわかって活動を進められるようにしていく。

○ 子どもたちが「本物らしく作りたい」と思えるように、遊園地の写真の掲示や子どもが考えた設計図などを保育室に表示していく。

5歳児が自分たちで話し合いを進めるとしたら、4〜5人が限度です。

思い描いたものを作り上げていく楽しさを味わえるように

材料や用具の細かな例示は、月案では出さず、週案で出すようにします。（P.172〜175・11月の週案参照）

○ 自然物やさまざまな素材・道具を使って体験したことを豊かに表現できるよう、表現方法を知らせたり、子どもたちが進んで使ったりできるようにする。

○ 自分が作った物が大事にされているという感覚や友達の刺激となるように、子どもたちの作品を置いて見られるような場所を用意する。

秋の自然の変化に興味や関心を持ってかかわれるように

直接体験や自然体験は、就学前に大事にしたいことです。特に意識して書きましょう。

○ 園庭・園外保育などで、木の葉の色の変化や空の色や雲のようすを見て気づく機会をつくり、心揺さぶられる体験になるようにする。風の冷たさや日陰のようすなど肌で感じ思ったことや気づいたことをクラスでの話題にして関心を深められるようにする。

○ 木の実や落ち葉などは、それぞれの形や大きさの違いに気づけるように、種類ごとに分けられるようにしておく。また、疑問に思ったことを調べたり見たりできるように、図鑑などを用意しておく。

○ ヒヤシンスの水栽培やコマツナ・ダイコンなどの生長のようすの変化や、興味・関心はひとりひとりで違うのでこまやかに把握していく。それらをクラスで話題にする、写真や絵を掲示するなど工夫する。

11月 5歳児

反省・評価のポイント

★ 友達と思いや考えを伝え合い協力しながら、共通の目的に向かって遊びや生活を進められていたか。
★ 思い描いたものを、いろいろな材料を使って考え工夫して作ることを喜んでいたか。
★ 身近な自然や自然物を見たり触れたり、遊びに取り入れたりするなど、興味や関心を持ってかかわっていたか。

151

朱書き＝わかる！書ける！書き方解説をチェック！

12月 5歳児 クラス作り

※幼稚園・保育園両方で参考にしていただけるよう、検討・立案しています。

- 自分の思いや考えを持ちながらも友達のよさを認めたり、意見を取り入れたりして遊び、みんなで遊ぶ楽しさや、同じ目的に向かって協力してやり遂げる満足感を十分に味わってほしい。

> この姿から、これまでの成長のようすが感じられます。

- 身の回りの自然の変化や年末年始のようすなど、見たり、ふれたり、遊びに取り入れたりして興味・関心を深め、さまざまな経験ができるようにしたい。

前月末の幼児の姿

生活・健康
- ○1日の生活の流れや過ごし方がわかり、見通しを持って自分たちで進めようとしている。

> 11月にはこのような姿が見られました。自分たちで進める簡単なルールのある遊びが好きな姿が見られるので、そのようすを逃さず書きます。

興味・関心
- ○ドッジボールなどルールのある遊びを何度もみんなで楽しんでいる。
- ○身近な自然とふれあう中で、秋から冬への変化に気づき始めている。
- ○身近な素材や用具を使って描いたり、作ったりすることを楽しんでいる。

人間関係
- ○友達と考えを出し合ったり、工夫したりしながら、イメージしたものを作っている。
- ○自分の思いを相手に懸命に伝えているが折り合いがつかず、気落ちするようすもある。

> 5歳児らしく、コミュニケーションを取る姿を特記します。

ねらい

- ○共通の目的に向かって、考えを出し合ったり、協力したりしながら、遊びや生活を進める。

> 「前月末の幼児の姿」を受けて記述しています。「幼児の姿」→「ねらい」→「内容」→「環境・援助」の流れを意識しましょう。

- ○お楽しみ会での役割がわかって、張り切って臨む。

> クラスのみんなと取り組む意欲を大事にした書き方になっています。

- ○冬の自然や年末のようすに興味や関心を持ち、遊びに取り入れて楽しむ。

> 年末年始の長い時間を家庭で過ごすので、ここまで詳しく書きます。成長の姿を伝える重要性がわかります。

幼児の経験する内容（指導内容）

- ○ルールのある運動遊びを友達と楽しむ。
- ○友達と、話し合いながら共通の目的に向かって遊びを進める。
- ○相手にわかるように、自分の思いや考えを言葉で伝える。
- ○友達の思いや考えに気づき、それを受け入れて遊びを進める。
- ○自分の思いが通らないときもあり、自分で気持ちを収めていこうとする。
- ○お楽しみ会に期待を持って準備を進めていく。
- ○友達といっしょにリズムに合わせて歌ったり、合奏したりする。
- ○お楽しみ会をみんなでやり遂げた満足感を味わう。
- ○遊びに必要な物を準備して工夫しながら、自分たちで作って遊ぶ。
- ○年末年始の伝統行事や雰囲気に関心を持ち、新しい年を楽しみにする。
- ○遊びながら、文字や数字に興味・関心を持つ。
- ○身近な自然の変化に興味を持ち、友達に知らせたり、発見したことを伝え合ったりする。
- ○伝承遊びに興味を持って楽しむ。
- ○手洗いやうがいの大切さを知り、冬を健康に過ごす。

家庭・地域との連携（保護者への支援も含む）

★家庭で大掃除や正月の準備の手伝いをすることを通して役にたつ喜びを味わえるようにすることを大切にしてもらうように伝える。また、園でしている遊びを紹介して家族いっしょに遊ぶヒントになるようにする。

★年末年始に健康に過ごすための手洗い、うがい、衣服の調節などの大切さを子どもたちに確認するとともに、園のようすもクラス便りなどで知らせていく。そして家庭でも習慣づけてもらい、子どもたちが健康に気をつけて過ごせるようにする。

> 生活習慣は園と家庭の両輪で気をつけていくように記入しています。

CD-ROM　5歳児　▶ P.136-159_月案　▶ 12月_月案.doc

幼稚園における預かり保育への配慮
☆夕方の暗くなる時間に人数も少なくなるので、寂しくならないよう正月遊びの遊具などを自由に使えるようにして、目的を持って過ごせるようにする。
☆暖かくホッとできる場所を用意する。

保育園における延長保育への配慮
☆暗くなるのが早いので、心細くならないように、ひとりひとりがやりたい遊びを十分に楽しませていく。
☆ホットカーペットやじゅうたんを用意して、暖かく過ごせる場を作る。

健康・食育・安全への配慮
● もちつきでは、衛生・安全面に気をつけ、楽しめるようにする。
● 寒さで厚着になりすぎないように気をつけ、かぜなどの感染症の病気を知らせ、手洗いやうがいなどの大切さを伝える。

環境の構成と保育者の援助

> 前月から引き続き、今月の中心となるので書き込みます。「ねらい」と連動しています。

> 環境を整え、文字環境も豊かにしていきます。"楽しく遊びながら"が大切です。

共通の目的に向かい、友達と力を合わせて
○季節感のある音楽に合わせてみんなで歌をうたったり、体を動かしたり、楽器を鳴らしたりする楽しさが味わえるようにする。
○お楽しみ会などの活動をするときに、自分のやりたいことやイメージを実現できるように、子どもたちと相談したり、ヒントを出したりして、援助していく。その中で、表現することの楽しさやアイディアを考えるおもしろさを言葉や表情などで伝えていく。(製作、合奏、踊り　など)
○製作物の材料として、サツマイモのツル、ドングリ、マツボックリなど秋に集めたものを利用する。
○友達とがんばっているところや、工夫しているところをクラス全体に知らせるなど、友達と協力して取り組む楽しさを十分に感じられるようにする。
○友達といっしょに遊ぶ中で、互いのイメージがうまく伝わらないときも、すぐに手助けするのではなく見守り、互いの気持ちを十分に出し、子どもの中から解決策が出るチャンスを大切にする。
○子どもが楽しんでいるルールのある運動遊び(ドッジボール、サッカー、ドロケイ　など)が十分にできるように遊ぶ時間や場所を確保する。
○寒い日は、室内でも集団ゲーム(イス取りゲーム、ハンカチ落とし　など)が楽しめるように、誘っていく。

身近な自然や出来事を取り入れて
○正月遊びの遊具(こま、羽根突き、カルタ、すごろくなど)を用意して、日本の伝統的な遊びを楽しめるように、保育者もいっしょに楽しむ。その中で数量、文字、言葉などへの関心を高めていく。
○頼りになる、あこがれの年長児として、年下の子に優しく接することができるように、年下の友達と遊ぶ機会をつくる。正月遊びなどを通して、相手に合わせたり、優しく教えたりできるようにする。
○大掃除は子どもが使いやすい大きさのぞうきんを用意し、絞り方やふき方をきちんと知らせていく。
○近所の商店街や街のようすを見に散歩に行き、クリスマスや正月など、この時期ならではの雰囲気が感じられるようにする。
○落ち葉の色や、日照時間、風の冷たさなど、子どもたちが気づいたことにいっしょに共感し、不思議に思ったことが調べられるように図鑑などを用意しておく。

> 5歳児に経験させたい共同性のはぐくみです。"話し合いながら"よりももう少し進んで、このようにしました。

反省・評価のポイント
★友達といっしょに話し合ったり、協力し合ったりして、お楽しみ会をつくり上げていたか。
★それぞれの活動を通して、自分の思いや考えを表現して楽しめていたか。

12月　5歳児

朱書き＝わかる！書ける！書き方解説をチェック！

1月 5歳児 クラス作り

P.176-179・1月の週案、P.184・1月の日案も参照してください。

※幼稚園・保育園両方で参考にしていただけるよう、検討・立案しています。

正月遊びなどを通して、教え合ったり認め合ったりして友達と刺激し合いながらいろいろなことに挑戦し、できた<mark>喜びや満足感を味わってほしい。</mark>

また、みんなで同じ目的に向かって考えを出し合い、力を合わせて仲間と遊びを進めていく楽しさを味わえるようにしていきたい。

> 就学を目前にした5歳児です。正月遊びを通して、つながりを深めるばかりではなく、仲よしの友達といっしょに過ごす時間を大切にしたいと思います。

今月初めの幼児の姿

生活・健康
- 年末年始の休み中に経験したことを友達や保育者に楽しそうに話している。
- 寒さに負けず、友達と誘い合って戸外で体を動かして遊んでいる。

興味・関心
- 羽根突き、こま回しなどの正月遊びに興味を持ち、何度も繰り返し楽しんでいる。
- 郵便ごっこやトランプ、カルタをして遊ぶ中で、文字や数字に関心が高まっている。

人間関係
- 友達同士で誘い合いながら正月遊びや運動遊びを進めている。
- 遊び方の違いやルールなどで、意見が食い違う場面では、自分の考えをどうにか伝えようと主張している。

ねらい

- 友達といっしょに、目標に向かって繰り返し遊びに挑戦し、できた満足感を味わう。
- 友達と思いや考えを出し合い、協力しながら、遊びを進める楽しさを味わう。

> 季節や時期を踏まえて記入します。体が温まっていくことをみんなで共感することや、寒くても戸外で体を動かして遊ぶ楽しさを育てるために経験してほしい内容です。

- 文字や数量に興味・関心を持ち、生活や遊びに取り入れて遊ぶ。

> 家庭とも連絡を取り合い、体が温まる食事や入浴など、冬の健康について知らせます。

幼児の経験する内容（指導内容）

- 自分なりの目標に向かって、繰り返し取り組む中でできた満足感を味わう。
- 友達と教え合ったり、励まし合ったりしながら挑戦し、互いにできたことを喜び合う。
- 友達とルールや遊び方を考えて、自分たちで遊びを進めていく。
- <mark>戸外で思い切り体を動かして遊びを楽しむ。</mark>
- みんなで同じ目的に向かって、役割分担しながらいっしょに遊ぶ楽しさを味わう。
- 遊びに必要な物を友達と相談して作り、作った物を使って遊ぶ。
- 自分の思いや考えを友達にわかるように話し、言葉で伝わる喜びを味わう。
- 友達の話に関心を持って最後まで聞き、相手の思いや考えを知る。
- 絵本や物語に親しみ、想像を豊かに膨らませ、表現することを楽しむ。
- いろいろな楽器にふれ、友達とリズムや音を合わせる楽しさを味わう。
- 文字や数量、時計などに興味を持ち、遊びに取り入れる。
- 1日の流れを知り、自分たちで声をかけ合って園生活を進めていく。

家庭・地域との連携（保護者への支援も含む）

★ <mark>インフルエンザやかぜなどの予防のため、手洗いやうがいの大切さを伝え、家庭でも協力してもらうとともに、十分な睡眠や栄養をとることの大切さを伝え、自分で意識してじょうぶな体をつくっていけるようにする。</mark>

★ 生活発表会に向けて、みんなで協力して取り組んでいる過程や子どもたちのようすを、クラス懇談会、クラス便り、壁新聞などで保護者に知らせていく。

★ 近隣の小学校と交流する機会を持ち、子どもたちが就学に期待を持てるような内容を計画し、進めていく。

幼稚園における預かり保育への配慮

☆休み明けに規則正しい生活を取り戻せるように配慮し、家庭にも声をかけていく。
☆異年齢の友達と正月遊びを楽しめるように準備をしたり、いっしょに遊べるように誘いかけしたりしていく。

保育園における延長保育への配慮

☆異年齢児でいっしょに遊べるように、トランプや坊主めくりなど簡単に楽しめる正月遊びを用意する。
☆空気が乾燥する時期なので、室温や湿度、空気の入れ換えなどに配慮する。

健康・食育・安全への配慮

●インフルエンザやかぜが流行する季節なので、手洗い・うがいを励行し予防していく。
●おせち料理や七草がゆについて話すことで、日本の伝統料理を知り、興味を持って食べられるようにする。

環境の構成と保育者の援助

友達といっしょに遊ぶ中で、教え合ったり認め合ったりできるように

○こま回しや縄跳びなど、あきらめずに挑戦する姿を見守りながら、がんばりを認めたり、できたうれしさに共感したりして自信につなげていく。
○できなくて悔しい思いをしている子には、その気持ちを受け止め、コツを教えるなどして、繰り返し取り組めるように励ましていく。
○こまカードや縄跳びカードなどを作り、目標がわかりやすく楽しく挑戦していけるようにしていく。
○子ども同士で競い合ったり、教えたり励まし合う場面を見守りながら、朝夕の会や新年子ども会の中で披露する場を設け、友達のがんばっている姿を見て応援することで互いを認め合えるようにしていく。
○カルタ、たこ、こまなどは、子どもが試したり工夫したりして作れるように、さまざまな材料や用具を準備し、自由に遊べるように置き場を整えておく。

思いや考えを伝え合い、自分たちで遊びを進めていけるように

○みんなの前で話をする場を作り、自分の考えや経験したことをわかりやすく話せるようにしていく。また、友達から質問を受けたり、答えたりする時間をつくり、相手に伝わるようにしていく。
○絵本などで親しんできた物語や自分たちで考えた話などを友達といっしょにアイディアを出し合いながら劇で表現できるように考え、役になり切って表現する楽しさが味わえるようにしていく。
○子どもたちが話し合い、ルールを決めたり教え合ったりしている姿を認め、励ましていく。また、互いに考えを伝え合ったり、折り合いをつけていったりすることで、より遊びがおもしろくなっていくことを感じられるようにしていく。

文字や数量に興味が持てるように

○文字や数字にふれて友達や保育者といっしょに十分に楽しむとともに、すごろく、カルタなどを自分たちで作って楽しめるように必要な材料を用意しておく。
○正月の年賀状をきっかけに、郵便ごっこなどの手紙のやりとりを楽しめるようにしていく。

> この時期になると劇遊びが大好きになります。今の子どもの実態に合う子どもの姿が"見える"書き方です。自分たちで劇をつくり出していきます。

反省・評価のポイント

★自分なりの目標に繰り返し挑戦し、できた満足感を味わい、自信を持つことができたか。
★友達と思いや考えを出し合いながら、自分たちで遊びを進めて楽しんだり、生活発表会に向けて考えを出し合ったりできたか。
★文字や数量に興味を持ち、遊びに取り入れていたか。

2月 5歳児 クラス作り

※幼稚園・保育園両方で参考にしていただけるよう、検討・立案しています。

クラスの友達と協力しながら、生活発表会に向けて**意欲的に取り組み**、みんなでやり遂げる充実感を味わってほしい。また、ひとりひとりが就学への期待を持ちながらクラスの一員として自主的に行動し、充実した生活を送れるようにしたい。

> **朱書き＝わかる！書ける！書き方解説をチェック！**

> 5歳児のこの時期らしいポイントが際だちます。目的に向かい、張り切って取り組む姿です。

前月末の幼児の姿

生活・健康
- 1日の流れに見通しを持ち、友達と声をかけ合い、次にすることを考えて、かたづけや準備などをしている。
- 戸外ではドッジボールやサッカーなど活動的に遊んだり、室内では編み物や坊主めくりなど、じっくりしたいことに取り組んだりしている。

興味・関心
- **すごろく、カルタなどの正月遊びを通して、文字や数への関心が高まっている。**
- **こま回しに繰り返し取り組んでいる。**
- 物語に親しみ、想像を膨らませながら役になり切って遊んでいる。

> "関心の高まり"と"取り組み"を混在させて記入せず、クラスの子どもの姿をわかりやすく記入します。

人間関係
- 生活発表会に向けて、思いや考えを相手にわかるように話したり、相手の話を最後まで聞こうとしたりしている。
- 友達のしていることやできるようになったことに刺激を受け、教え合いながら楽しんでいる。

ねらい

- 友達と協力しながら、共通の目標に向かって取り組み、やり遂げる達成感を味わう。
- ひとりひとりが自分の力を発揮しながら、発表会やいろいろな遊びを進めていく充実感を味わう。
- 冬の自然や、冬から春への季節が移り変わる自然事象に関心を持ち、発見したり試したりして遊ぶ。

幼児の経験する内容（指導内容）

- 戸外で十分に体を動かす遊びを楽しむ。
- 友達と役割分担をしたり、自分たちで遊び方を決めたりしながら進めていく満足感を味わう。
- 友達と互いのよい所やがんばりを認め合いながら、意欲的に取り組む。
- クラスの中で、自分の考えをみんなにわかるように言葉で伝える。
- 自分たちができるようになったことを、年下の子どもたちに見てもらい、自信を持つ。
- みんなで歌をうたったり、楽器の音やリズムに合わせたりする心地良さを味わう。
- **日々の予定や、発表会までのスケジュールがわかり、見通しを持って取り組む。**
- クラスの中でひとりひとりが役割を考えて動き、力を発揮することで、やり遂げた達成感や充実感を味わう。
- 劇遊びや楽器遊び・歌を通して、自分なりに力を出して表現する喜びを味わう。
- 自分なりの目当てを持って活動や遊びに取り組み、挑戦してできたことへの満足感を味わう。
- 冬の自然事象に関心を持ち、調べたり取り入れたりして遊ぶ。
- 小学校へ見学に行き、就学への期待を持つ。
- 防寒着や手袋などの衣類の調整を自分でする。

家庭・地域との連携（保護者への支援も含む）

★ 生活発表会に向けての取り組みの中で、ひとりひとりががんばったこと、成長したところを保護者に伝え（送迎時やクラス便りなど）共に成長を喜び合えるようにしていく。

★ 就学に向けての不安や疑問を解消できるよう、保護者同士で話し合えるグループ懇談会を開いたり、担任が積極的に声をかけたりして、親子共に安心して就学を迎えられるようにする。

★ 小学校見学を計画し、子どもたちが就学に期待を持てるようにしていく。

幼稚園における預かり保育への配慮

☆近隣の学童クラブへ行き、どんな所なのか知ることで、就学に向けて安心できるようにしていく。

☆年長児ならではの遊びがゆったりとできるように、十分に遊びを楽しめるスペースを設けるなど工夫する。

保育園における延長保育への配慮

☆寒い日が続き、空気が乾燥しているので、ホットカーペットや空気清浄機などを使用して、暖かく過ごせるようにする。友達とトランプやカルタ、そのほかのカードゲームなどにじっくりと取り組めるような場を構成しておく。

健康・食育・安全への配慮

- ウイルス性疾患の流行に備えて、手洗いやうがいの重要性を伝えていくとともに、室内の温度調節や換気を心がけていく。
- 健康に過ごすための生活習慣を見直す（衣服調節・食事　など）。

環境の構成と保育者の援助

友達と共通の目的に向かって取り組み、やり遂げる達成感を味わえるように

○発表会までの日程をカレンダーなどで知らせ、見通しや目標を持てるようにしていく。

○子どもたちが考えを出し合い、自分たちで劇遊びの内容やストーリーを作り上げていけるよう、話し合いの場をつくり、ひとりひとりの思いや考えをもとに劇作りをしていく。

○発表会に向けての活動の中で気づいたことを子ども同士で話し合いをする機会をつくり、自分たちなりの目標を持って取り組めるようにしていく。

○保護者や年下の子に劇を見てもらい、楽しんでもらうことで、達成感や満足感を感じられるようにする。

○劇の台本や合奏のための楽器などを子どもたちが進んで手に取り確認したり、練習したりできるようにしていく。

○生活や活動の中でひとりひとりが、クラスの一員として自覚を持って行動できるよう、意識の薄い子には気づけるよう声かけをしたり、自発的に動きだせるよう見守ったりしていく。

> 1月は劇遊びの内容を豊かにすることを経験するようにしました。今月は生活に見通しを持ち、生活発表会を目ざし、自分たちで進める意欲の高まりにつなげます。

> 「練習」という文言は使いたくないものです。子どもにとっては「○○に向けての活動」です。

子どもたちが自分の成長を感じられるように

○できるようになったことを友達と認め合ったり、未就園児のためのプレゼント作りをしたりする機会を持ち、自分たちの成長を喜び合えるようにしていく。

○小学校見学を計画し、就学に期待が持てるようにする。

○自分たちで活動や遊びを進めようとする姿を大切にしていく。子ども同士でうまくいかない場合には、保育者が助言したり、時間を取って考えたり相談したりしながら、自分たちで進めていくことの充実感を味わえるようにしていく。

○竹馬、けん玉、お手玉、将棋大会など、ひとりひとりが目標に向かって取り組めるように工夫していき、できるようになった喜びを感じられるようにしていく。

冬の自然や春の移り変わりへの変化を感じられるように

○霜柱のできる日とできない日の違いを調べたり、氷を作って遊びに取り入れたりするなど、日常の中で冬の自然にふれられるようにする。

○チューリップの芽吹き、クロッカスやウメ・スイセンの花のつぼみの膨らみなど、子どもの気づいたことに共感し、発見を共に喜びながら春の訪れを感じられるようにしていく。

> 春の訪れに、子どもに自分たちの成長も感じ取らせたい意図を書いています。

反省・評価のポイント

★共通の目的に向かってクラスの友達と取り組み、できたことの満足感を味わえていたか。
★ひとりひとりが自分の成長を感じ、自信を持って生活を進めることができたか。
★身近な自然事象に関心を持ち、発見したり遊びに取り入れたりしていたか。

3月 5歳児 クラス作り

※幼稚園・保育園両方で参考にしていただけるよう、検討・立案しています。

朱書き＝わかる！書ける！書き方解説をチェック！

> 園生活や遊びを子どもたちで進められるように、話し合ったり協力したりして、友達とのつながりを深め、ひとりひとりが大切な仲間であることを感じ、互いの成長を認め喜び合いながら、残りわずかな園生活を楽しく充実して過ごせるようにしていきたい。春の喜びを保育者も共に感じて、自信と誇りを持って入学を迎えられるようにしていきたい。

> 子どもたちが自分たちで活動を進める姿を大切にします。修了の時期を迎え、ひとりひとりの子どものよさと可能性の発揮がクラスづくりのポイントです。

	前月末の幼児の姿	ねらい	幼児の経験する内容（指導内容）
生活・健康	○友達と協力して発表会をやり遂げ、満足感と充実感を味わいながら、自信を持って過ごしている。 ○1日の生活の流れや活動など見通しを持って生活している。	○友達といっしょに生活や遊びを進め、園生活を思う存分に楽しむ。	○1日の生活の流れに見通しを持ち、生活を進める。 ○入学への喜びや期待を膨らませ、意欲的に生活する。 ○遊び方やルールを友達と相談し合いながら、みんなで遊ぶ楽しさを満喫する。 ○みんなで考えを出し合い、力を合わせて卒園製作をていねいに作り上げる。
興味・関心	○自分の行く小学校のことを話題にしたり、友達と伝え合ったりして、入学への期待が膨らんでいる。 ○チューリップやスイセンなどの生長に気づき、開花を楽しみにしている。	○互いの成長を認め合い、自信を持って生活し、小学校入学への期待を持つ。	○園生活の思い出を話し合うなど、自分たちの成長を保育者といっしょに喜び合う。 ○友達と気持ちを合わせて、お別れの言葉を言ったり、歌をうたったりする。 ○**友達同士、互いのよいところを認め合って遊ぶ。** ○園生活でお世話になった人々へ感謝の気持ちを伝える。 ○生活や遊びの中で異年齢児と、散歩や戸外遊びを十分に楽しむ。 ○当番活動を年中児といっしょに行ない、相手にわかるように伝える。 ○簡単な標識や文字・数字などに関心を持つ。
人間関係	○自分たちでルールを決めたり、遊び方を考えたりしながら、友達といっしょに繰り返し遊びを楽しんでいる。 ○今まで遊んできたドッジボールなどを、年下の子に教えたり、仲間に入れて遊んだりして、交流を楽しんでいる。	○身近な自然の変化に関心を持ち、春の訪れを楽しみにする。	○**絵本・童話・図鑑を見て楽しむ。** ○**草木の芽吹きや日ざしの暖かさなどにふれ、春の訪れを感じる。**

> 1年の最後の月です。ひとりひとりの成長を喜び合えるように考えて書きます。

> 絵本、童話、図鑑や戸外のようすなど、春の自然に関するものを友達と共にふれ、春の訪れを楽しめるように内容に記します。

家庭・地域との連携 保護者への支援も含む

★保護者と共に子どもたちの成長を喜び合い、親子共々安心して入学を迎えられるようにしていく。
★子どもが家庭に連絡事項を自分で話したり、準備物をそろえたりできるような機会をつくり、家庭と協力して伝達する力がはぐくまれるようにしていく。
★午睡がなくなるので、家庭での早寝・早起き・睡眠時間の確保をお願いする。
★小学校や学童クラブなどと連絡を取り、見学・体験や交流ができる機会を持ったり、子どもについて申し送りをしたりして、入学に向けて滑らかな接続ができるようにしていく。

幼稚園における預かり保育への配慮

☆ひとりひとりの心や体調にていねいに配慮して、元気に入学できるようにする。特に卒園式後は人数が少なくなるので、年下の子どもをリードしたり、得意なことを生かして活動したりできるよう工夫する。

保育園における延長保育への配慮

☆午睡がなくなることで、疲れやすかったり眠くなったりするので、静かに休息する時間を設け、ゆったりと過ごせるようにしていく。
☆異年齢の友達や職員とかかわりを深めながら楽しく遊べるようにする。

健康・食育・安全への配慮

● 散歩などで通学路を歩きながら、交通ルールや『こども110番』の看板の場所など確認していく。
● 自分の体に関心を持ち、身体計測などを通して体が大きくなったことを実感できるようにする。

環境の構成と保育者の援助

充実した園生活を友達と十分に楽しめるように

○ 友達と今まで経験してきた遊び（大型積み木、ドッジボール、大縄　など）や製作活動などを繰り返し楽しめるように、場を確保したり遊びたいときに必要な用具や物が取り出しやすい環境を整えたりしていく。

○ みんなでやりたいこと（バイキング会食、保育者とドッジボール、行きたい場所への散歩　など）、サプライズ計画（クッキーパーティー、感謝の手紙や絵　など）について話し合い、卒園までのカレンダーに書き込み、次にやることを自分たちで見通しを持って進められるようにしていく。

○ 年長児として自分たちが誇りを持ってやってきた役割や当番活動などの方法を、年中児にわかりやすいように絵や図を作ったり、いっしょにやりながら教えたりして、引き継いでいくようにする。

小学校入学への期待と自信を持って

○ 園生活を振り返り、互いの成長を喜び合ったり、ひとりひとりのよさを認め合ったりできるような機会を持ち、「自分は大切な存在だ」という実感を持てるようにしていく。

○ 就学祝い会（卒園式・修了式）に向けての活動では、場面に応じた行動ができるように、事前に細かな説明をして、自覚と自信を持って参加できるよう援助していく。

○ 小学校生活への滑らかな移行に向けて、小学校との連携をていねいに進めていき、入学に対する期待を高めていく。

○ ひとりひとりの生活リズム（早寝・早起き・朝ごはん）、あいさつ、着脱など生活習慣が身についているか確認し、ひとりひとりが意識して取り組めるように、家庭の協力を得ながら進めていく。

春の訪れを感じて

○ 春一番など気候の変化など気づいたことや感じたことを友達や保育者に伝えるとともに、自分たちで調べられるように、図鑑や写真などを用意しておく。

○ 育てている植物の生長や木の芽の変化・膨らみなどを話題にし、「サクラが咲いたら1年生だね」と春の訪れを楽しみにできるようにしていく。

> 友達同士だけでなく、例えば、ヒキガエルの産卵などに驚きを持って、大人も含めて周りの人に伝えられるよう援助したいという意図を持って、このように書きます。

反省・評価のポイント

★ 相手のよいところを認め合い、いっしょに生活や遊びを進め、園生活を十分に楽しむことができたか。
★ 自分の成長を感じ、就学祝い会に自信を持って参加したり、入学に期待を持ったりして生活できたか。
★ 季節の変化に気づき春の訪れを感じていたか。

4月 1週の計画　5歳児

4月 2(月)～7(土)

わかる！書ける！
朱書き＝書き方解説をチェック！

P.136-137・4月の月案も参照してください。

週の初めの幼児の姿

◆年長になったことを喜び、張り切って登園して来る。
◆気の合う友達と、誘い合って遊んでいる。

今週の園生活

○サクラが満開になり、花びらが散り始める。
○年中児クラスのときに植えたチューリップがきれいに咲いている。

始業式（幼稚園）　入園式　進級入園祝い会　春の全国交通安全運動

ねらいと内容

ねらい
○クラスの友達と年長児クラスになったうれしさを味わう。
○新しい生活環境に慣れ、保育者といっしょに生活や遊びの場を整える。

内容
・年長になったことを友達と喜ぶ。
・自分のしたい遊びに積極的に取り組む。
・自分の引き出しや用具の置き方を考えたり、整えたりする。

具体的な環境（◆）と保育者の援助（○）

> "お祝いで行なうこと"の例を挙げて記入し、親しみを込めて新入園児に接し、進級した喜びを味わえるようにします。

◆進級の喜びが味わえるように、壁面装飾や花を飾って明るい雰囲気の保育室にする。
○緊張や不安を抱いている子もいるのでひとりひとりを笑顔で迎え、年長になったことをいっしょに喜ぶ。
○入園式のお祝いで行なうこと（歌をうたう、簡単なプレゼントを渡す　など）をクラスのみんなで話し合う。
○年中児クラスのときに遊んでいた遊びや新しい遊びをして友達といっしょに十分に遊べるように遊具を用意しておく。（鬼ごっこ、ドッジボール、縄跳び　など）
○保育者もいっしょに体を動かして遊んだり、ひとりひとりに声をかけたりしていく。
○進級当初は、環境が変わって落ち着かず遊びが長続きしないこともあるので、慣れ親しんだ遊びが楽しめるようにしていく。

◆遊具、用具、素材などに分けて、使いやすいように場所を子どもたちと決めて生活しやすい環境をつくる。
○年下の子どもたちの世話をすることで、年長になったうれしさを感じられるようにする。
◆飼育物や栽培物の世話ができるように、エサや用具を用意しておく。

反省・評価のポイント

★友達といっしょに進級したことを遊びや生活の中で感じ喜んでいたか。
★新しい環境に自分からかかわり、生活を進められるように援助できたか。

4月2週の計画 5歳児

4月 9(月)～14(土)

わかる！書ける！
朱書き＝書き方解説をチェック！

P.136-137・4月の月案も参照してください。

CD-ROM ▶ 5歳児 ▶ P.160-179_週案 ▶ 4月_1・2週案.doc

前週の幼児の姿

- ◆友達と誘い合って、鬼遊びやボール遊びを楽しんでいる。
- ◆新しい環境の中で、自分なりに考えてロッカーの整理や当番活動を行なっている。

今週の園生活

- ○タンポポやシロツメクサがたくさん咲いている。
- ○春らしい、気持ちの良い風が吹く。

[園外保育]

ねらいと内容

ねらい
- ○友達とかかわりなから、好きな遊びを十分に楽しむ。
- ○身近な春の自然に興味を持ち、遊びに取り入れて楽しむ。

内容
- ・友達の話を聞いたり、自分の気持ちをわかるように言葉で伝えようとしたりする。
- ・友達と誘い合って、好きな遊びを楽しむ。
- ・草花を集めたり遊びに使ったり、小動物に触れたりする。
- ・年下の子といっしょに遊んだり、世話をしたりする。

具体的な環境（◆）と保育者の援助（○）

- ◆友達と誘い合って好きな遊びが楽しめるように、必要な遊具や用具を準備しておく。
  （鬼ごっこ、サッカー、ドッジボール、縄跳び、ままごと など）
- ○互いの思いが言葉でうまく伝えられないときは、保育者が仲立ちとなり、子どもたち同士で解決できるようにしていく。

- ◆遊びに必要な物が作れるようにいろいろな素材や用具を準備しておく。
- ○子どもたちのイメージが実現できるように、保育者も考えたり、ヒントを出したりしていっしょに進めていく。

- ◆裏道や近くの公園などに下見に行き、草花遊びや虫探しのできそうな場所を探しておく。
- ○草花を使った遊びを友達と教え合ったり、工夫し合ったりしていくようすを見守っていく。

- ◆草花を使っていろいろな遊びが楽しめるようにする。
  （ままごと、色水遊び など）
- ○色の違いやにおいなど子どもたちの気づきを大切に受け止め、ほかの子どもにも知らせていく。

（よく見て！少し色が違うみたい）

- ◆年下の子どもたちといっしょに遊べる機会や簡単な世話ができることを担任同士が話し合い、交流を持つことで親しみが持てるようにする。
- ○年下の子にどうかかわっていいのかとまどっている子には、いっしょに考えたりいっしょにかかわって見せたりする。

> 保育者が見本を見せるだけでなく、いっしょにかかわることが大事です。

反省・評価のポイント

- ★年下の子どもたちの世話をし、接していく中で、年長児としての喜びや成長を感じられたか。
- ★友達や保育者と遊びを楽しみながら、自分の思いや考えを伝えようとしていたか。

わかる！書ける！　朱書き＝書き方解説をチェック！

4月3週の計画　5歳児

4月 16(月)～21(土)

P.136-137・4月の月案、P.180・4月の日案も参照してください。

前週の幼児の姿

◆身近にある草花を使って遊ぶ中で、思ったこと、感じたことを友達や保育者に伝えている。

◆年下の子に優しく接したり、いっしょに遊んだりしている。

今週の園生活

○園庭や地域にこいのぼりが揚がるようになる。
○草花遊びや虫探しが盛んになる。

[身体計測] [内科検診]

ねらいと内容

ねらい
○戸外で友達と体を思い切り動かして遊ぶことを楽しむ。
○春の自然の中で、のびのびと遊ぶことを楽しむ。

内容
・戸外で思い切り体を動かす心地良さを味わう。
・友達とルールのある遊びを楽しむ。
・散歩に行き、春の自然の中で、<mark>気づいたことや気に入った遊びを十分に楽しむ。</mark>

> 園外に出かけると5歳児は周囲の事象に目を向けます。具体的な気づきや発見を友達と共有することが価値ある経験になります。

具体的な環境（◆）と保育者の援助（○）

◆**戸外で思い切り遊べるように、巧技台やマット、ボール、ライン引きなどを用意しておく。**
（サーキット遊び、鬼ごっこ、サッカー　など）
○たくさんの友達と遊ぶことが楽しいと思えるように保育者もいっしょに遊んでいく。
○ルールの確認や運動道具の使い方など、みんなで安全に遊べるように話し合い、いっしょに考えていく。
○遊んだあとは汗をふいたり、着替えたりして体を清潔にする気持ち良さに気づかせる。

○遊びの中でトラブルが起こったときは、すぐに保育者が解決するのではなく、子どもたちのようすを見守り、互いの話を聞きながらいっしょに考えていくようにする。

◆**散歩先の下見や公園までの工事の有無などの安全確認をする。また、危ない場所は、ほかのクラスにも知らせ、共通理解をして十分に注意をする。**
○交通ルールについて、子どもたちと確認してから、散歩に行くようにする。

◆**草花を使って遊んだり、虫探しをしたりできるように道具を用意しておく。**
（図鑑、虫カゴ、リボン、虫めがね　など）
○自然の中で発見したもの、感じたことを表現する子どもたちの気持ちを受け止め、周りの友達にも知らせていく。
◆**保育室に春の自然に関する図鑑や絵本を用意して、気軽に見られるようにする。**

反省・評価のポイント

★戸外で遊ぶ楽しさが感じられるように、遊びの環境を整えることができたか。
★ひとりひとりが活動に興味を持って取り組めるように働きかけられたか。

4月4週の計画 5歳児

4月23（月）〜28（土）

P.136-137・4月の月案も参照してください。

朱書き＝書き方解説をチェック！

CD-ROM 5歳児 ▶ P.160-179_週案 ▶ 4月_3・4週案.doc

前週の幼児の姿

- ◆公園でのびのびと草花を摘んだり、虫探しをしたりして楽しんでいる。
- ◆ルールのある遊びをしながら、自分の思いや考えを伝え、遊びを進めようとしている。

今週の園生活

- ○木々の新緑がきれいになる。
- ○連休を楽しみにし、話題のひとつになっている。

[避難訓練] [誕生会]

ねらいと内容

ねらい
- ○友達と遊び方やルールを考えながら、遊びを楽しむ。
- ○身近な素材を使って表現することを楽しむ。

内容
- ・自分たちで簡単なルールを決めて遊ぼうとする。
- ・ルールのある遊びを友達といっしょに楽しむ。
- ・用具や素材を使って工夫して表現をする。
- ・正しい道具の使い方を知り、安全に使う。

具体的な環境（◆）と保育者の援助（○）

- ◆自分たちで始めた遊びが十分に楽しめるように、また、明日もやりたいと思えるように遊びのスペースをそのままにしたり、持ち出しやすい場所に遊具を置いたりする。
- ○保育者も遊びの仲間に入り、ルールを確認したり、子どもたちが作った新しいルールをいっしょに考えたりしていく。

> 保育者もいっしょに試したり動いたり考えたりしますが、あくまでも子ども主体で取り組めるように計画し、記入します。

- ◆おおぜいで遊べるゲームや思い切り体を動かせるゲームを楽しめるようにする。
  （ドッジボール、中当て、ケイドロ、しっぽ取り、色鬼や高鬼 など）
- ○ひとりひとりの考えや気持ちを受け止め、認めていくことで、保育者や友達に気持ちを伝えやすい環境をつくる。
- ○遊具や用具の安全な使い方を確認していく。

- ◆こいのぼり作りに必要な画用紙、色紙、カラーポリ袋、絵の具などを用意しておく。
- ○友達と相談して作っていけるよう、十分な時間を取り、それぞれが思っていることを出し合って楽しく作っていけるようにする。
- ○工夫して描いたり、作ったりしているようすを認め、見守ることを大切にしていく。
- ◆でき上がったこいのぼりは、保育室や園庭に飾り、みんなに見てもらい、完成した喜びが感じられるようにする。

反省・評価のポイント

- ★ひとりひとりが自分の考えを出したり、友達の考えに気づいたりできるように援助できたか。
- ★友達といっしょに遊び、楽しさやおもしろさを感じられるような働きかけができたか。

わかる！書ける！　朱書き＝書き方解説をチェック！

P.140-141・6月の月案も参照してください。

6月1週の計画　5歳児
6月4日(月)～9日(土)

前週の幼児の姿
◆友達といっしょに体を動かして遊ぶことを楽しんでいる。
◆当番活動など、友達を誘って意欲的に取り組んでいる。
◆友達といっしょになって遊びを進めようとする気持ちが強くなるが、考えが伝わらなかったり、思いがぶつかって遊びが続かなくなったりすることがある。

今週の園生活
○気温や湿度が高くなり、汗をかきやすくなる。
○歯科検診や歯みがき指導があり、歯や自分の体に関心が高くなる。

｜歯科検診｜歯の衛生週間｜時の記念日｜

> 5歳児になって存分に体を動かす遊びを喜びます。5歳児らしさを考慮して書きましょう。

ねらいと内容

ねらい
○**体を存分に動かして、**友達とかかわって遊ぶ楽しさを味わう。
○いっしょに遊んでいる友達に、自分の思いや考えをわかるように伝える。
○自分の歯に関心を持ち、歯を大切にしようとする気持ちを持つ。

内容
・友達といっしょにルールのある遊びをし、体を動かしたり、かかわったりして楽しむ。
・自分の思いや考えを相手にわかるように話そうとする。
・友達と水や砂、土、泥などを使い、試したり工夫したりして繰り返し遊ぶ楽しさを味わう。
・歯の健康に関心を持ち、正しい歯みがきのしかたや歯の健康の大切さを知る。

具体的な環境（◆）と保育者の援助（○）

◆体を存分に動かして友達とかかわって遊ぶ楽しさを味わえるよう、必要な遊具や用具を用意しておく。
○友達といっしょに巧技台などを組み合わせて、いろいろな動きに挑戦できる場が作れるように、園庭や遊戯室など広い場を使えるように、他クラスの担任と打ち合わせをしておく。
○「猛獣狩り」や「ジャンケン汽車」など、ルールのある遊びをする中で、声を合わせたり、同じ動きをしたりして、友達とかかわる楽しさが味わえるようにする。また、**ラウンドチェーンのフォークダンスやチャレンジコース作りなど友達といっしょに楽しめる遊びを1日の中に入れていく。**遊び方やルールについて、相手に思いが伝わらずにトラブルになったときは、互いの思いを聞いたり受け止めたりし、それぞれが、自分の思いや考えを言葉や動きで伝えられるようにする。
◆歯科医と打ち合わせをし、歯みがき指導に必要な物を用意する。

○自分の歯に関心が持てるよう、絵本や図鑑、手鏡などを用意しておく。
○歯科指導を受けることで、自分で意識を持って歯みがきをするなど、健康な生活習慣が身につけられるようにする。
○子どものようすを保護者にも伝え、家庭でも自分でしようとする姿を受け止めてもらうよう働きかける。

◆水や砂、泥などの感触を味わいながら、繰り返し試したり、工夫したりすることを楽しめるように、**大型シャベル、バケツ、雨どい、パイプ**などを用意する。
○山作りや川作りなどの遊びで水の流れ方をよく見たり、どうしたらうまく流れるかを考えたりし、自分たちで繰り返し試している姿を見守る。また、ひとりひとりの発見や工夫に、周囲の子どもが気づけるように、保育者もいっしょに遊びの仲間に入り、友達の動きに関心を持てるようにする。

> 友達とかかわって遊ぶ活動が大好きな子どもたちの姿から、この環境・援助が導き出されます。

反省・評価のポイント
★体をいろいろ動かして、友達とかかわって遊ぶことを楽しめていたか。
★水や砂、土、泥などに十分に触れ、試したり工夫したりしていたか。

6月2週の計画 5歳児
6月11(月)～16(土)

P.140-141・6月の月案も参照してください。

わかる！書ける！
朱書き＝書き方解説をチェック！

CD-ROM　5歳児 ▶ P.160-179_週案 ▶ 6月_1・2週案.doc

前週の幼児の姿

- ◆体を十分に動かして、友達とかかわって遊ぶことを楽しんでいる。
- ◆水や砂、土、泥などを使って、山作りや川作りなど、試したり工夫したりして遊ぶことを楽しんでいる。

今週の園生活

○気温や湿度の高い日が続いている。

避難訓練　父の日

ねらいと内容

ねらい
- ○自分の思いや考えを相手に伝え、友達に自分の思いを聞いてもらえたうれしさを味わう。
- ○雨降りや雨上がりのようす、身近な動植物のようすに関心を持つ。

内容
- ・友達といっしょに、考えたり工夫したりして遊ぶ楽しさを味わう。
- ・友達と、鬼遊びや簡単なルールのある遊びをして、十分に体を動かすことを楽しむ。
- ・友達の考えに関心を持ち、耳を傾けて聞く。
- ・雨降りや雨上がりのようすや身近な動植物など、梅雨ならではの自然物に興味や関心を持つ。

5歳児が楽しめる遊びを具体的に提示することでよくわかります。このほかにも、教材研究をしましょう。

具体的な環境(◆)と保育者の援助(○)

- ◆**友達といっしょにごっこ遊びを楽しめるように、必要な用具や材料を用意したり、場を確保したりする。**
- ○お店屋さん、人形劇、魚釣りなどのイメージを友達と共有し、遊びに必要な物を作ってイメージが実現できるようにする。
- ○ひとりひとりの発想を受け止めながら、友達同士で考えを出し合えるようにする。うまく伝わらないときには、友達の思いに気づけるように仲介していく。
- ○友達の話を最後まで聞いて考えようとする姿を認め、話を聞いてもらったうれしさに共感して、"話を聞く"大切さを意識できるようにする。
- ◆**雨天時には、傘をさして園庭に出かけ、梅雨期ならではの自然や身近な動植物のようすにふれることができるようにする。**
- ○雨の降るようすや雲の動き、傘に雨が当たる音を聞く、など、いつもと違うようすを体験して、発見を楽しめるようにする。
- ○雨の日の歩き方や傘の扱い方など、安全面について指導をし、自分たちで気をつけていけるようにする。
- ◆**室内でも体を十分に動かして、クラスの友達といっしょに遊びを楽しむ時間をつくる。**
- ○助け鬼、宝取りジャンケン、渦巻きジャンケン、王様ジャンケンなどの簡単なルールのある楽しい遊びにする。ルールを変えたり加えたりして、みんなで楽しめるようにする。
- ◆**カタツムリ、ザリガニ、オタマジャクシなどは、子どもたちが観察したり、世話をしたりしやすい場所に置き、関心が高まるように、エサや虫めがね、図鑑や絵本などを用意しておく。**
- ○自分たちで世話をする中で、ひとりひとりが大切に生き物を育てている気持ちを感じ合えるように、子どもたちのつぶやきを受け止めたり、ていねいに世話をしている姿を認めたりしていく。
- ○ザリガニなどの飼育物をよく見て描く機会をつくり、興味や関心が広がるようにする。

反省・評価のポイント

- ★自分の考えを友達に伝えたり、友達の考えを聞こうとしたりしていたか。
- ★梅雨期のようすや身近な動植物のようすに関心を持ち、かかわったり発見を楽しんだりしていたか。

わかる！書ける！　朱書き＝書き方解説をチェック！

6月3週の計画　5歳児

6月18(月)～23(土)

P.140-141・6月の月案、P.181・6月の日案も参照してください。

前週の幼児の姿

◆好きな遊びの中でお店屋さんごっこが始まり、年少児や年中児を誘って遊ぶ姿が見られた。遊びながら楽しさや意欲の高まりが見られたのと同時に役割分担や交代の問題が起こり、自己主張し合う場面が増えてきている。

今週の園生活

○運動遊びをすると汗をかくようになる。
○園庭のアジサイの花が色付いてくる。

保育参観　身体計測　誕生会

ねらいと内容

ねらい
○気の合う友達といっしょに遊びを見つけ楽しむ中で、互いの思いを出し合う。
○共通の目的に向かっていっしょにやろうという気持ちを持つ。

内容
・すなおに自分が思ったことや考えたことを言葉に出しながら、相手とかかわる。
・相手の考え、思いを聞いたり受け止めたりしようとする気持ちを持つ。
・目的に向かっていっしょに考えたり、決めたりする。
・遊びに必要な物をいっしょに作る。

具体的な環境（◆）と保育者の援助（○）

◆遊びのグループごとに、じっくりと遊びに取り組めるよう、場や大型遊具などの使い方を見取りそれぞれのグループが納得できるようにしたい。ようすを見ながら段ボールなどを多めに用意し、子どもが使えるようにしていく。

◆段ボールを構成する際に使う道具や素材（段ボールカッター、クラフトテープ、両面テープ）などを用意する。

○場を構成する段階や「こんな遊びをしよう…」と相談をしている段階での子ども同士のやりとりやかかわり方をていねいに見ていく。発言力の強い子ども、声の大きい子どもなどの影響が強くなってしまうときがあるので、ようすを見ながら「Aちゃんは、そういう考えなんだ…Bちゃんは？」など参加している子ども全員の考えや思いが出せる雰囲気をつくったり、保育者も遊びに参加したりしながら「みんなで、考えてこんなふうになったの？」と確認したり「いいねえ」「なるほど」などみんなで考えて作ったことを認めたりしていく。

○雨が続く日には、室内で体を動かす時間を計画的に入れて、発散する時間を設ける（近隣の小学校の体育館なども借りる）。遊戯室など狭い空間でも運動量のあるゲームなど楽しめるように、先週にみんなで楽しんだゲームを続けたり、新しい遊びを計画したりする。
（団子サッカー、ボウリングジャンケン、手つなぎ鬼　など）

◆湿度が高くなってくるので、室内の気温や通気などに配慮し、水分補給を心がける。

○運動遊びをした後は、自分で気がつかない子どもには、自分で汗をふいたり着替えたりするよう、**そのつど声をかけて清潔感を味わえるようにする。**

○遊びのようすを見ながら、それぞれの遊びを紹介したり、遊びの中で起きたことを話題として取り上げたりしていく。

> 自分の体を清潔に保つ習慣となるために、毎日繰り返し行動を定着させ、気づかせ、しだいに習慣へとつなげていきたいものです。援助として書きます。

反省・評価のポイント

★互いの考えや気持ちに気づき受け入れようとする気持ちが持てたか。
★友達といっしょに遊びを進める楽しさを感じられたか。

わかる！書ける！
朱書き ＝ 書き方解説をチェック！

6月4週の計画
5歳児
6月25(月)～30(土)

P.140-141・6月の月案も参照してください。

CD-ROM ▶ 5歳児 ▶ P.160-179_週案 ▶ 6月_3・4週案.doc

前週の幼児の姿

◆製作活動では、自分なりに考えて工夫するようすがあり、友達の物をまねたり何度も作ったりして楽しむ姿が見られた。

◆昼食後に「ハブラシはこうもってみがくんだよね」などと会話をしたり、友達を誘ったりして、正しい歯みがきの習慣が身についてきている。

今週の園生活

○プール掃除をする。
○水族館へ遠足に行く。

｜プール開き｜遠足（水族館）｜

ねらいと内容

ねらい
○誕生会の司会やプール掃除などを友達と力を合わせてやってできたという気持ちを味わう。
○試したり工夫したりしながら、活動に取り組み楽しむ。
○いろいろな水遊びやプール遊びを、安全に注意して友達といっしょに楽しむ。

> 年長児として園の行事の簡単な司会を行ない、達成感を育てます。このような年長児らしさを培うためにねらいたいことです。

内容
・互いの考えや思いを聞き合って遊びや活動を進めようとする。
・相手の動きを意識して、声をかけ合いながら、いっしょに活動する。
・いろいろな水遊びやプール遊びをして、水遊びの楽しさや水の気持ち良さを味わう。

具体的な環境（◆）と保育者の援助（○）

◆子どもたちが、年長組として任された誕生会の司会やプール掃除の準備などの見通しが持てるようにしていく。予定や自分が任された事柄を絵や文字を使って掲示し、見てわかるよう用意する。

○誕生会の司会は3～4人ずつで担当するようメンバー構成をし、言葉をいっしょに考えたり練習したりしていくようにする。練習は誘い合ってすることや、できるようになったら報告し、発表の機会をつくることを伝えておく。報告にきたグループの自主的な取り組みや、誘い合いができていることを認めていく。

◆天候によってプール遊びが可能な日と、ほかの計画で過ごす日と計画をたてておく。いろいろな水遊び（シャボン玉、水鉄砲、舟作り、ダイナミックな砂遊び　など）の材料・用具・場の調整など、園全体で連絡を取り合い用意や準備をしていく。

○プール遊びでは、ひとりひとりの水に対する姿や差を考慮し、遊びの内容を計画する。最初は、水の気持ち良さ・楽しさが味わえる活動を中心に行なう（プールの中で『だるまさんが転んだ』や鬼遊び　など）。慣れてきたらひとりひとりの遊び方や取り組み方を見て紹介したり、みんなでまねしたりする。

◆水族館への遠足後には、水槽に見たてられるような箱に青系の紙をはって用意しておいたり、魚作りに役だちそうな材料を用意したりして、自分の作りたい魚が作れるようにしておく。

反省・評価のポイント

★自分たちに任された誕生会の司会やプールの準備などを友達といっしょにやり遂げ、役にたつ喜びを味わえたか。
★友達といっしょに水遊びやプール遊びをして楽しさや気持ち良さを味わえたか。

9月1週の計画 5歳児 9月3日(月)～8日(土)

朱書き＝書き方解説をチェック！

P.146-147・9月の月案も参照してください。

週の初めの幼児の姿

- ◆友達や保育者との再会を喜び、張り切っている姿が見られる反面、生活のリズムが崩れているような姿も見られる。
- ◆夏に経験したことを友達や保育者に話したり、できるようになったことを見せたりしている。

今週の園生活

- ○残暑があり、暑い日が続く。
- ○夏に楽しんだプール遊びが終わる。

始業式（幼稚園） 防災訓練（引き渡し訓練） プール納め

ねらいと内容

ねらい
- ○園生活のリズムを取り戻し、友達といっしょに生活や遊びを楽しむ。
- ○自分なりの目当てを持ち、挑戦したり試したりする楽しさを味わう。

内容
- ・張り切って登園し、友達と誘い合って生活に必要なことを行なう。
- ・夏に経験したことを伝えたり、遊びに取り入れたりしながら、友達といっしょに遊ぶ。
- ・プール遊びを通して、夏にできるようになったことを試したり、友達の刺激を受け挑戦したりする。
- ・自然の変化に気づいたり、自然を遊びに取り入れて遊んだりする。
- ・災害など非常時の安全な行動への指示に対して、迅速に避難する。

具体的な環境(◆)と保育者の援助(○)

- ◆園生活のリズムを取り戻していくことができるように、1日の生活の流れや当番表など、1学期と同様にわかりやすく提示しておく。　　〔生活リズムなどを、どのようにして取り戻すのか、わかるように記入します。〕

- ○夏に経験したことを、クラスのみんなに発表できる場を作ったり、知る手がかりとなる写真や絵などを掲示しておいたりすることで、子ども同士が友達の経験を知る機会をつくる。また、友達の話をよく聞くことができるよう、発表の場や時間の構成のしかたなどを工夫していく。

- ◆遊びの中で、夏に経験したことを友達に知らせながら実現していくことができるように、イメージを実現できるような材料や用具を用意しておく。
  - 網、針金、ビニール、段ボール、ブルーシート、ビニールプール　など

- ○ひとりひとりのがんばっている姿に対し、具体的にどこをがんばっているのか、保育者が認める言葉をかけていくことで、自信を持ったり、友達のよさに気づいたりしていくことができるようにする。また、刺激を受けてさらに挑戦していけるようにする。

- ◆アサガオの花などで色水遊びをしたり、種取りをしたりできるよう、すり鉢や収集できるようなカップを用意しておく。触れたり試したりすることで自然の変化に気づいたり、遊びに取り入れて楽しんだりできるようにする。

- ○引き渡し防災訓練では、放送をよく聞き、保育者の指示を聞いて迅速に行動することができるように、緊張感を持って的確に指示を出していくようにする。また、降園時に、危険な場と安全な場を、保護者と共に考えながら帰ることができるよう、指導をする。

- ◆引き渡し訓練後は、保護者からも感想や課題などを聞き、園全体で安全面について共通理解を図れるようにする。

反省・評価のポイント

- ★園生活のリズムを取り戻し、友達と誘い合って生活や遊びを進めていたか。
- ★自分なりに目当てを持ち、さまざまに工夫したり試したりしていたか。　　〔子どもが夏に経験したことをそれぞれの遊びに取り入れることを予想して計画をたてたので、このような観点から反省・評価をします。〕

9月2週の計画　5歳児　9月10(月)~15(土)

わかる！書ける！
朱書き＝書き方解説をチェック！

P.146-147・9月の月案も参照してください。

CD-ROM　5歳児　P.160-179_週案　9月_1・2週案.doc

前週の幼児の姿

◆夏に経験したことを遊びに取り入れたり、1学期に楽しんだ遊びを友達と誘い合って遊んだりしている。
◆プール遊びを通して、友達のできるようになったことやがんばっている姿に気づき、喜び合っている。

今週の園生活

○暑い日が続くが、時折、涼しい風を感じられるようになる。
○アサガオ、フウセンカズラ、オシロイバナなどの種ができている。

ねらいと内容

ねらい
○いろいろな運動遊びに進んで取り組み、体を動かす気持ち良さを味わう。
○友達と考えを出し合いながら、いっしょに遊ぶことを楽しむ。

内容
・友達といっしょにルールのある遊びを楽しんだり、力いっぱい体を動かしたりする。
・友達ががんばっている姿に気づき、自分も挑戦しようとする。
・いっしょに遊ぶ仲間と考えを出し合い、作り方を工夫しながら遊びを進めていく。
・友達に自分の考えを言葉で伝えようとしたり、友達の考えを受け入れようとしたりする。

具体的な環境(◆)と保育者の援助(○)

◆今までに遊んだ踊りや運動遊びができるよう、CDやカセットテープやプレーヤー、用具などを、自分たちで選び出しやすい場に置いておく。また、新たな用具も置いておくことで、子どもたちが選んで、さまざまな運動遊びに挑戦できるようにしていく。

○保育者もいっしょに体を動かし、子どものがんばっている姿を認めていくことで、思い切り体を動かす気持ち良さを味わえるようにしたり、友達のよさに気づいたり、刺激を受けて意欲を高めていけるようにしたりする。

○ルールのある遊びでは、遊びを進めていく中で、子どもたちが困ったことや感じたことを伝え合えるようにすることで、ルールを確かめたりつくったりすることができるようにしていく。

◆遊びを進めていく際、互いの考えや思いを出し合う中で、うまく伝えられなくて困っているときには、具体的にどのようにしたいのかを互いに言い、子どもの遊びをよく見ていて聞き合えるようにする。伝えるときに手かかりとなるような絵本・遊びの本などを用意しておく。

（魚の図鑑、遊びの本、製作の本、縁日・花火などの絵本　など）

○考えが伝わらないときには、友達の考えに気づけるようにしたり、相手に伝わりやすい言い方を考えたりできるようにしていく。

○子どもたちがイメージを言葉で出しながら、実現していくための方法や材料を、保育者もいっしょに考えていくことで、自分たちで遊びを進めていくことができた喜びを感じられるようにする。

反省・評価のポイント

★いろいろな運動遊びに進んで取り組んで楽しんだり、体を動かす気持ち良さを味わったりしていたか。
★友達といっしょに考えを出し合いながら、遊びを進めていたか。

自分から進んで取り組んだか？楽しんで動かしたかどうか？が大切なのです。

9月3週の計画 5歳児

9月17〜22 (月)〜(土)

P.146-147・9月の月案、P.182・9月の日案も参照してください。

朱書き=書き方解説をチェック!

前週の幼児の姿

◆友達と誘い合って運動遊びを楽しんでいる。
◆友達といっしょに遊びに使うものや場を作って遊んでいる。

今週の園生活

○朝夕涼しくなり、過ごしやすくなる。
○ヒガンバナなどが開花する。

| 敬老の日 | 敬老の日の集い | 秋の全国交通安全運動 | 秋分の日 |

ねらいと内容

ねらい
○自分なりに挑戦しようとする気持ちを持って体を動かす遊びを楽しむ。
○身近な自然にふれ、秋への自然の変化に関心を持つ。

内容
・運動会をすることがわかり、楽しみにする。
・リズムや音に合わせて体を動かす楽しさを感じたり、友達と動きを考えたりしながらいろいろな体の動きを楽しむ。
・園庭の草や実を取ったり虫を捕まえたりして遊び、気づいたことを伝え合う。
・高齢者の方と言葉をかけ合い、いっしょに遊び、ふれあいを楽しむ。

> 身近にいる高齢者を大切にし、優しい気持ちを持ち、異世代とかかわる大切さを記しています。5歳児に経験してほしい内容です。

具体的な環境(◆)と保育者の援助(○)

◆繰り返し体を動かすさまざまな遊びを友達と誘い合って楽しめるように、環境を整える。
（リレーのバトン、ゼッケン、玉入れの道具、巧技台、固定遊具、短・長縄などの物、時間や場の工夫）

◆今までに楽しんできた踊りの曲や、踊りたくなるような曲のCDやカセットテープを用意し、友達といっしょに踊ったり、振り付けを考えて楽しんだりできるようにする。

○自分たちで遊び楽しんでいるようすを見守りながら、保育者もいっしょに仲間として入り、がんばる姿（腕を速く振る姿や声をかけ合ってバトンを渡す姿　など）を認めることばがけをしたり、人数やルールの違いに気づき自分たちで考えていけるように支えたりする。

○自分から体を動かすことの少ない子どもに対して、運動遊びに誘ったり、クラスみんなで取り組む機会をつくったりし、体を動かす楽しさを味わえるように援助する。

○楽しい雰囲気の中で、走る、遊具を使った運動、表現などしぜんに繰り返して遊び、自信や意欲を引き出していく。

◆敬老の日の集いでは地域の高齢者の方に来ていただき、みんなでなじみのある童謡を歌ったり、いっしょに手遊びや伝承遊びなどをしたりして、楽しいふれあいのひとときを過ごせるようにする。
（お手玉、カルタ、トランプ、色紙、こま、けん玉　など）

◆身近な秋の自然にふれて、共に観察したり調べたりできるような環境づくりをし、友達と伝え合ったり、共感し合ったりできるようにする。
（虫取り網、ペットボトルで作った虫カゴ、飼育ケース、草花を活けられる小さな花瓶や収穫した野菜や拾った木の実を入れられるカゴ、図鑑、絵本、虫メガネ　など）

○子どもの気づきや発見、友達との伝え合いを受け止めながら、生き物への接し方や世話のしかたを考えられるようにするなど、命の大切さを知らせていく。

反省・評価のポイント

★体を動かす遊びを繰り返し取り組み、挑戦したり、楽しんだりしていたか。
★身近な自然にふれ、秋への変化に関心を持ったり、友達や保育者に伝えたりしていたか。

> 5歳児らしく"見たり感じたりしたことを伝える"ことで、発見や気づきが周囲に伝わります。この観点での反省・評価がポイントです。

9月4週の計画 5歳児

9月 24(月)～29(土)

わかる！書ける！
朱書き＝書き方解説をチェック！

P.146-147・9月の月案も参照してください。

CD-ROM ▶ 5歳児 ▶ P.160-179_週案 ▶ 9月_3・4週案.doc

前週の幼児の姿

- ◆運動会があることを知り、期待を持っている。
- ◆敬老の日の集いでは、伝承遊びをしたり、歌をうたったりしながら、高齢者とふれあいを楽しんでいる。

今週の園生活

- ○秋風が吹き、秋の気配を感じるようになる。
- ○秋空が高く、青く、澄み切って見える。

[月見の会] [身体計測] [誕生会] [中秋の名月（9月30日）]

ねらいと内容

ねらい
- ○友達といっしょに力を合わせたり競い合ったりする楽しさを味わう。
- ○運動会への期待を持ち、友達と体を動かして遊んだり、<mark>見通しを持って取り組んだりする。</mark>

※教育要領・保育指針では、領域「健康」で、自分たちで見通しを持った生活をすることで、『主体性をはぐくむ』ことをめざしています。要領・指針の内容を踏まえて記入します。

内容
- ・友達と力を合わせたり競い合ったりして、力いっぱい運動する楽しさを味わう。
- ・リズムに合わせて踊ったり、みんなで気持ちを合わせてダンスを作り上げたりしていく楽しさを味わう。
- ・自分たちの運動会という意識を持ち、動いたり、係や仕事を考えたりして、期待を持つ。
- ・月の話を聞いたり、調べたりして、夜空に関心を持つ。月見の由来を知る。

具体的な環境（◆）と保育者の援助（○）

- ◆勝ち負けを意識して遊び、チームの友達と相談したり応援し合ったりして、繰り返しがんばっている姿を認め、そのおもしろさを十分に感じられるようにしていく。
- ○リレーでは、いろいろなチームで走り、その楽しさを味わいながら、コーナーの回り方、バトンの受け渡しなど、体で覚えていけるようにする。
- ◆応援や踊りに使うポンポンや旗など、自分たちで作れるように材料を用意しておく。
- ○運動会に向けて、保育者が細かい見通しを持って投げかけ、子どもの思いや考えを取り入れながら、意欲や自信を引き出し進めていく。
- ○昨年度の運動会で楽しかったことや年長組の係の取り組みについて思い出せるようにし、今年は自分たちが運動会を進めていこうという気持ちが持てるようにする。
- ◆カレンダーや絵で示した係の分担表などを用意し、運動会へ期待と見通しを持って取り組めるようにする。

- ○リズム遊びでは、みんなで踊りながら、気持ちがそろう楽しさを十分に味わえるようにする。踊り方を工夫し、少しずつすてきになるようにみんなでつくっていく楽しさを感じられるようにする。
- ◆月や星などの絵本や写真などを用意しておき、子どもが知っていることや興味を持ったことを互いに話題にできる環境をつくっておく。
- ○日本での月見の由来を知らせるとともに、昨日や最近自分たちが見た月のことを話題にして、子どもが自分の体と心で月への関心が高まるようにする。
- ◆月見の会では、異年齢児とともに夜空への関心を持てるよう、わかりやすいスライドを見たり、歌をうたったりして、ゆったりとした時間が持てるようにする。

反省・評価のポイント

- ★友達といっしょに十分に体を動かしたり、互いに力を出し合ったりして、力いっぱい運動する楽しさを味わっていたか。
- ★運動会への見通しを持ったり、自分たちでつくり上げる運動会という意識を持ったりしたか。

※子どもたちの意識の中に自分たちで進めていく意欲を持てたかどうかが重要です。

9月3・4週 5歳児

わかる！書ける！ 朱書き＝書き方解説をチェック！

11月1週の計画

5歳児　**11月 5(月)～10(土)**

P.150-151・11月の月案も参照してください。

前週の幼児の姿

◆運動会の経験からルールを確認し合いながらチームで競い合う遊びを楽しむ姿が見られる。
◆友達と思い描いたことに向かって、いっしょに遊びを進めていこうとする姿が見られる。

今週の園生活

○木々の色付きの変化が見られるようになる。
○体を動かして遊ぶ中で、秋の心地良い気候に気づく。

ねらいと内容

ねらい
○戸外で体を動かして遊ぶ楽しさを味わう。
○友達と考えや思いを出し合いながら遊びを進めていく。

内容
・自分なりの目的を持って繰り返し取り組む。
・戸外で友達といっしょに体を動かし、ルールのある遊びを楽しむ。
・友達とルールを考えたり、確認し合ったりしながら遊ぶ。
・自分の考えを相手にわかるように伝えたり、友達の考えを聞いたりする。

具体的な環境（◆）と保育者の援助（○）

友達同士で互いの働きが刺激になります。そのようなチャンスを逃さず援助できるように考えて記しましょう。

◆子どもが、自分なりの目的を持って繰り返し試したり挑戦したりすることができるような遊びの提案をしたり、友達といっしょに体を動かして遊んだりすることができるようにしていく。（縄、大縄、鉄棒　など）
○自分なりに目的を持って繰り返し取り組む姿を見守り、状況に応じて励ましたり認めたりしていくようにする。
○友達のしていることや挑戦している姿を見逃さず、刺激し合っていけるようにする。

◆友達同士で誘い合って、遊びの場を準備したり、遊びを進めたりしていくことができるよう、必要な用具や遊具などを子どもが自分たちで取り出せるようにしておく。
（運動会の経験からの遊び、ドッジボール、サッカー、鬼遊び　など）

◆子ども同士で遊びを始めたり終わりを決めたりしながら、自分たちで遊びを進められるよう、ルールが共通になるようにクラス全体で遊ぶ機会を持つ。また、時間や勝敗などがわかりやすいように示すことができる用具を準備しておくようにする。

○友達同士でルールを確認したり、新しいルールを考えたり決めたりしているときには、保育者は状況に合わせて見守ったり仲間に入っていっしょに考えたりしていく。

○遊びながらいっしょに遊んでいる友達みんなにルールが共通になっていくように、友達同士で話すきっかけをつくったり友達の話を聞けるよう、声をかけたりしていくようにする。

○考えを進んで話す子どもや自分の言葉で伝えることに時間のかかる子どもなど、ひとりひとりの子どもの姿や思いを受け止めて、保育者も仲間に入り、伝え方を知らせたり雰囲気をつくったりする。

○みんなが自分の思いを話せる機会を必要に応じてつくり、時には声をかけていくようにする。

ルールを理解して友達と遊ぶ姿を具体的に記しています。

反省・評価のポイント

★友達といっしょに体を思い切り動かして遊び、楽しさを味わえていたか。
★友達と考えや思いを出し合い、遊びを進めていくことができたか。

11月2週の計画 5歳児

11月12(月)～17(土)

CD-ROM　5歳児 ▶ P.160-179_週案 ▶ 11月_1・2週案.doc

わかる！書ける！
朱書き＝書き方解説をチェック！

P.150-151・11月の月案も参照してください。

前週の幼児の姿

- ◆友達と誘い合ってルールのある遊びを楽しんだり、縄跳び、鉄棒などをして体を動かしたりしながら遊んでいる。
- ◆自分の考えを伝えたり、いっしょに遊んでいる友達の話を聞いたりして遊びを進めている姿が見られる。

今週の園生活

- ○木の実や落ち葉が落ち始める。
- ○ヒヤシンスの水栽培を始める。

避難訓練　園外保育

ねらいと内容

ねらい
- ○思い描いたことや感じたことをさまざまな方法で表現したり、遊びに取り入れたりして楽しむ。
- ○作品展があることがわかり、作品が飾られることや共同作品作りを楽しみにする。
- ○身近な自然物や事象に自分からかかわり、興味や関心を持つ。

内容
- ・さまざまな素材や材料を使い、考えたり工夫したりしながら思い描いたものを表現する。
- ・作品展でみんなで協力して作りたい物を、アイディアを出し合いながら決める。
- ・ヒヤシンスの栽培やダイコンの生長のようすに興味を持つ。

→ 第4週に作品展を計画（共同製作）しています。

具体的な環境(◆)と保育者の援助(○)

- ◆園外保育で集めた自然物を遊びに取り入れながら遊ぶことができるよう、ドングリやマツボックリ、落ち葉などを集めたり、種類の大きさや違いに気づくことができるよう分類した箱などを置いてわかりやすくする。
- ◆子どもが興味を持ったものを調べたり自分たちで遊びに取り入れながら遊んだりすることができるよう、図鑑や資料、製作の絵本や自然物を使った遊びの本などを用意しておくようにする。

→ 週案なので、より詳しく書きましょう。ただ"分類しておく"でなく、どう分類しておくのが適切かを具体的に示します。

- ○子どもが気づいたことや見つけたことなどを表現している姿を見逃さず、それが子ども同士で伝わっていくよう声をかけていく。
- ○思い描きながら考え、工夫している姿を大切に受け止めていく。また、さまざまな材料の扱い方や表現方法を知らせ、表現することを楽しめるようにしていく。

→ "認めていく"ではなくより具体的にどうするのか、わかりやすくしています。

- ◆昨年の作品展、園外保育や絵本、子どもたちの考えた話や夢などをテーマにし、作品展に向けて共同で作りたい物を決める。

→ 5歳児の生活では、保育者と子どもとでつくり出す作品展にしていきます。

（吹き出し）
- ほんとにはいれるおふろがいい！
- みんなでやればできそう
- えんそくでのったうごくのりものはどう？
- ふしぎなきのみがなるもりをつくりたい！

- ◆ヒヤシンスの水栽培では、育て方や世話のしかた（水の量、暗くする　など）について話す機会を持ち、必要な物を準備して育てていくようにする。
- ○根や芽の伸び方などの生長に気づく姿を認め、関心を持って自然物にかかわることができるように保育者もひとりひとりの気づきの内容に合わせて声をかけていく。

反省・評価のポイント

- ★自然物を取り入れながら遊び、イメージしたことを考えたり工夫したりしながら表現することを楽しんでいたか。
- ★作品展を楽しみに共同作品についてみんなでアイディアを出し合うことができたか。

11月1・2週　5歳児

11月 3週の計画　5歳児
11月 19(月)～24(土)

わかる！書ける！　朱書き＝書き方解説をチェック！

P.150-151・11月の月案、P.183・11月の日案も参照してください。

前週の幼児の姿

◆園外保育に出かけたことや友達の遊ぶ姿を見て自然物を使った遊びへの興味や関心が増し、集めた木の実や落ち葉を使って遊ぶことを楽しんでいた。
◆作品展を楽しみにし、それぞれ自分の作品をしあげたり、共同作品について相談したりしている。

今週の園生活

○落ち葉が増える。
○吹く風の冷たさを感じる。

誕生会　勤労感謝の日

> 子どもの生活する姿として、園舎内が自分たちの作品であふれてきました。そして、うれしいと感じています。1週、2週と少しずつ作品展に向けての意識が高まっています。3週にも作品展のことをちりばめました。

ねらいと内容

ねらい
○経験したことをさまざまな方法で表現したり、遊びに取り入れたりして楽しむ。
○共同作品をいっしょに作るグループ内で考えを出し合ったり、材料を準備したりする。
○いろいろな運動遊びに興味を持って挑戦したり、目標に向かって繰り返し取り組んだりする。

内容
・見たことや感じたことを言葉や描画、製作などで自分なりに表現する。
・作ることを楽しみ、友達の表現を見てよいところを取り入れたり、認めたりする。
・グループの友達に自分の考えを伝えたり、相手の考えを聞いたりしながら準備を進める。
・自分の目標に向かって繰り返し挑戦したり、少し難しいことでもやってみようとしたりする。

> 一方で、作品展一色にならないよう、自然のこと、表現のこと、運動のこと、気持ちの面など、バランスよく組み立てています。

具体的な環境（◆）と保育者の援助（○）

◆園外保育で拾ってきたドングリは、虫が出てこないようにゆでるか、1日塩水につけて乾かしておき、自由に使えるように製作コーナーに置いておく。
◆製作コーナーなどの一定の場所にさまざまな素材や材料、用具を用意し、課題の作品や自分が作りたい物を工夫して作れるように環境を整える。
（自然物やさまざまな大きさの箱や紙、粘土、毛糸、竹ひご、ドングリ穴あけ器、グルーガン　など）
○子どもの思い描いたことやこだわっていることを大切にしながら、思い描いたことが実現できるような表現方法や材料に気づかせていく。また、友達同士での教え合いの場面を大切に認めていく。
◆作品展の中の共同作品について作りたい物の希望を聞き、相談したり、それぞれが力を発揮したりしやすいメンバー構成人数も考えてグループをつくる。

◆いろいろな運動遊びに1日の生活の中で自由に取り組めるようにする。『チャレンジカード』を作ってひとりひとりが自分の目当てが持てるようにする。

○それぞれのがんばろうという気持ちを大切にし、認めていく。ひとりひとりに応じてやり方やコツを教えながら、繰り返し練習したらできたという達成感や満足感、できるようになるおもしろさや喜びなどが味わえるように援助する。

反省・評価のポイント

★自然物などさまざまな素材に興味を持ち、自分の思い描いたことを表現する楽しさを味わうことができたか。
★作品展の共同作品作りに向けて、グループの友達とそれぞれが自分のイメージを出し合って具体的にしていけるよう援助できたか。
★子どもがいろいろな運動遊びに興味を持ち、やってみようという意欲を持って取り組む援助ができていたか。

わかる！書ける！
朱書き＝書き方解説をチェック！

P.150-151・11月の月案も参照してください。

CD-ROM　5歳児 ▶ P.160-179_週案 ▶ 11月_3・4週案.doc

11月4週の計画　5歳児
11月26(月)〜12/1(土)

前週の幼児の姿
◆作品展に向けて、グループで取り組んでいくことが決まり、作りたい物について思い描いたことを膨らませて作っている。
◆作品展に向けてのグループ活動の合間に誘い合ってドッジボールや鬼遊びをしたり、チャレンジカードを持って縄跳びなどを繰り返し練習したりしている。

今週の園生活
○グループで作品展の共同作品作りに取り組んでいる。
○木枯らしが吹く。
○ダイコンの根元が徐々に大きく成長してくる。

[作品展] [身体計測]

ねらいと内容

ねらい
○作品展に向かって<mark>友達と思いや考えを出し合いながら取り組み、できた満足感を持つ。</mark>
○生活に見通しを持ち、自分たちの遊びや活動に取り組む。

内容
・目的に向かって、グループの友達と相談したり力を合わせたりする。
・材料や素材、表現方法を選びながら、考えたり工夫したりして自分たちのイメージを実現していく。
・作品展までの見通しを持ち、グループの友達と協力して作り、できた満足感を味わう。
・自分たちで遊びの場や活動の場を整えたりかたづけたりする。

> 今週の保育内容では、友達とつくり出す喜び、工夫して作る楽しみなどが満足感につながります。

具体的な環境(◆)と保育者の援助(○)

◆作品展までの流れがわかり見通しを持てるように、日程や役割分担、決まったことなどをわかりやすく掲示する。
◆各グループが作るものの内容によって十分に活動しやすいように場を整え、思い描いたことが実現していくような材料や素材、用具などを整えておく。
○<mark>共同作品作りでは、保育者はひとりひとりの思いを大切に受け止め、グループで思い描いたことが共有できるように適時話し合いの時間を取る。</mark>
○話し合った内容を設計図(絵)で表現し、見合ったり確認し合ったりできるようにする。

> ひとりひとりの子どもの思いや考えを十分に出せているかを見届けるためにも、時間を取ることは大切です。

○ひとりひとりの子どもが表現活動を楽しみながら、自分の力を発揮できるように、見守っていく。

○グループの活動では、子どもたちが自分の考えや思いを出したり、友達の意見を聞いたりしながら進めようとしている姿を見守っていく。意見が食い違うときはどうしたらよいのか自分たちで考えていけるようにし、時には、友達の思いを考えて受け入れたり譲ったりすることも必要なことに気づかせていく。
○ひとりひとりから出てきた思い描いたことや、話し合いを通して膨らんだ思い描いたことをまとめてひとつの作品として実現していくように援助し、自分たちで取り組んだという充実感を味わえるようにする。
○作品作りの合間には、ドッジボールや宝取りなどをクラス全体で取り組み、楽しさを共有できるようにする。
○吹く風の冷たさや空の色、雲の形などから季節の移り変わりに気づく機会を大切にする。また、感染症予防の意味からうがい、手洗いの大切さを伝え、健康に過ごせるようにする。

反省・評価のポイント
★作品展に向けての見通しを持ち、グループの友達と協力して取り組めていたか。
★<mark>友達と考えを出し合い、工夫して作ることを楽しみ、満足感を持てたか。</mark>

11月3・4週 5歳児

1月1週の計画 5歳児

1月4日(金)～12日(土)

わかる！書ける！
朱書き＝書き方解説をチェック！

P.154-155・1月の月案、P.184・1月の日案も参照してください。

週の初めの幼児の姿

- ◆保育者や友達と新年のあいさつを交わしたり、年末・年始に経験したことを話し合ったりしている。
- ◆友達と誘い合って正月遊びを楽しんでいる。

今週の園生活

- ○新年子ども会で正月の雰囲気を楽しむ。
- ○新年子ども会で楽しむこま回しに繰り返し挑戦している。
- ○鏡開きのいわれを保育者から聞く。

今週の生活では「新年子ども会」だけではありません。その他のことも記入します。

［新年子ども会］［七草］［始業式（幼稚園）］［鏡開き］

ねらいと内容

ねらい
- ○いろいろな正月遊びを友達と繰り返しいっしょに楽しむ。
- ○文字や数字に興味を持ち、遊びに取り入れて楽しむ。

内容
- ・こま回し、カルタ取り、すごろく、トランプなどを友達といっしょに楽しむ。
- ・郵便ごっこで、年賀状や手紙を書いたり、配ったりして遊ぶ。
- ・年末・年始の経験をみんなにわかるように話をしたり、友達の話に興味を持って聞いたりする。

具体的な環境（◆）と保育者の援助（○）

- ◆干支や正月の伝統行事（獅子舞　など）のことを絵や写真で見せたり演じてみせたりしながら、わかりやすく伝える。
- ○こま回しや縄跳びなどについて、ひとりひとりが自分なりの目当てに向かって取り組んでいる姿を十分に認め、励ましていく。

- ◆個人カードを作って、目当てや達成したことにシールをはれるようにし、目に見えるような形にしていく。
- ○こま回しやあやとりなどできるようになったことを友達といっしょに見せ合う場を作り、意欲を高めていく。

- ◆カルタ、トランプ、すごろく、百人一首などゲーム的な遊び道具や、羽根突き、バドミントン、たこなど体を動かして遊べる道具を用意し、友達と競い合って遊べるようにしておく。

- ◆切手・ポストや郵便屋さんの帽子、手紙を入れられる個人あてのウォールポケットなどを作り、手紙の配達も楽しめるようにする。また、おやつの時間などを使って届いた手紙を読むなどして、紹介していく。
- ○郵便ごっこで手紙を書いたり、すごろくやカルタなどで遊んだりしながら文字や数への関心を高めていく。

- ○年末年始の経験など、クラスの友達の前で話をする機会をつくっていく。話を聞いたり、質問をしたりして、相手に伝える楽しさを感じ、自分が伝えたいことを聞いてもらった喜びを感じることができるようにする。

反省・評価のポイント

- ★友達といっしょに正月遊びを繰り返し楽しみながら、意欲を高めていけるような援助ができたか。
- ★文字や数字に興味を持ち、遊びの中に取り入れていけるよう環境構成の工夫ができたか。

1月2週の計画 5歳児

1月14(月)〜19(土)

わかる！書ける！
朱書き＝書き方解説をチェック！

P.154-155・1月の月案も参照してください。

CD-ROM ▶ 5歳児 ▶ P.160-179_週案 ▶ 1月_1・2週案.doc

前週の幼児の姿

- ◆こま回しなど友達と教え合いながら繰り返し楽しんでいる。
- ◆友達や保育者に年賀状や手紙を書いて郵便ごっこを楽しんでいる。

今週の園生活

- ○水栽培のヒヤシンスの芽が伸びてきている。
- ○戸外のスイセンのつぼみが増えてきている。

[成人の日] [防災訓練] [誕生会]

ねらいと内容

ねらい
- ○友達といっしょに繰り返し挑戦して遊ぶ楽しさを味わう。
- ○友達と遊び方を話し合ったり、思いや考えを伝え合ったりする。

内容
- ・ドッジボールやドロケイなど友達とルールを確認したり守ったりしながら思い切り体を動かして遊ぶ。
- ・友達と考えを出し合い、カルタやすごろくなどを作って遊ぶ。
- ・生活発表会に向けて絵本や物語に親しみ、イメージを広げる。

具体的な環境(◆)と保育者の援助(○)

- ◆すごろくやカルタ、たこなどを自分たちで作って楽しめるように必要な材料を用意しておく。
- ○生活に身近な題材を選んで、言葉遊びからカルタを作ったり、友達の出したアイディアを認め、相談して共同ですごろくを作ったりできるようにしていく。

- ◆ドッジボールやドロケイなど、戸外での遊びが十分にできるように、また自分たちで必要な用具を準備して遊びを進めていけるように遊具や用具を用意しておく。
- ○クラスのみんなで思い切り体を動かして遊ぶ楽しさを味わえるようにする。また、自分たちでルールを確かめ、考えて遊びを進めていこうとする姿を認めていく。
- ○トラブルが起きたときは、子どもたちといっしょに解決方法を考えたり、ルールを再確認したり、作戦会議を提案したりなどの援助をしていく。

- ◆こまに自分で模様を描いた紙を差して回すときれいな変化に富んだ模様ができることを知らせ、どんな模様を描いたらどんなふうに見えるか、試して遊べるようにする。
- ○友達同士で教え合ったり、挑戦したり、競い合ったりしている姿を見守り、自信や意欲につなげていく。

- ◆生活発表会の題材のヒントになるような絵本などを準備しておく。

"友達と""共同で"遊びを進める姿が子どもたちに育ってきているので、保育者は環境や教材を準備し、自分たちで進められるように支えることを考えて記入します。

反省・評価のポイント

- ★友達といっしょに繰り返し挑戦し、できる喜びや満足感を味わえるような援助ができたか。
- ★思いや考えを相手に伝えて遊びが発展できるような援助ができたか。

1月3週の計画 5歳児 1月21(月)〜26(土)

わかる！書ける！ 朱書き＝書き方解説をチェック！

P.154-155・1月の月案も参照してください。

前週の幼児の姿

◆自分たちで作ったたこ、カルタ、すごろくなどの正月遊びを、友達といっしょに楽しんでいる。
◆寒い中でも戸外へ出て、体を動かして遊んでいる。

今週の園生活

○2月の生活発表会を前に保護者が保育参加をする目的を知り、期待を持って当日を待っている。
○氷や霜柱などが見られ、雪が降る日もある。

[保育参加]

ねらいと内容

ねらい
○生活発表会に向けて、友達と相談したり、アイディアを出し合ったりする。
○寒さに負けず、戸外へ出て進んで体を動かすことを楽しむ。

内容
・友達と話し合ったり役割を分担したりして、進んで活動に取り組む。
・友達といっしょに楽器を鳴らしたり、曲に合わせて歌ったり踊ったりすることを楽しむ。
・跳んだ数をかぞえ、増えることを楽しみに、縄跳びに繰り返し挑戦する。
・友達とルールを知らせ合ったり、必要に応じて新しく作ったりし、自分たちで遊びを進める。

> 数えるだけでなく"自分が跳んだ数が増えていく"楽しさや達成感を味わわせたいので内容に加えます。

具体的な環境(◆)と保育者の援助(○)

◆**寒い日が続くが、戸外で十分に体を動かして遊ぶ時間を持ち、必要な遊具や用具を子どもたちといっしょに整えるようにする。**
○寒い日には保育者も子どもといっしょに戸外へ出て、体が温まるような鬼ごっこやドッジボールなどを楽しむ。
○繰り返し遊びに挑戦している姿を認め、縄跳びカードなどを取り入れて、さらに意欲を持てるようにしていく。

◆**保護者の保育参加の目的や意味を子どもたちに伝え、当日の内容を子どもたちといっしょに考えたり、アイディアを出してもらったりする場を設ける。**
○子どもたちの意見を大切にし、みんなが当日を楽しみに待てるように、必要な準備をいっしょに進めていく。

◆**生活発表会に向けて、子どもたちが意見やアイディアを出す機会を設け、それをもとに必要な材料や用具を準備していく。**
○今まで親しんできたお話や創作のお話、リズム遊びなどをもとに、クラスのみんなやグループでアイディアを出し合い劇にして、少しずつ作り上げていけるようにする。
○楽器遊び、ペープサート、紙芝居など子どもたちが生活発表会でやりたいことを少しずつ具体的にしていく。
○ひとりひとりが工夫したり、がんばったりしている姿を認め、自信を持って表現できるよう、声かけやアドバイスをする。
○分担奏を行ない、さまざまな音やリズムが合わさるおもしろさを感じられるようにする。
◆さまざまな種類の楽器を準備しておく。
(鍵盤ハーモニカ、タンバリン、トライアングル、木琴 など)

反省・評価のポイント

★子どもたちが進んで戸外へ出て、体を動かすことを楽しめるような工夫ができたか。
★生活発表会に向けて、子どもたちがアイディアや思いを出し合って活動を進められるよう援助できたか。

1月4週の計画 5歳児
1月28（月）〜2/2（土）

わかる！書ける！
朱書き＝書き方解説をチェック！

P.154-155・1月の月案も参照してください。

CD-ROM ▶ 5歳児 ▶ P.160-179_週案 ▶ 1月_3・4週案.doc

前週の幼児の姿
- ◆生活発表会を少しずつ意識し、自分たちで楽器を演奏したり、ペープサートや紙芝居を演じたりしている。
- ◆ドッジボールやドロケイなどのルールのある遊びを、友達といっしょに存分に楽しんでいる。

今週の園生活
- ○寒さの厳しい日が続く。
- ○節分に向けて豆入れや鬼の面作りをし、行事への参加を楽しみにしている。

身体計測　節分（2月3日）

ねらいと内容

ねらい
- ○生活発表会に向かって、友達と気持ちを合わせて活動を進めていく。
- ○伝承行事に興味や関心を持ち、遊びに必要な物を工夫して作り、友達といっしょに楽しむ。

内容
- ・友達の意見を聞いたり、自分の思いを話したりしながら、ルールを守って楽しく遊ぶ。
- ・劇ごっこや生活発表会に必要な物を、自分たちで描いたり作ったりする。
- ・節分の行事の意味がわかって進んで行事に参加し、楽しむ。●
- ・豆入れや鬼の面の製作に必要な材料を選び、自分で工夫して作る。

> 節分の行事では、自分の体の中にいる鬼（例えば、朝ねぼう鬼や泣き虫鬼）など、子どもが自分の行動に気づく機会にもなるので内容に記します。

具体的な環境（◆）と保育者の援助（○）

- ◆生活発表会で使う衣装や小道具、楽器を準備し、使えるようにしておく。
- ○劇や歌、踊りに取り組む姿を十分に認め励ましながら、ひとりひとりの自信につながるようなことばがけをする。
- ○ひとりひとりが自分の役割をわかって活動できるよう、クラス全体で流れを確認したり、表現を考えたりする時間をつくる。
- ◆子どもたちが自分から活動に取り組む姿をおおいに認め、子ども同士で自由に取り組める環境を確保する。
- ○同じ役やグループの友達に自分の考えを伝えたり、話し合ったりする場を設け、子どもたちがよりよい発表会にしていこうとする気持ちを大切にしていく。
- ○クラス全員で気持ちを合わせて歌をうたったり、合奏したりする心地良さを共感できるようにする。

- ◆豆入れや鬼の面の製作に必要な用具（紙袋、毛糸、画用紙　など）を用意しておく。
- ○ひとりひとりが素材を生かして工夫して作ったところを認め、ほかの子どもたちにも伝える。
- ◆節分にちなんだ絵本や紙芝居を読んだり、ペープサートを見たりして、節分の由来について知る機会を持つ。
- ○自分たちで作った鬼の面を付けて園舎を回ったり、大人の鬼への豆まきをしたりし、節分の行事を楽しめるようにする。
- ○節分を通して、子どもたちが自分の成長に気づいたり、自信を高めたりする機会となるようにする。

反省・評価のポイント
- ★子どもたちが節分の由来を知り、行事に進んで参加し楽しめるよう工夫ができたか。
- ★発表会での自分の役割がわかり、友達と協力して活動に取り組めるよう援助できたか。

1月3・4週　5歳児

4/17 火 の計画 5歳児

わかる! 書ける! 朱書き=書き方解説をチェック!

P.136-137・4月の月案、P.160-163・4月の週案も参照してください。

CD-ROM：5歳児 ▶ P.180-184_日案 ▶ 4月_日案.doc

ねらい
- 戸外で十分に体を動かしたり、身近な春の自然にふれたりして楽しむ。
- 気づいたことや感じたことをみんなに**言葉で伝えて**、聞いてもらううれしさを感じる。

> この時期の発達を踏まえて、"言葉で伝えようとすること"にポイントを置いています。

指導内容
- 自分のしたい遊びをじっくりと楽しむ。
- 春の草花を遊びに取り入れたり、虫を見つけたりして遊ぶ。
- 保育者や友達と張り切って、飼育物や栽培物の世話、出席確認などの当番活動をする。
- 気づいたことや感じたことを**言葉で伝える**。

※保育園の事例を参考に、検討・立案しています。適所、幼保共通の指導計画としてご覧ください。

環境を構成するポイント	予想される幼児の活動	保育者の援助
○1日の生活の流れを考え、ほかのクラスと遊び場の調整を行ない、遊具や用具の準備をしておく。 ○栽培物や飼育物の世話がしやすいように、ジョウロ、掃除道具などを扱いやすいように準備しておく。 ○自分たちでかたづけられるように、遊具のかたづけ場所をわかりやすいよう表示しておく。 ○出発前に交通安全について再確認し、公園では、遊び始める前に保育者が危険箇所がないか、十分に確かめてから遊びだすようにする。 ○草花や虫の名前など、気になったことがすぐに調べられるように、ポケット図鑑や虫めがねなどを公園に持って行く。 ○草花を飾るコーナーや、瓶などの容器、見つけた虫を入れる飼育ケースを用意しておく。 ○摘んだ草花を遊びに取り入れて遊べるよう、カップ、ポリ袋、ままごと道具などを用意しておく。	○登園する。 ・あいさつをし、持ち物の始末をする。 ○室内で好きな遊びを楽しむ。 　（絵本、ブロック、カードゲーム　など） ○当番はそれぞれの活動を行なう。 　（栽培物の水やり、飼育物の世話、出席人数確認） ○かたづけて、イスに座る。 ○朝の会をする。 ・あいさつ、日付、活動予定の確認。 ・今日の各当番から、気づいたことや、感じたことを話す。 ○近隣の公園に出かけて遊ぶ。 ・のびのびと体を動かして遊ぶ。 ・草花遊びや虫探しをする。 ○帰園し、摘んできた草花を飾ったり、虫を飼育ケースに入れたりする。 ○手洗い、うがいをする。 ○昼食の準備をして、食べる。 ○午睡をし、おやつを食べる。 ○公園や今日の活動の中で、楽しかったことや、気づいたことを話し合う。 ○好きな遊びを楽しむ。 　（飾り作り、色水、ままごと、砂遊び、虫探し、鬼ごっこ　など） ○降園準備をし、降園する。	○あいさつを交わしながら、ひとりひとりの健康状態を把握する。 ○いっしょに遊びながら、遊びのルールや約束事を確認したり、知らせたりする。 ○各当番がそれぞれの場所を回る際、園全体の保育者で見守り、声をかけ、みんなの役にたっている実感を持てるようにする。 ○1日の流れを知らせ、見通しを持って遊びや活動を進めていけるようにする。 ○気づいたことや感じたことを、みんなに知らせ、困ったことなどは、どうすればよいか、やり方を確認していく。 ○保育者もいっしょに遊びながら、体を動かして遊ぶ楽しさや心地良さが味わえるようにしていく。 ○飾り作りなど自然物を使ったいろいろな遊び方を、楽しみながらやって見せたりアドバイスしたりする。 ○ひとりひとりの驚きや発見、気づきに共感し、十分に認めるとともに、保育者からの投げかけや、話題の提供も行ない、子どもたちが興味や関心を持てるようにする。

> ねらいのふたつ目を、この観点（ポイント）で評価しています。この欄は保育後の反省文ではなく、ねらいに応じた評価のポイントを記載しています。

反省・評価のポイント

★春の自然の中で、体を動かしたり、自然にふれたり感じたりしながら、のびのびと遊ぶことができたか。
★自分の思ったことを**伝えようとし**、友達の話に**耳を傾けられる**ように必要な働きかけができたか。

6/22（金）の計画　5歳児

わかる！書ける！
朱書き=書き方解説をチェック！

P.140-141・6月の月案、P.164-167・6月の週案も参照してください。

CD-ROM　5歳児 ▶ P.180-184_日案 ▶ 6月_日案.doc

ねらい
- 気の合う友達といっしょに遊ぶ中で、互いの思いを出し合う。
- 誕生会に向かって、グループの友達といっしょに考え合って準備をする。

指導内容
- 自分の思ったことを言葉に出して伝えようとする。
- 相手の話を意識して聞こうとする。
- 目的に向かっていっしょに考えたり、決めたりする。
- クラスの友達とゲームをする楽しさを味わう。

> 6月の保育は、梅雨時と重なり、室内で過ごすことが多くなります。クラスの子どもの姿を思い浮かべながらどんなことが子どもに育ってほしいかを中心にしたねらいにします。

※幼稚園の事例を参考に、検討・立案しています。適所、幼保共通の指導計画としてご覧ください。

環境を構成するポイント	予想される幼児の活動	保育者の援助
○雨の日には、自分で雨具の始末ができるようなスペースを作り、レインコート掛けや傘立てなどを置く。 ○雨の日には、遊戯室やホール・廊下など広い場で遊べるようにほかのクラスの保育者と相談し、時間などを調整して安全な遊びの場を作っていく。 ○自分たちで必要な物を選んで作ることができるように、用具や教材などを取り出しやすいように用意しておく。 ○グループの友達と落ち着いて遊んだり相談したりできるよう、場やパーテーションなどの物の使い方を工夫して、子どもたちで活動を進められるようにする。 ○湿度が高くなってくるので、昼食や休息のときには、気温や通風などに配慮し、心地良く過ごせるようにする。 ○クラスの友達と思い切り体を動かして遊べる場を選ぶ。園内に場が確保できないときは、小学校の校庭を借りるなど地域の施設を活用する。	○登園する。 ・あいさつをし、持ち物の始末をする。 ○好きな遊びをする。 （砂場での遊び、リレー、誕生会に向けて出し物の準備、影絵のクイズ、踊り、合奏、誕生会のプレゼント作り　など） ○かたづける。 ○誕生会の出し物や司会について話し合う。 ・出し物の準備のようすを伝え合う。 ・司会のグループを決める。 ・会の進行や年下の子どもたちへのかかわり方を考える。 ・誕生会での歌をみんなでうたう。 ○昼食の準備・昼食を食べる。 ○好きな遊びをする。かたづける。 ○クラスの友達とゲームをする。 ・ゲーム『猛獣狩り』 ○降園準備をして降園する。	○笑顔であいさつを交わしながら、ひとりひとりの健康状態を確認する。 ○目的に向かって相談する中では、ひとりひとりが自分の思いを出せる雰囲気をつくったり、子どもたちの考えを整理したり、みんなで決めたことを確認し認めたりしていく。 ○相手の話を最後まで聞いたり、意見を取り入れようとしたりする姿を認めていく。 ○準備のようすを周囲の子どもたちにも伝わるように保育者が言葉にしたりよさをつぶやいたりして、"聞く大切さ"を意識できるようにしていく。 ○友達の中で思いどおりにならない体験をしていた子どもにも、"みんなと遊んで楽しかった"という思いが持てるよう、みんなで楽しめるゲームや歌遊びなどを取り入れる。 ○"明日もまた、友達と遊びたい"気持ちを大切にして、降園できるようにする。

> その活動をすることで（例えば、誕生会の司会　など）どんな育ちをねらいたいか？　そのためには、どんなことを経験する（指導する）とねらいが達成できるか？…というふうに考えます。

長時間保育

○雨の日にも、気持ち良く過ごせるよう、湿度や温度を適宜調節する。 ○小学校や地域の公共施設などを活用し、さまざまな体験ができるようにする。 ○自分のしたい遊びが自分のペースでできるよう、小さいテーブルやパーテーションなどを用意する。 ○体を休めたい子どものために、マットやクッションなどを利用してリラックスできるスペースを用意しておく。	○所持品の始末をする。 ○地域の図書館のお話会に参加する。 ○保育室に戻り、おやつを食べる。 ○好きな遊びをする。 （ドールハウス、アイロンビーズ、パズル、描いたり作ったりする遊び、オセロなど少人数でできるゲーム、ブロック　など） ○自分が使ったものをかたづける。 ○順次降園する。	○教育時間内の保育内容や遊びのようすを引き継ぎ、ひとりひとりの体調や表情などをよく見て受け入れる。 ○地域の施設の情報を確認し、発達に応じた経験ができるときや季節感が味わえる経験ができるときには、安全に留意して体験できるようにする。 ○保育者もいっしょに遊びながら、家庭的な雰囲気が味わえるようにする。 ○保護者と会話をし、情報を共有していく。

反省・評価のポイント
★ 自分の思いや考えを言葉にして伝えたり、相手の話を意識して聞いたりしていたか。
★ 誕生会に向かって、友達といっしょに準備を進める楽しさが味わえたか。

わかる！書ける！
朱書き＝書き方解説をチェック！

P.146-147・9月の月案、P.168-171・9月の週案も参照してください。

CD-ROM ▶ 5歳児 ▶ P.180-184_日案 ▶ 9月_日案.doc

9/20（木）の計画　5歳児

ねらい
○身近な自然物に興味を持ってかかわる。
○友達といっしょに、体を思い切り動かして遊ぶ心地良さを味わう。

指導内容
・種取りや虫探しをしたり、自然物を取り入れたりして遊ぶ。
・友達といっしょにリレーをし、競い合う楽しさを味わう。

> 5歳児は、競技したり、挑戦したりする活動が大好きです。友達への応援の気持ちも育てたいので、特に保育者の援助に書きます。

※幼稚園の事例を参考に、検討・立案しています。適所、幼保共通の指導計画としてご覧ください。

環境を構成するポイント	予想される幼児の活動	保育者の援助
○探した虫を入れられるケースを用意したり、種類ごとに植物の種を入れたりできる容器を用意しておく。 ○自然とのかかわりの中で、発見したり疑問に思ったりしたことを調べられるように、図鑑や絵本などを保育室に置いておく。 ○自分たちで準備し楽しめるように、リレーの用具を取り出しやすい場所に置いておいたり、事前にコースのラインを描いておいたりする。 ○ほかのクラスの活動も配慮し、安全に遊べるように保育者同士で時間や場所の調整をしておく。 ○視覚的にわかりやすく週や日の流れを表示しておき、子どもが自分で確認できる環境を整えておく。	○登園する。 ・友達や保育者とあいさつをし、持ち物の始末をする。 ○飼育、栽培物の世話をする。 ・グループの友達と飼育物の世話や栽培物の水やりをする。 ○好きな遊びをする。 　（虫探し、種取り、草花での色水作り、 　　円形リレー、ダンス、ごっこ遊び　など） ○かたづけをする。 ○クラスでリレーをする。 ・チーム分けをする。 ・チームで対戦する。 ・作戦を考えたり友達の前で発表したりする。 ○手洗い、うがいをし、食事をする。 ○好きな遊びをする。 ○絵本を見たり、歌をうたったりする。 ○明日の予定を聞く。 ○降園準備をして降園する。	○自然物とかかわる中で、発見の喜びに共感したり、疑問を投げかけて考えたり調べたりするきっかけをつくったりする。 ○遊びの中で、ひとりひとりの子どもの思いや考えが友達に伝わるように、必要な言葉を伝えたり、相手の思いを聞くように促したりする。 ○走り方、バトンの渡し方、腕の振り方など、子どもひとりひとりの実態に合わせて動きやコツを具体的に知らせていく。 ○子どもが勝敗だけにこだわらないように、最後まであきらめないでがんばった態度や、同じチームの仲間を応援する気持ちを認めていく。 ○楽しかったことなどを発表し合える時間を作り、明日の活動に期待を持てるようにする。
長時間保育 ○それぞれの子どもが、ゆったりと好きな遊びを楽しめるような遊具や場を用意する。	○休息を取りながら室内でゆっくりと過ごす。 ○おやつを食べる。 ○好きな遊びをする。 　（カードゲーム、折り紙、製作、砂遊び、 　　ブランコ、滑り台　など） ○かたづける。 ○降園する。	○午前中の活動量が多いことに配慮し、体調をよく把握しながら、1日の静と動のバランスを考えて遊べるようにする。 ○夕方になり、気温が日中よりも下がり涼しくなってから、戸外に出て遊ぶようにする。

反省・評価のポイント
★身近な自然物に興味を持ってかかわったり、遊びに取り入れたりしていたか。
★友達といっしょに思い切り体を動かし、共に力を出し合う楽しさを味わったか。

> 友達と競い合うことが大事なのではなく、互いのよさをわかり、"力を出し合うこと"にポイントを置いて反省・評価することが大切です。

わかる！書ける！
朱書き＝書き方解説をチェック！

11/20 火 の計画 5歳児

P.150-151・11月の月案、P.172-175・11月の週案も参照してください。

CD-ROM 5歳児 ▶ P.180-184_日案 ▶ 11月_日案.doc

ねらい
- 1日の生活の流れがわかり、見通しを持って行動する。
- 作品展ではグループで取り組むことがわかり、自分のすることや役割を知る。
- やりたい遊びや自分なりに目当てを持って遊ぶことを十分に楽しむ。

指導内容
- 自分のグループや集まる時間、場所がわかり、見通しを持って動く。
- 自分なりに思い描いたり、友達と考えたことや思ったことを言葉で伝えたりする。
- やりたい遊びをする中で、十分に体を動かしたり、自然物を取り入れて遊んだりすることを楽しむ。

※幼稚園の事例を参考に、検討・立案しています。適所、幼保共通の指導計画としてご覧ください。

環境を構成するポイント	予想される幼児の活動	保育者の援助
○見通しを持って遊びや生活を進めていけるように、作品展までの日程や内容、グループ表などを掲示しておく。 ○1日の流れやグループごとに集まる時間、場所などわかるように掲示をしておく。また、グループごとに必要な物を準備しておく。（ホワイトボード、作業するための机やイス、デザイン画を描く画用紙など） ○自然物を自由に使って遊べるように種類ごとに分けて置いておく。また、作ったものを飾っておけるコーナーなどを設けておく。 ○体を動かして遊ぶ場所とじっくりと試したり、作ったりして遊ぶ場所が分かれるようにラインを引いたり、コーナーを設けたりしておく。 ○『チャレンジカード』の置き場所を決め、子どもが好きなときに繰り返し取り組んだり、挑戦できるようにしたりしておく。	○登園する。 ・保育者や友達とあいさつをし、身じたく、所持品の始末、1日の流れを知る。 ○好きな遊びをする。 （ドッジボール、サッカー、鬼遊び、チャレンジカードの取り組み（ボール、鉄棒、縄跳び、竹馬　など）、自然物を使った製作遊び　など） ○グループごとに集まって、作品展に向けて作るものについて**話し合いをしたり、材料の準備をしたりする。** ○かたづけをする。 ○当番の仕事、昼食の準備をする。 ○昼食をとる。 ○好きな遊びをする。 ○かたづけをする。 ○降園準備をする。 ○クラスで集まる。 ・今日あったことや友達のようす、明日の予定などを伝える。 ○降園する。	○ひとりひとりを朝、受け入れながらあいさつをしたり、健康状態を確認したりする。 ○自分のグループの動きがわかるように表示をいっしょに確認したり、個別にていねいに伝えたりする。 ○自分の思いを言葉で伝えたり、友達の思いを聞いたりする中で、子ども同士の思いをつなげたり、調整したりする。 ○作品展に向けて、どのような物をどのように作るか思い描いて、具体化していく。**材料・用具は、今までの経験や考えを出し合って子どもたちと準備していく。** ○ひとりひとりの考えを認めたり、受け止めたりしながら、保育者もいっしょにアイディアを出したり、実現できるようなヒントを出したりしていく。 ○1日の生活の中でひとりひとりの思いを受け止めながら、クラスで過ごす時間には、みんなで活動のようすや進みぐあいがわかるようにする。また明日の予定をみんなで確認し楽しみにできるようにする。

【朱書き解説】子どもの作りたい物に合わせて、事前に十分な材料を準備することが大切です。

長時間保育

○朝、夕の気温差が感じられるときには、戸外や室内、それぞれで過ごす時間を調節する。また、子どもが自分で衣服の調整がいつでもできるようにしておく。 ○午後の時間は、自分のやりたい遊びを自分のペースでできるようなスペースを確保する。ひとりで取り組める遊具を用意する。 ○近隣の公園などを利用し、園外で過ごす機会を設ける。	○所持品の始末をする。 ○好きな遊びをする。 （戸外に散歩に出かけて　自然物を見つけて拾う） ○おやつを食べる。 ○好きな遊びをする。 ○自分が使ったものをかたづける。 ○降園する。	○教育時間内の保育内容や遊びのようすなど、その子なりの取り組みやがんばっていることを引き継いでいく。 ○ゆったりとした雰囲気の中、戸外に出かけたり、自然物を見つけて拾い集めたりできるようにする。 ○朝、夕の気温差に配慮しながら、衣服の調整を促したり、手洗い・うがいを励行したりしていく。

反省・評価のポイント
★ひとりひとりが自分の1日の流れがわかり、動いたり、グループの活動に参加したりしていたか。
★自分のやりたい遊びを見つけて十分に楽しんだり、目当てを持って遊ぶ楽しさを味わったりしていたか。

日案 9/20 11/20 5歳児

1/10（木）の計画　5歳児

CD-ROM　5歳児　▶　P.180-184_日案　▶　1月_日案.doc

P.154-155・1月の月案、P.176-179・1月週案も参照してください。

わかる！書ける！ 朱書き＝書き方解説をチェック！

ねらい
- 友達と考えを出し合い、役割を持ったり作ったりしながら遊びを進める楽しさを味わう。
- 文字や数字に興味を持ち、遊びに取り入れて遊ぶ。

指導内容
- 自分のイメージや考えを友達にわかるように話す。
- 文字や数字に興味を持って表現して遊ぶ。
- 好きな遊びを自分たちで進め、友達といっしょに楽しむ。

> 正月遊びを通して数をかぞえる、文字を読む、ルールを守って遊ぶなどの経験が広がります。そのようなイメージを持ちつつ書きましょう。

※保育園の事例を参考に、検討・立案しています。適所、幼保共通の指導計画としてご覧ください。

環境を構成するポイント	予想される幼児の活動	保育者の援助
○子どもたちが、自分たちで正月遊びを始めたり、かたづけたりできるように、遊具の置き場を考えておく。 ○時計に目印を付け、当番活動を行なう時間が子どもたちにわかるようにする。	○登園する。 ○室内で好きな正月遊びをする。 　（こま、カルタ、すごろく、トランプ） ○当番はそれぞれの活動を行なう。 　（栽培物の水やり、飼育物の世話、出席人数の確認、乳児への手伝い） ○かたづけて集まる。	○ひとりひとりの子どもとあいさつを交わし、健康状態を把握する。 ○それぞれが挑戦していること、楽しんでいることを保育者も見守ったり仲間になったりして援助する。 ○当番活動は、子どもたちが自主的に行なえるように、前日に当番の確認をクラスのみんなで行なう。忘れている子には、互いに声をかけ合っているか見守る。
○前日までに年賀状やハガキなどについて話題にしたり、絵本などで郵便局について見たりして、興味・関心を高めておく。 ○郵便ごっこに必要な製作の材料や用具を用意しておく。（色画用紙、リボン、空き箱、のり、ホッチキス　など）	○みんなで郵便ごっこに使う物を作る。 ・郵便ごっこに必要な物やどんな役割があるか話し合う。（切手、ハガキ、ポスト、郵便屋さんのカバン、帽子　など） ・作りたい物に分かれて友達といっしょに作る。 ・作り終わったらほかのところを手伝ったり、ハガキをもらって描いたりする。 ・郵便ごっこを楽しみにできるように、作った物を決めた場所に置いておく。	○年賀状をもらったり出したり郵便局に行ったりした経験や、絵本で見たことなど、自分の経験や考えが出せるような雰囲気をつくり進める。 ○作ったものを個人所有ではなく、自由に使って遊ぶことができるように子どもたちと共通理解しておく。 ○個人あてのウォールポケットを用意したり、おやつの時間などに手紙の内容を紹介したりして、引き続き子どもたちの興味・関心が高まっていくようにする。
○手洗いがていねいに行なえるように、手洗いの手順表を手洗い場の近くに提示する。 ○活動の見通しが持てるよう、カレンダーなどに活動内容を書き込む。（子どもたちが見やすい手作りのカレンダーにする） ○子どもたちで遊びが進められるように、ライン、ボール、縄跳びなど置き場を考え整えておく。	○昼食の準備をしてとる。 ○午睡をしておやつを食べる。 ○降園時の活動をする。 ・1日の振り返り。 ・翌日の当番、予定、降園準備。 ○戸外で好きな遊びをする。 　（ドロケイ、縄跳び、たこ揚げ　など） ○降園する。	○運動遊びの前には、準備体操を行ない、体をほぐしてから安全に遊べるように配慮する。

> 日案では、具体的に遊びの展開を記入しておきます。作った物をしまう場所も大切にします。

反省・評価のポイント
★自分の考えを友達に伝えたり、互いに出し合ったりしながら、遊びを進める楽しさを味わえたか。
★いろいろな遊びの中で、文字や数字に興味を持ち、関心を高めることができたか。

CD-ROMの使い方

ここからのページで、CD-ROM内のデータの使い方を学びましょう。

ご利用になる前に必ずお読みください！

CD-ROMをお使いになる前に

付属のCD-ROMは、Wordデータを収録しています。
付属CD-ROMを開封された場合、以下の事項に合意いただいたものとします。

●動作環境について

本書付属のCD-ROMを使用するには、下記の環境が必要となります。CD-ROMに収録されているWordデータは、本書では、文字を入れるなど、加工するにあたり、Microsoft Office Word 2010を使って紹介しています。処理速度が遅いパソコンではデータを開きにくい場合があります。
○ハードウェア
　Microsoft Windows XP以上
○ソフトウェア
　Microsoft Office Word 2003以上
※一太郎ではご使用になれませんのでご注意ください。
○CD-ROMを再生するにはCD-ROMドライブが必要です。

●ご注意

○本書掲載の操作方法や操作画面は、『Microsoft Windows 7 Professional』上で動く、『Microsoft Office Word 2010』を使った場合のものを中心に紹介しています。
お使いの環境によって操作方法や操作画面が異なる場合がありますので、ご了承ください。
○データはWord 2010以降に最適化されています。お使いのパソコン環境やアプリケーションのバージョンによっては、レイアウトなどが崩れる可能性があります。
○お客様が本書付属CD-ROMのデータを使用したことにより生じた損害、障害、その他いかなる事態にも、弊社は一切責任を負いません。
○本書に記載されている内容に関するご質問は、弊社までご連絡ください。ただし、付属CD-ROMに収録されているデータについてのサポートは行なっておりません。
※Microsoft Windows、Microsoft Office Wordは、米国マイクロソフト社の登録商標です。
※その他記載されている、会社名、製品名は、各社の登録商標及び商標です。
※本書では、TM、®、©、マークの表示を省略しています。

●CD-ROM収録のデータ使用の許諾と禁止事項

CD-ROM収録のデータは、ご購入された個人または法人・団体が、営利を目的としない社内報、学校新聞、掲示物、園だより、その他、家庭への通信として自由に使用することができます。ただし、以下のことを遵守してください。
○他の出版物、企業のPR広告、商品広告などへの使用や、インターネットのホームページ（個人的なものも含む）などに使用はできません。無断で使用することは、法律で禁じられています。なお、CD-ROM収録のデータを変形、または手を加えて上記内容に使用する場合も同様です。
○CD-ROM収録のデータを複製し、第三者に譲渡・販売・頒布（インターネットを通じた提供も含む）・賃貸することはできません。
（弊社は、CD-ROM収録のデータすべての著作権を管理しています）

●CD-ROM取り扱い上の注意

○付属のディスクは「CD-ROM」です。一般オーディオプレーヤーでは絶対に再生しないでください。パソコンのCD-ROMドライブでのみお使いください。
○CD-ROMの裏面に指紋を付けたり、傷を付けたりするとデータが読み取れなくなる場合があります。CD-ROMを扱う際には、細心の注意を払ってお使いください。
○CD-ROMドライブにCD-ROMを入れる際には、無理な力を加えないでください。CD-ROMドライブのトレイに正しくセットし、トレイを軽く押してください。トレイにCD-ROMを正しく乗せなかったり、強い力で押し込んだりすると、CD-ROMドライブが壊れるおそれがあります。その場合も一切責任は負いませんので、ご注意ください。

指導計画を作ろう

CONTENTS
- データを開く・保存・印刷する …………………… P.187
- 文字を打ち換える …………………………………… P.188
- 枠を調整する ………………………………………… P.190

マウスの基本操作

マウスは、ボタンが上にくるようにして、右手ひとさし指が左ボタン、中指が右ボタンの上にくるように軽く持ちます。手のひら全体で包み込むようにして、机の上を滑らせるように上下左右に動かします。

【クリック】 カチッ
左ボタンを1回押します。ファイルやフォルダ、またはメニューを選択する場合などに使用します。

【ダブルクリック】 カチカチッ
左ボタンをすばやく2回押す操作です。プログラムなどを起動したり、ファイルやフォルダを開く場合に使用します。

【ドラッグ】 カチッ…ズー
左ボタンを押しながらマウスを動かし、移動先でボタンを離す一連の操作をいいます。文章を選択する場合などに使用します。

【右クリック】 カチッ
右ボタンを1回押す操作です。右クリックすると、操作可能なメニューが表示されます。

収録データ

「3・4・5歳児の指導計画書き方サポート」というフォルダの中には、「3歳児」「4歳児」「5歳児」というフォルダが入っています。「3歳児」フォルダには、「P.024-027_年の計画」「P.028-051_月案」「P.052-071_週案」「P.072-076_日案」という4つのフォルダがあり、中にはそれぞれ本書に掲載している指導計画のデータが入っています。

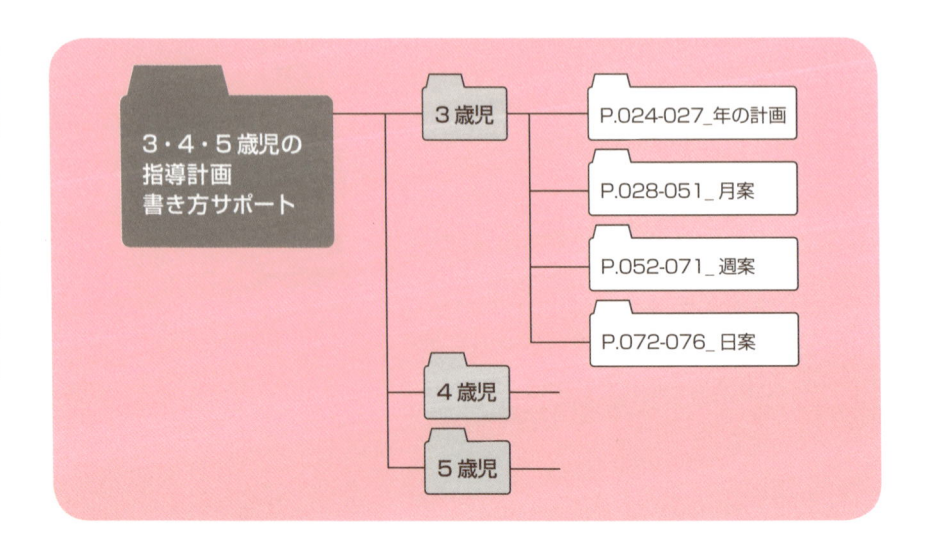

```
3・4・5歳児の       ─ 3歳児 ─┬─ P.024-027_年の計画
指導計画                      ├─ P.028-051_月案
書き方サポート                ├─ P.052-071_週案
                              └─ P.072-076_日案
                  ├─ 4歳児
                  └─ 5歳児
```

❗ データを開く・保存・印刷する

Wordのデータを開く

1. CD-ROMをパソコンにセットする
パソコンのCD-ROMドライブを開き、トレイにCD-ROMを入れます。

2. 「コンピューター」を開く
● 『Windows 7』の場合
画面の左下にある「スタート」をクリック。項目の中から「コンピューター」をクリックします。

※デスクトップ上に「コンピューター」がある場合は、そのアイコンをダブルクリックします。パソコンの設定により、自動で開くこともあります。

3. Wordのデータを開く
現れた「コンピューター」の画面からCD-ROMをダブルクリックし、目的のWordデータを開きます。ここでは作例として、本書の「3歳児」フォルダ内「P028-051_月案」フォルダから「4月_月案」を開きます。
「Word」が起動して、下の画面が現れます。

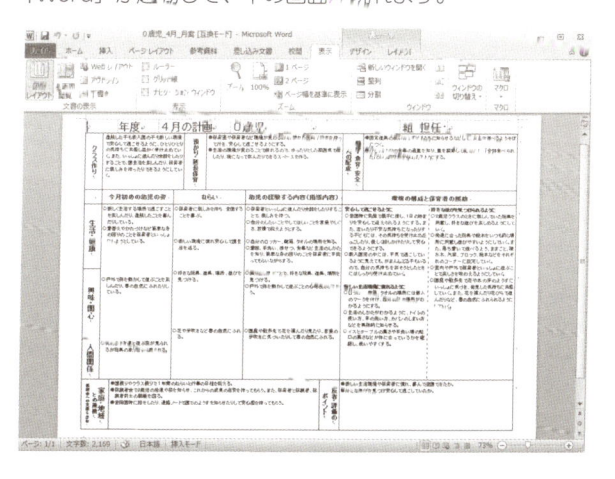

データを保存・印刷する

1. 「名前を付けて保存」する
「ファイル」タブ→「名前を付けて保存」をクリックし、現れた画面で保存先（「ドキュメント」など）を指定します。わかりやすい名前を付け、最後に「保存」をクリックします。保存後に開くことのできる形式で保存しましょう。

2. 印刷する
プリンターに用紙をセットし、「ファイル」タブ→「印刷」をクリックします。現れた画面で、設定をお使いのプリンターに合わせ、「OK」をクリックします。

※CD-ROM所収の指導計画のデータは、A4サイズの設定になっています。適宜、用紙サイズの設定を変えて拡大縮小してお使いください。

保存したファイルを開くには
画面の左下にある「スタート」をクリック。項目の中から「ドキュメント」（データを保存した保存先）を選択します。

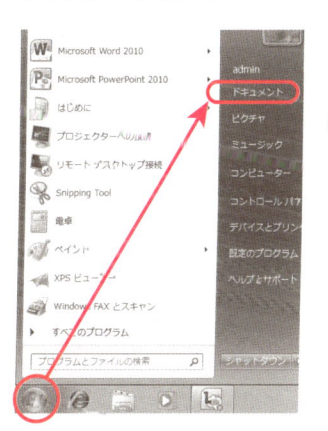

※デスクトップ上に「ドキュメント」がある場合は、そのアイコンをダブルクリックします。現れたウィンドウから保存したファイルをダブルクリックします。

文字を打ち換える

必要に合わせて文字を打ち換えてみましょう。
書体や大きさなどを変えたりしてアレンジしてみてください。

1. 変更したい文章を選択する

変更したい文章の最初の文字の前にカーソルを合わせてクリックし、ドラッグして変更したい文章の範囲を選択します。

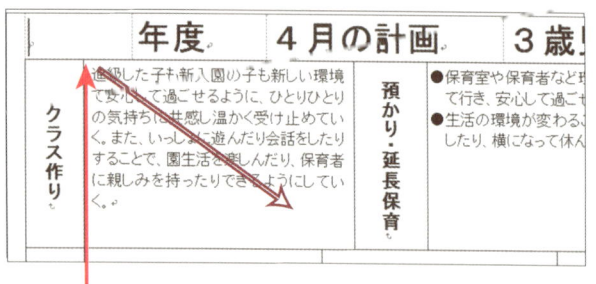

ここにカーソルを合わせて、
変更したいところまでドラッグします。

選択された文字の背景の色が変わります。

2. 新しい文章を打ち込む

そのまま新しい文章を打ち込みます。

3. 文章の「書体」や「大きさ」を変えてみましょう

文章を好きな書体（フォント）に変えたり、大きさを変えたりして、読みやすくしてみましょう。
変更したい文章の範囲をドラッグして選択し、「ホーム」タブから下図のように、フォントとサイズを選択します。

（Word2003の場合、メニューバーの「書式」タブ→「フォント」から選択）

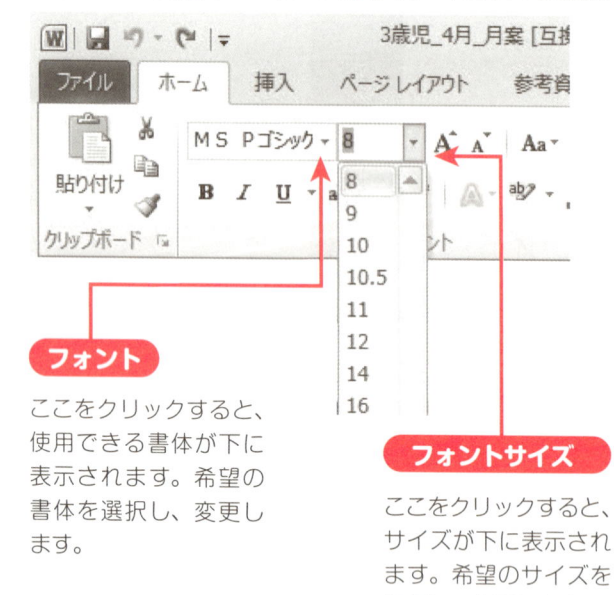

フォント
ここをクリックすると、使用できる書体が下に表示されます。希望の書体を選択し、変更します。

フォントサイズ
ここをクリックすると、サイズが下に表示されます。希望のサイズを選択し、変更します。

下の例のように、文章が新しい書体と大きさに変わります。

変更前の文章
フォント：MS Pゴシック
フォントサイズ：8

変更後の文章
フォント：MS 明朝
フォントサイズ：10

4.「行間」を調整してみましょう

行間を変更したい文章の範囲を選択します。次に、「ホーム」タブの「段落」の右下の「⌐」をクリックすると、「段落」のメニューが表示されます。

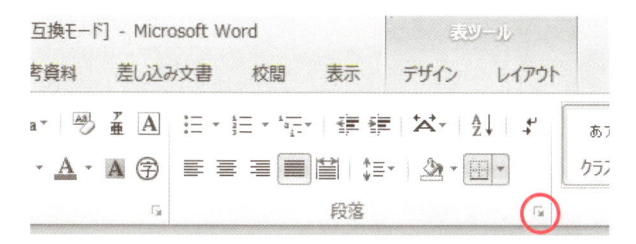

「インデントと行間幅」の「行間」から希望の行間を選択します。

「インデントと行間幅」

行間

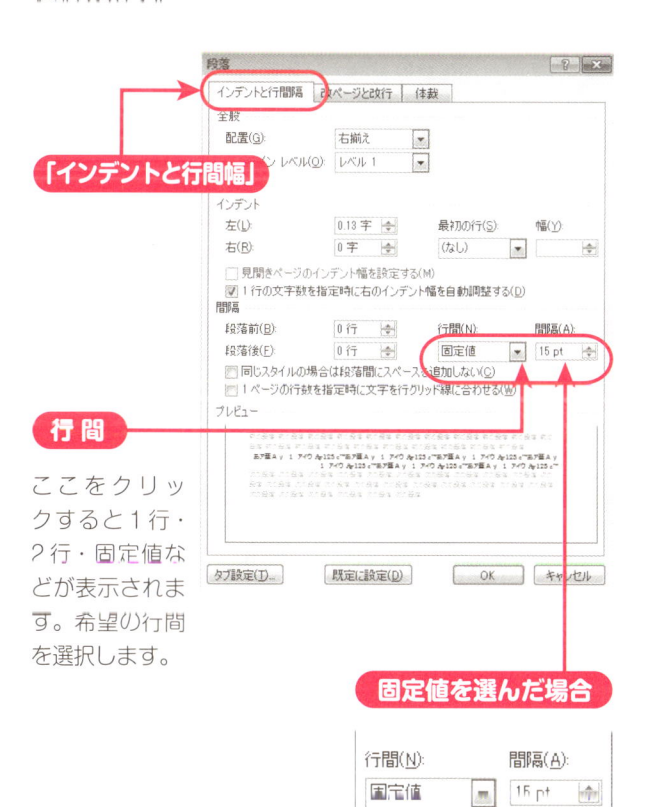

ここをクリックすると1行・2行・固定値などが表示されます。希望の行間を選択します。

固定値を選んだ場合

固定値を選んだ場合は、「間隔」のところに、あけたい行間の数字を打ち込みます。

下の例のように、文章の行間が変わります。

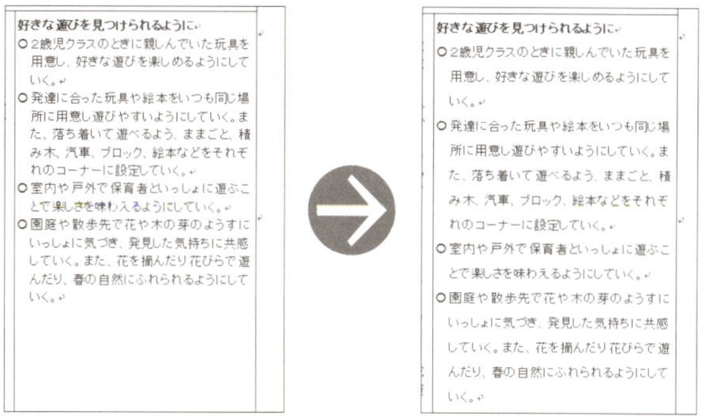

5. 文字の配置や文字列を変更してみましょう

変更したい文章を選択し、「レイアウト」タブの「配置」から希望の文字配置や文字列の方向を選択します。

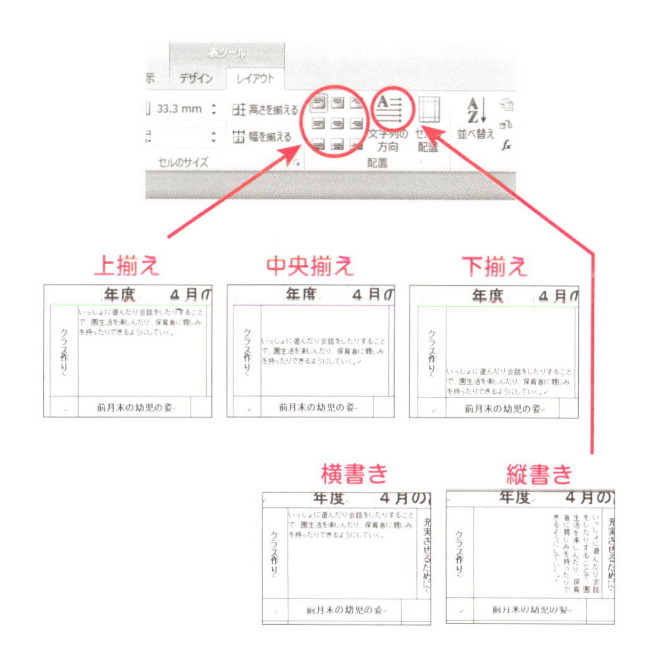

上揃え　中央揃え　下揃え

横書き　縦書き

枠を調整する

枠を広げたり狭めたりして調整してみましょう。
自分で罫線を引いたり消したりすることもできます。

1. 表の枠を上下左右に広げる、狭める

画面上の枠にカーソルを合わせると ╪ や ╫ が出ます。

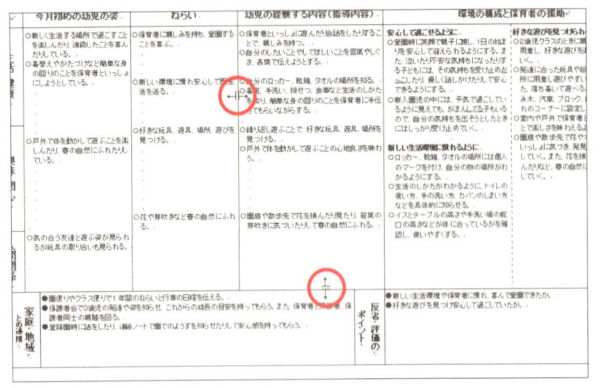

クリックしたまま上下左右に動かして変更します。
このように、上下の高さ、左右の幅が変更できます。

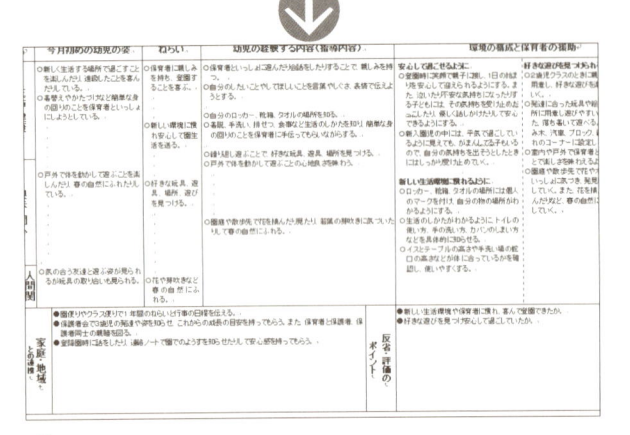

2. 枠を結合して、枠の数を減らす

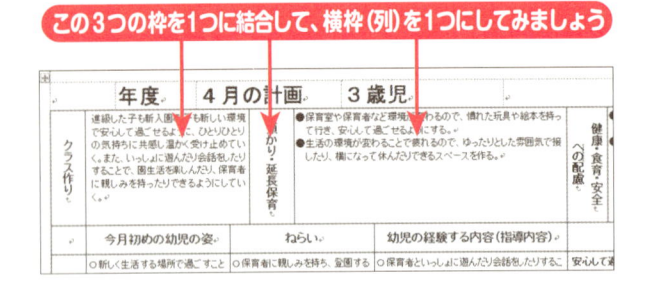

この3つの枠を1つに結合して、横枠（列）を1つにしてみましょう

まず、マウスで結合したい枠の範囲をドラッグして、選択します。

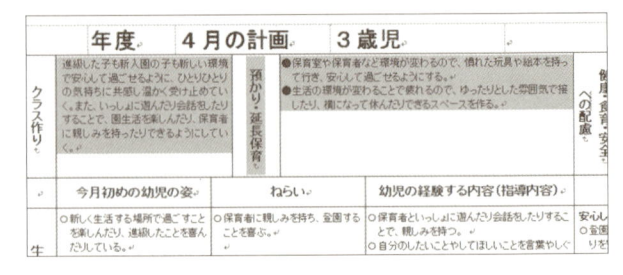

キーボードの「DEL」「Delete」）を押し、文字を消去します。枠は残り、文字が消えた状態になります。

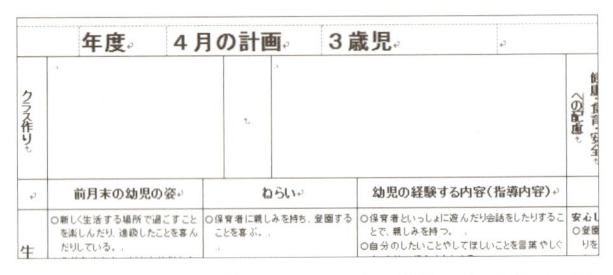

※「Back space」を使うと、セルまで消えてしまうので注意しましょう。

次に、結合したい枠の範囲をドラッグして選択し、「レイアウト」タブの「結合」から「セルの結合」をクリックします。

（Word2003の場合、メニューバーの「罫線」から選択）

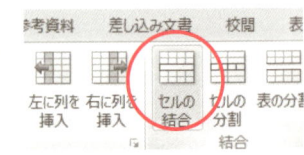

下のように、横枠（列）の数が1つになります。

3. 枠を分割して、枠の線を消す

この枠を横に3分割して、横線（例）を3つ（縦線（Ι）は1つのまま）にしておきましょう。

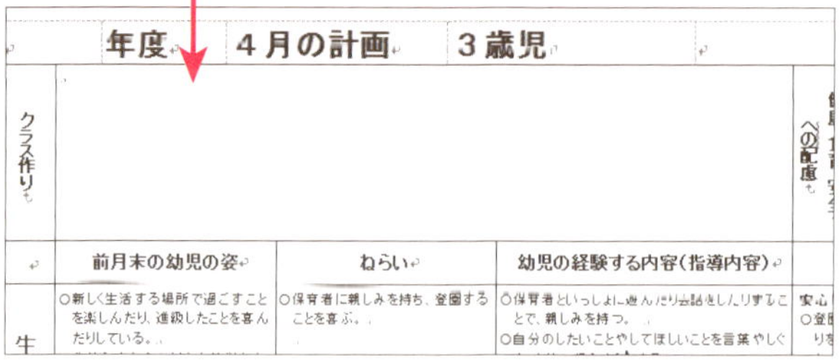

分割したい枠をクリックして、「レイアウト」タブ→「結合」→「セルの分割」をクリックし、下図のように「引数」「列数」を「1」、「行数」を「3」に入力し、「OK」をクリックします。

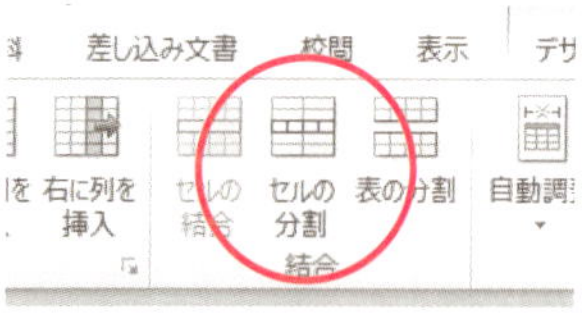

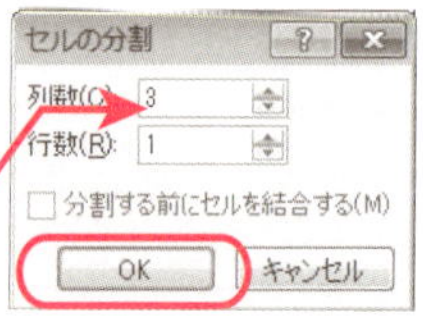

下のように、横線（例）の線が3つに増えます。

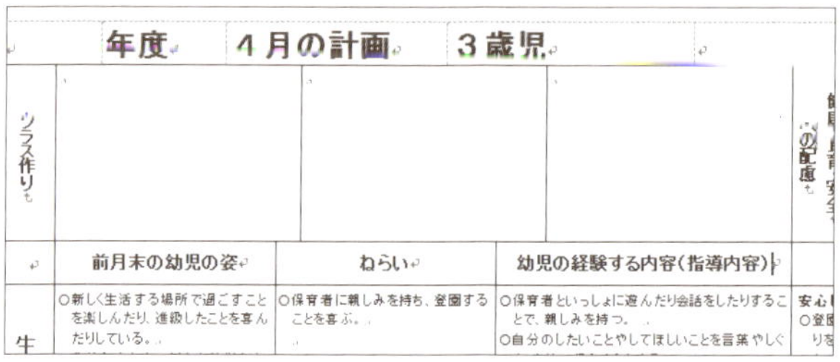

4. 罫線を引く

「デザイン」タブの「罫線の作成」の「罫線を引く」をクリックすると、カーソルがえんぴつマークに変わります。罫線を引きたいところまでカーソルを動かします。

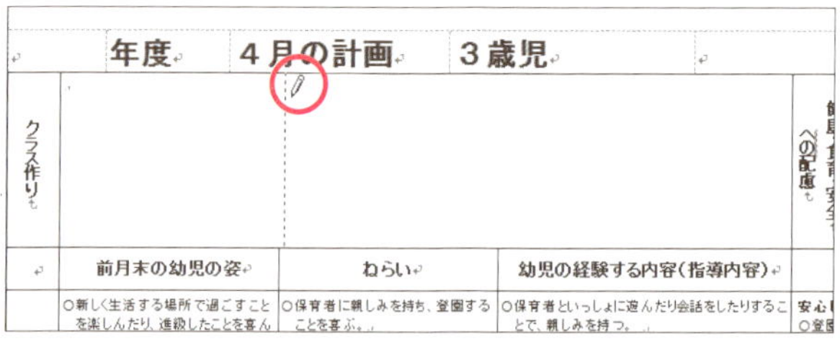

5. 罫線を消す

「デザイン」タブの「罫線の作成」の「罫線の削除」をクリックすると、カーソルが消しゴムマークに変わります。消したい罫線をクリックすると罫線が消えます。

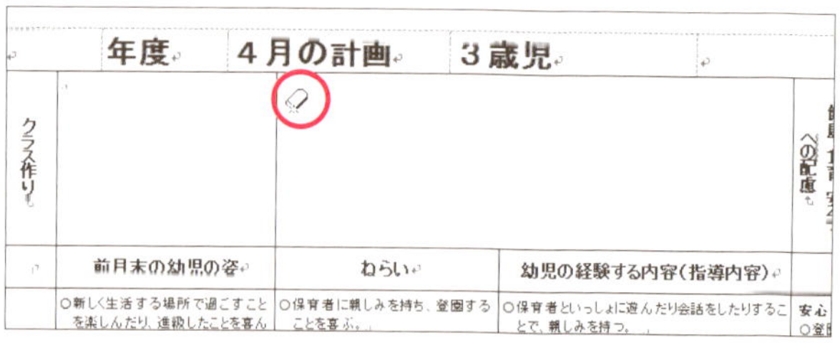

6. 罫線を変える

この枠線を「点線」に変えてみましょう

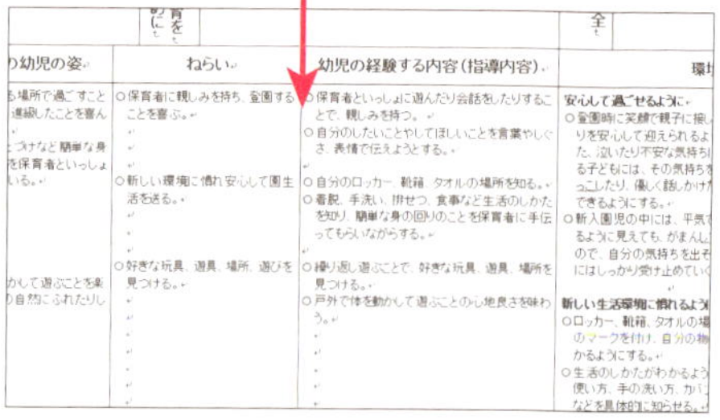

「デザイン」タブの「罫線の作成」の「ペンのスタイル」から希望の罫線を選択します。

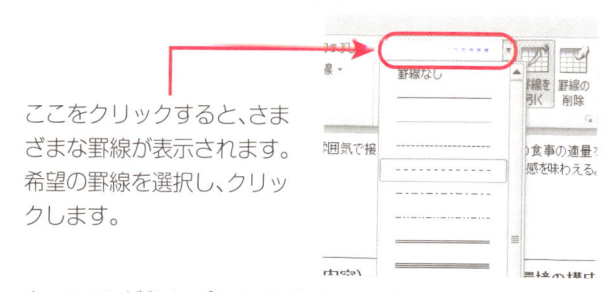

ここをクリックすると、さまざまな罫線が表示されます。希望の罫線を選択します。

カーソルがえんぴつマークになるので、変更したい罫線をクリックすると、下のように点線になります。

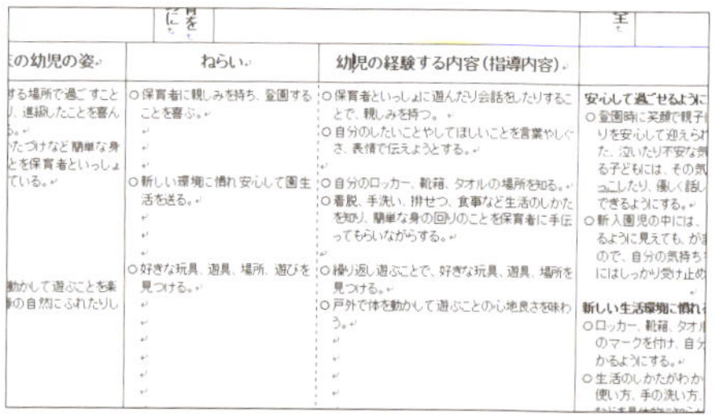

■著者
神長美津子・大竹節子・堀越紀香・佐藤勝子
川原佐公（P.11〜P.21 執筆）

■監修・編著者
神長美津子・大竹節子・堀越紀香・佐藤勝子

●著者
月刊保育とカリキュラム編集協力3・4・5歳児担当グループチーフ
・兒玉直子・佐藤佳代子・舟山美保子
・赤名公子・永井則子・馬場 香
・齋藤章子
・月刊保育とカリキュラム 2012年度編集委員の先生方

※本書の掲載指導計画は、『月刊 保育とカリキュラム』
2012年度掲載のものに加筆・修正し、まとめたものです。

STAFF
●本文イラスト／石川樹子・いとうみき・かまたのぞみ・たちもとみちこ・など*&の.カ.フ (50音順)
●本文デザイン／細山田効力（株）わたなか
●企画・編集／川口千代明・岡本葉・井家上寧・谷規織店
●校正／鶴田治之
●CD-ROM 制作／NISSHA 株式会社

※CD-ROMのご使用につきましては、本書189ページの
「CD-ROMをお使いになる前に必ずお読みください」をご覧ください。

保カリBOOKS③⓪
3・4・5歳児の指導計画書き方ポイント

2014年3月 初版発行
2023年1月 第8版発行

監修・編著者　神長美津子　大竹節子　堀越紀香　佐藤勝子
　　　　　　　川原佐公
発行人　岡本 功
発行所　ひかりのくに株式会社
〒543-0001　大阪市天王寺区上本町3-2-14
TEL06-6768-1155　郵便振替00920-2-118855
〒175-0082　東京都板橋区高島平6-1-1
TEL03-3979-3112　郵便振替00150-0-30666
ホームページアドレス　https://www.hikarinokuni.co.jp
印刷所　NISSHA株式会社

©2014　落丁・乱丁はお取り替えいたします。　Printed in Japan
ISBN978-4-564-60842-1
NDC376　192P　26×21cm

本書のコピー、ス
キャン、デジタル化
等の無断複製は著
作権法上での例外
を除き禁じられて
います。本書を代
行業者等の第三者
に依頼してスキャ
ンやデジタル化す
ることは、たとえ個
人や家庭内の利用
であっても著作権
法上認められてお
りません。